GEO special

EDITORIAL

Liebe Leserin, lieber Leser

Nicht nett, was 61 Prozent der befragten Bundesbürger in einer kürzlich von der „Woche" in Auftrag gegebenen Studie auf die Frage äußerten: „Ist Berlin wieder eine Weltstadt?" Ihr „nein" paßt so gar nicht zu Visionen, die Berliner Marketing-Strategen bisweilen geradezu rauschhaft skizzieren. Glaubte man ihnen, hätte diese so lange Zeit zwangsweise zerlegte Stadt nach dem Fall der Mauer stante pede begonnen, sich zu häuten, ihre Identität abzuschütteln und in ungestümer jugendlicher Frische ihre Rolle fürs nächste Jahrtausend anzunehmen – seht her, ihr Kleingläubigen, hier ist sie, die neue Mega-Metropole!

Unverhohlene Skepsis auf der einen, selbstbewußter professioneller Optimismus auf der anderen Seite – so widersprüchlich, so verwirrend wie die Ansichten über diese Stadt, so schillernd stellt sie sich dar. Tag für Tag bricht Berlin in den Medien über uns herein – und besonders auch über die Berliner selbst, die sich oft noch eher als Ost- und West-Berliner fühlen. Vorboten rheinischer Mentalität made in Bonn sind schon da, und ohne Unterlaß strömen junge, kreative Menschen aus der Republik in die Stadt, von der sie glauben, sie lasse wie keine andere Raum für ihre Hoffnungen, ihre Leidenschaften, ihren Wagemut, ihre Provokationen.

Gibt es einen attraktiveren Ort, ein Jubiläum zu feiern? Das 100. Heft der GEO Special-Reihe, die immer die ungewöhnlichen, die aufregenden, die sich wandelnden Metropolen und Regionen der Welt portraitiert hat, ist inspiriert von Berlins Turbulenzen, seinen Metamorphosen, seinem Wahnsinn – nur nicht von eindimensionalen Werbeblasen.

Berlin im Umbruch, an der Schwelle des nächsten Millenniums – welch ein maßgeschneidertes Thema für ein GEO Special. Um Chancen und Risiken der neuen Hauptstadt begreifbar zu machen, haben wir aus dem Strudel von Eindrücken und Einflüssen selbstverständlich nicht die Vergangenheit herausgefiltert, auch nicht jene der „Hauptstadt der DDR". Mein Kollege Arno Luik, der lange in Berlin gelebt und die Stadt erlebt hat, stellt Ihnen im Workshop auf der nächsten Doppelseite die wichtigsten Themen, Autoren und Fotografen vor.

Wir, das Redaktions-Team, sind überzeugt, daß Berlin mit seinen Menschen aus sämtlichen in der Uno vertretenen Nationen, mit seinen vielfach noch ungenutzten schöpferischen Kräften, schon bald keinen Vergleich mehr scheuen muß mit Paris oder Rom, London oder New York.

Es ist, denke ich, wieder einmal Zeit zu sagen: „Schaut auf diese Stadt!"

Das 100. GEO Special lädt Sie dazu ein.

Herzlich Ihr *Wolfgang Vollmert*

Wolfgang Vollmert

10
Das neue Herz

Noch wird am Potsdamer Platz gebaut, aber schon jetzt erwacht der mythenreiche Ort erneut zu einem pulsierenden Zentrum der Stadt. Der Fotograf Pierre Adenis hat die wundersame Wiederbelebung zehn Jahre lang begleitet.

32
Wie bitte?

Nachts um eins passiert Seltsames in der Stadt. Sie trinken ein Bier, nach ein paar Schlucken sind Sie in Dänemark, mit etwas Glück in Paris, mit etwas Pech in Bonn. Wirklich, so ist das in Berlins Kneipen.

118
Kunst am Körper

Junge Menschen, mit Flügeln, Papierschnitzeln und anderen seltsamen Dingen drapiert, posieren für Olaf Martens' Kamera: Berlins Mode- und Künstler-Avantgarde erfüllt die Friedrichstraße mit widersprüchlichem Leben.

60
GEO*special* BLAUE REISE

Eine Stadt im Fluß

Berlin versinkt fast im Wasser, ist durchströmt von Flüssen, Kanälen, Bächen, und das verführt Ilja Richter, Artur Brauner und Moritz Rinke zu Liebesschwüren der besonderen Art.

70
Götter im Exil

Gut gelaunt stellt sich ein buddhistischer Mönch vor dem Brandenburger Tor in Pose. Über 100 Religionsgemeinschaften gibt es im atheistischen Berlin: GEO-Reporter auf Expedition in eine nur schwer zugängliche Welt.

134
GEOspecial ZEITREISE
Kokain – das ist Berlin!

Berlin in den wilden Zwanzigern, das weiß jeder, war großartig. Die Kunst! Das Theater! Die Boheme! Und die Droge. Denn Berlin war auch dies: die Welthauptstadt des Kokains.

54
Der große Fall

Vor zehn Jahren tanzten die Berliner euphorisch auf der Mauer, und kurz darauf fiel sie ganz. Aber ist sie wirklich verschwunden? Eine Spurensuche. Drei Geschichten vom anhaltenden Staunen.

Raten Sie mal!

94
Wer's weiß, gewinnt

Sie kennen Berlin, haha! Was, zum Beispiel, sehen Sie denn hier? Okay, wir helfen Ihnen beim Rätseln: Dies hier war mal eines der wichtigsten Gebäude der Welt …

GEOspecial WORKSHOP 6

GEOspecial ESSAYS
Schaut auf diese Stadt! Der neue Potsdamer Platz – ein Foto-Essay 10
Und das Stadtschloß kommt doch: Ein Flug – vorwärts, rückwärts, holterdipolter – durch die Jahrhunderte 28
Die Welt ist ein Bierglas: Berlin um ein Uhr nachts 32
Metropolis: Der Bundesadler denkt, der erste Ossi war ein Wessi und andere Geschichten 46
Symbol der Republik: Nach 100 Jahren Mord am Bau ist der Reichstag neu erstanden 48
Von Menschen und Mauern: Und plötzlich ging das Tor auf 54

GEO special BLAUE REISE:
Stadt, Land, Fluß: Vom Wasser aus entdeckt man Berlins zweites Gesicht 60
Metropolis: Erotische Tänze, 11 000 Schupos und weitere Überraschungen 68
Mit Gott in der Dusche: Berlin ist ein Basar der Religionen, verwirrend wie New York 70
Hier liegen Sie richtig: Berlin kennt jeder, braucht es Werbung? 86
U 2 oder Die Geschichte von Ricardo und den Frauen: Auf die U-Bahn ist Verlaß, sie kommt immer 92
Versteckte Räume: Wo? Wie! Was? Das große Rätselspiel 94
Berlin, mon amour: Frankreichs früherer Kulturminister Jack Lang himmelt die Stadt, »du Bizarre«, an 102
Die störrische Quadriga: Die großen Bühnen proben den Aufstand 110
Fantasien: Mode, Szene und Talente in der Friedrichstraße 118
Metropolis: 517 Schafe in der Stadt, prügelnde Autofahrer und anderer Wahnsinn 132

GEO special ZEITREISE:
Der Schnee der Zwanziger: Und das Kokain schnupften sie eimerweise 134
Zwischen Nacht und Tag: Berlin klassisch. Bilder von ewiger Schönheit 144
Panorama-Poster: Die neue Mitte & Filmstadt Berlin. 16 Seiten zum Herausnehmen 181
Impressum/Fotohinweise: 227

Titelfoto: Pierre Adenis, Motiv: Potsdamer Platz

ab Seite
159

Früher, vor vier Jahren, habe ich in Berlin gearbeitet. An meinem ersten Tag im Büro war das so: Ein dunkelhäutiger, turbogebräunter Mann, Armkettchen an beiden Handgelenken, dicke Ringe an den Fingern, Vokuhila-Frisur, vorne kurz, hinten lang, kommt in die Redaktionskonferenz; er wandert um alle Tische herum und geht neben meinem Stuhl in die Hocke, springt dann plötzlich auf, klappt sein bunt-kariertes Jackett wie Doc Holliday zurück, zwei Krummdolche stecken im Gürtel, die zieht er raus und hämmert sie neben mir in den Tisch. Am nächsten Tag mittags um 12 kommt ein Penner in mein Büro, ich war damals Chefredakteur der „taz"; er stolpert, rutscht von der Tür her unter meinen Schreibtisch, rappelt sich auf und sagt: „Haste mal 'ne Mark für mich?" Am dritten Tag kommt einer rein, groß und mächtig wie Obelix; er sagt kein Wort, wischt statt dessen alle Unterlagen vom Schreibtisch in den Abfalleimer, dreht den Abfalleimer überm Schreibtisch um, leert ihn aus und sagt: „So." So. So ist Berlin. Ja, sicher, so ist diese Stadt – voller Überraschungen, und ich hoffe, daß auch dieses GEO Special „Berlin" für Sie so ist: So verblüffend, daß Sie sofort Lust bekommen auf diese Stadt – die neue Metropole. *Arno Luik*

so ist berlin. genau so.
oder?

Jack Lang, intellektueller Charmeur am Hofe von François Mitterrand, holte vergangenes Jahr die Berliner Love Parade, non, il faut dire: la techno parade, nach Paris – ein Alleingang, nur möglich, weil er immer noch zu den beliebtesten Politikern in Frankreich gehört. Vielleicht nicht mehr lange. Sein Outing in diesem Heft: »Paris? Berlin, c'est mon amour.«

Von einer Hebebühne ließ sich **Andre Rival** Tag für Tag, einen Monat lang, in den Himmel hieven und sah die klassischen Berliner Bauwerke plötzlich so, wie die Vögel sie kennen. Rival lernte dabei, daß Abheben in Deutschland genehmigungspflichtig ist: Der Ordner mit dem behördlichen Schriftverkehr ist ungefähr zehnmal so dick wie dieses Heft.

Pour l'amour, der Liebe wegen, kam **Pierre Adenis** vor elf Jahren von Paris nach Berlin. Fasziniert war der Franzose vom Potsdamer Platz, »damals noch das totale, tödliche Nichts inmitten der Großstadt«. Seit 1989 hat er diesen Ort regelmäßig besucht und dessen erstaunliche Wandlung festgehalten: vom öden Grenzland in ein pulsierendes Zentrum. In diesen Tagen erscheint von Adenis, der Titelbild und die Bildstrecke Potsdamer Platz fotografiert hat, ein prachtvoller Bildband (Nicolai-Verlag, DM 19,80); außerdem sind 70 seiner Fotos vom 1. bis 31. März in einer Ausstellung der Info-Box am Potsdamer Platz zu sehen.

Harald Martenstein, Buch-Autor hintergründig-feinsinniger Studien, ist in diesem Special mit zwei Geschichten vertreten. Der »Tagesspiegel«-Reporter arbeitet derzeit an einer Biografie über **Ilja Richter**, in den 70ern und 80ern Moderator der TV-Show »Disco« mit dem legendären Satz »Licht aus, Spot an!«. Richter, heute Autor und Schauspieler, schrieb für dieses Heft ein Gedicht: »Ich taumele durch die neuen Gebäude« (Seite 62).

Drei Wochen lang lebten **Walter Saller** und Fotograf **Gerhard Westrich** für ihre Reportage »Mit Gott unter der Dusche« in einer subtilen Unterwelt; so fremd, daß nur das Brandenburger Tor sie daran erinnerte, mittendrin in Berlin zu sein. Allerdings: Fromm hat sie ihre Reise zu Dutzenden von Religionsgemeinschaften nicht gemacht.

Mit Bier hat **Maurice Weiss** Erfahrung: Nach dem Abitur jobbte er als Kellner. Für das Berlin-Special fotografierte sich der 34jährige durch urige und schaurige Pinten, durch Szene-Tempel, Luxus-Tränken – und machte bei seiner GEO-Arbeit nicht nur wunderbare Bilder, sondern schaffte es auch, so sagt er, nüchtern zu bleiben.

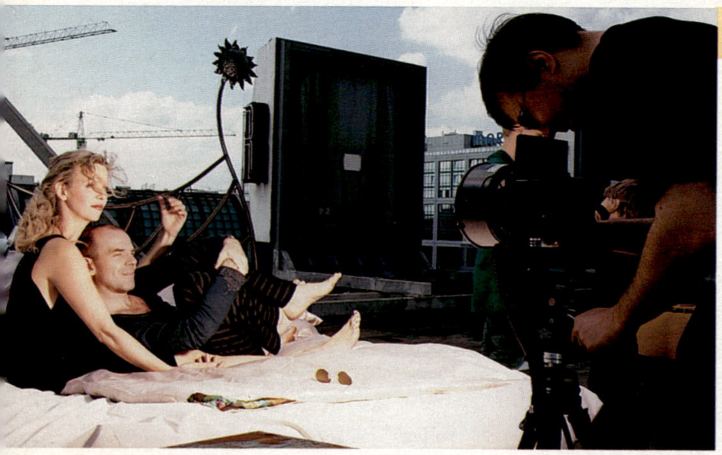

Der Hauptstadt aufs Dach gestiegen ist **Olaf Martens**, 35, exzentrischer Fotograf aus der unexzentrischen Stadt Halle. Für seine schrillen Inszenierungen holte er mit Hilfe von **Sabine Reinhard** diesmal keine Profi-Models vor die Kamera, sondern Charaktere aus der Kunst- und Theaterszene.

Er ist ein verschärfter Fan: Damit er das Berlin-Special layouten konnte, verzichtete der gebürtige Steglitzer **Peter Dasse** auf seinen alljährlichen Weihnachts-Südafrika-Trip. So isser, der Berliner, chapeau! Aber was hätte er ohne **Bärbel Edse** getan? Wenig, denn sie beauftragte die Fotografen, Berlin so zu zeigen, wie man die Stadt bisher noch nicht gesehen hat.

Mit seiner vielfach ausgezeichneten FAZ-Kampagne »Dahinter steckt immer ein kluger Kopf« ist **Sebastian Turner** von der Agentur Scholz & Friends »zum feschen Unternehmertypus des neuen Berlin« (taz) aufgestiegen. Für GEO Special hat der Werbeprofi schwer nachgedacht: Wie verhelfe ich der Stadt zu einem wahrhaft positiven Image? Beispielsweise mit einem Slogan wie: »Hauptstadt der Kriminalität. Das neue Berlin«.

Vor **Sibylle Bergemanns** Kamera steht selbst Frank Castorf stramm, der sonst recht ungezogene Intendant der Volksbühne am Rosa-Luxemburg-Platz. Seine Kollegen, die anderen Bühnen-Häuptlinge der Stadt, hat die 57jährige Fotografin und leidenschaftliche Theatergängerin ebenfalls für GEO Special ins Visier genommen. Die Höhenflüge und Abstürze der Berliner Theater hat **Rüdiger Schaper** beschrieben, der sich mit Abstürzen der eigenwilligen Art auch als Autor eines Buches über Harald Juhnke auskennt.

Ja ja, ein bißchen mitgenommen sieht er aus, der Bär, aber das hat seine Gründe, schauen Sie nach auf Seite 162. **Michael Sowa**, satirischer Zeichner aus Berlin, hat auch Martensteins Flug (Seite 28) durch die Jahrhunderte illustriert – fragt nicht, o Gott, was hat der Künstler sich dabei gedacht?!

DORLAND

Silvana da Tozzi, geb. 26.2.2001 Entdeckt wurde sie 2022 im Varieté. Berühmt wurde sie als neue Callas in der Philharmonie. Danach kamen Paris, New York, Mailand – und immer wieder Berlin. Hier fühlt sie sich zu Hause – in der Esplanade Residence des Sony Center am Potsdamer Platz.

In ihrem Apartment mit Blick auf die Lichter der Stadt.

See you tomorrow

Sony Center
am Potsdamer Platz

Tishman Speyer Properties Deutschland GmbH
Projektentwicklung, Vermietung/Verkauf
Telefon: 030/20 94-50 50, Fax: 030/20 94-54 85

Schaut auf

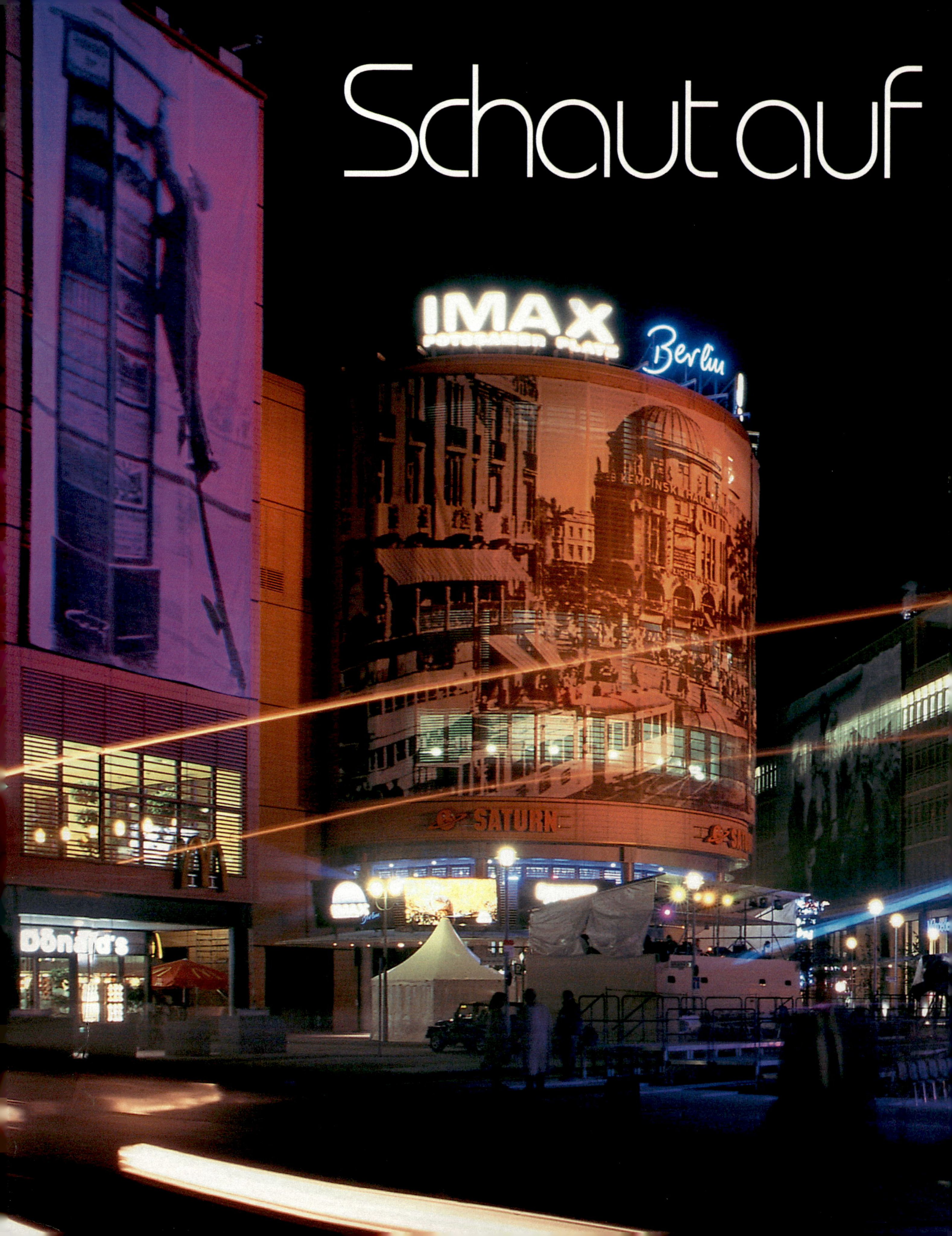

diese Stadt!

Mehr als 40 Jahre lang, nach Krieg, Feuersturm und Abrißwahn, war der Potsdamer Platz ödes Niemandsland zwischen Ost und West. Nun lebt dieser Ort auf und soll an die mythenreiche Vergangenheit anknüpfen, als er Nabel und Vergnügungszentrum der Hauptstadt war – laut, lärmend und lebendig. Fotograf Pierre Adenis hat die spektakuläre Verwandlung des Brachlands in eine Stadt der Zukunft verfolgt – vom ersten Spatenstich bis zur großen Einweihungsparty im Oktober 1998 mit Lasergeflirre auf dem Marlene-Dietrich-Platz

Bevor die Kräne mit ihrer Arbeit begannen, gab es Zänkereien, weil die Stadt ihr bestes Stück Land, ein Areal von 68 000 Quadratmetern, für einen politischen Sonderpreis von nur 133 Millionen Mark an Daimler-Benz verkauft hatte. Die Investoren inszenierten Bauen und Buddeln als mitreißende Theateraufführung, und Millionen strömten an das Bauloch und staunten hinein. Dazu lockte immer wieder Kunst am Bau: etwa die Neonröhren-Performance des Künstlers Gerhard Merz

Soldaten der Nationalen Volksarmee beginnen am frühen Morgen des 13. August 1961, den Osten vom Westen mit Stacheldrahtzäunen abzusperren – eines von 22 monumentalen, insgesamt 18 000 Quadratmeter großen »Hanging Pictures«, die wie Geschenkpapier die Rohbauten am Daimler-Benz-Areal umhüllten und in den Wochen vor dessen Einweihung die aufregende Historie des Potsdamer Platzes vom Beginn dieses Jahrhunderts an dokumentierten. 170 Fassadenkletterer rollten am 2. Oktober 1998 die Großposter wieder ein – ein Knochenjob, denn jedes wog über eine halbe Tonne

WOLFF
36

Die Quadriga über dem Brandenburger Tor, Wahrzeichen des alten Berlin, scheint sich im Skelett-Wald der Kräne zu verfahren. Rund um die Uhr, in drei Schichten, schufteten 4500 Arbeiter aus 52 Nationen am Potsdamer Platz, unterstützt von 60 Baukränen. Von »sklavenähnlichen Zuständen auf den Baustellen« sprachen die Grünen; beim euphorisierten Architekturkritiker der »Berliner Zeitung« hingegen löste das, was da entstand, »metropolitane Rauschzustände« aus

Okt. '94, Debis-Gelände: kurz vor Baubeginn mit Canaris-Haus und Staatsbibliothek

Anfangs gab es in den Berliner Zeitungen, im Radio und Fernsehen fast täglich minutiöse Berichte über die Arbeiten auf dem historischen Grund; im »realkapitalistischen Proletkult« (Spiegel) avancierten die 80 Taucher, die auch bei minus 14 Grad und bis zu 20 Meter tief im Wasser arbeiteten, zu Helden des neuen Berlin. Und die Hauptstädter lernten schnell so merkwürdige Wörter wie Spundbohlen, Rüttelbär oder Schlitzwände – und wunderten sich, wie rasant auf Wasser und Sand die Fassaden aus Ziegelstein, Keramik und Terrakotta emporwuchsen

Dez. '95: Montage vor dem Weinhaus Huth

Juli '96, Sony-Baustelle: Grundwasser wird abgedichtet

Okt. '96, Debis: Kräne überragen den Rohbau

Nov. '97, Volksbank: Parcours auf dem Dach, daneben das Debis-Hochhaus

Juli '98, Info-Box: Blick auf das Daimler-Gelände

Febr. '96, Grundwasser-See: Taucher überwachen das Betongießen

Juli '96, Sony- und Daimler-Areal: Noch sind Wiesen und Blumen nicht unter Beton

Juni '97, Sony: japanische Kulisse fürs Fernsehen

Okt. '97, Debis-Zentrale: Einweihungsfest im Atrium

Sept. '98, Sony-Center: Harfenklänge beim Richtfest

Sept. '98, Spielbank: Montage der Leuchtbuchstaben

Arata Isozaki, japanischer Altmeister der Postmoderne, schwelgte am Verwaltungsgebäude der Berliner Volksbank übermütig in Farben und gewellten Formen und trapezförmigen Fenstern – Spielerei, die sich rationaler Sinnsuche verschließt. Der grüne Würfel, der auf der Debis-Zentrale auch Berlin überragt, ist ein Kamin – er pustet Abgase aus den Tunneln tief unter dem Viertel in die Luft

Die mächtige Kugel des Imax-Kinos am Marlene-Dietrich-Platz, ein Trumm mit 35 Meter Durchmesser, ist ein Entwurf des genuesischen Architekten Renzo Piano. Die raffinierte Vorführtechnik im Rundkino, in dem vor allem Tierfilme gezeigt werden, und die überdimensionierte Leinwand geben den 440 Zuschauern das Gefühl, sie befänden sich mittendrin im Geschehen. Und so ist der neue Potsdamer Platz auch das: Unterhaltungspark für Kinder sowie metropolitaner Märchengarten für Erwachsene – ein Club Mediterranée mitten in der Stadt

Mercedes-Benz

Überlebensgroß lächelte Marlene Dietrich auf den Platz, der nach ihr benannt wurde, einen Ort voller Geschichte, an die nichts mehr erinnert. Hier hat Fontane Effi Briest geschrieben; hier rief 1916 Karl Liebknecht: »Nieder mit dem Krieg!« und bekam dafür vier Jahre Zuchthaus; hier revoltierte 1918 das Militär, und hier kamen die Comedian Harmonists aus dem Vox-Haus. Um die Ecke liegt das 1911 erbaute Weinhaus Huth, das als einziges Gebäude im gesamten Quartier dieses turbulente Jahrhundert mit Straßenkämpfen und Inflation, Weimarer Republik und zwei Weltkriegen, Schwarzmarkt und Mauerbau überlebt hat

An Computern in Genua, München, Tokyo, Madrid und London wurde DER POTSDAMER PLATZ

Alt und gut: Im Weinhaus Huth kaufte Konrad Adenauer als Präsident des Preußischen Staatsrats in den zwanziger Jahren seine edlen Tropfen. Das Weinhaus ist der einzige Bau auf dem gesamten Areal, der die Zerstörungen überlebt hat. Seit dem Herbst 1998 knüpft ein Laden an alte Traditionen an: der Weinhandel »Hardy«

Einfach und teuer: Eine schlichte Fassade, dahinter Kino und Hotel; 169 Suiten bietet das Madison-Hotel (Preis pro Nacht: zwischen 140 und 410 Mark). 19 Säle hat der Cinemaxx-Kinopalast, 3400 Plätze und ein gigantisches Foyer

Rund und spektakulär: Den mächtigen Ballon des IMAX-Kinos hat Renzo Piano entworfen. Vom Sommer 1999 an sollen hier auch Filme mit 3-D-Technik zu sehen sein

Wie er wurde, was er ist

1685 ist der heutige Potsdamer Platz eine großflächige Wiese, über die ein unbefestigter, sandiger Landweg führt – die spätere Potsdamer Straße.
1700 richten sich französische Gärtner an diesem Weg ein und legen Gärten und Felder an.
1713 hat Berlin 220 Gebäude und wächst unter Friedrich Wilhelm I. rasch: 27 Jahre später sind es schon 1154 Häuser.
1735 Am Ende der Leipziger Straße entsteht das Potsdamer Tor, eine ständig von Soldaten besetzte Wache.
1823/24 baut Karl Friedrich Schinkel Tor und Durchfahrt um.
1831 erhält der Platz seinen heutigen Namen.
1838, am 29. Oktober, hustet die erste Lokomotive aus dem ersten Berliner Bahnhof über den Potsdamer Platz in Richtung Westen.
1846 passieren drei Pferdebuslinien der „Concessionirten Berliner Omnibus Compagnie“ den Potsdamer Platz.
1867 hat Berlin 700 000 Einwohner und ist zu groß geworden für die alte Stadtmauer – sie wird, weil sie den Verkehr behindert, abgerissen. Betuchte Städter bauen ihre Villen an die Potsdamer Straße, im Volksmund das „Millionärsviertel“.
1873 zieht Theodor Fontane in die Potsdamer Straße 134 c und lebt dort bis zu seinem Tod1898.
1883 locken am Platz zwölf große Hotels mit internationalem Flair, etwa Westendhotel, Fürstenhof und Hotel Gericke.
1895 ist der Platz Berlins wichtigster Verkehrsknotenpunkt: 244 Pferdebahnwagen fahren von hier in alle Richtungen.
1902 ruckelt zum letzten Mal die Pferdebahn über den Platz.
1904 ist er das Zentrum Berlins: 34 Straßenbahnen, die „Elektrischen“, und 704 Droschken überqueren ihn täglich.
1907 wird der U-Bahnhof Potsdamer Platz eröffnet; die ersten Leuchtreklamen erhellen Hotels wie Vaterland und Fürstenhof.
1923, am 29. Oktober, wird aus dem Vox-Haus die erste deutsche Radiosendung ausgestrahlt: „Achtung, Achtung, hier ist Berlin auf Welle 400 Meter“.
1924 bringt die erste Ampel Deutschlands (57 Jahre nach der ersten in London) Ordnung in den chaotischen Straßenverkehr.
1936 kreuzen neben S- und U-Bahnen 26 Straßen- und fünf Buslinien den Platz, der als belebteste Kreuzung Europas gilt.
1945 wird am 3. Februar in nur eineinhalb Stunden der Potsdamer Platz durch einen alliierten Großangriff mit 937 Flugzeugen in Schutt und Asche gelegt.
1948 treffen die Sektorengrenzen der Alliierten am Potsdamer Platz aufeinander.
1953 gerät bei den Arbeiteraufständen am 17. Juni das Columbushaus in Brand.
1961 macht der Mauerbau das einstige Zentrum zum Stadtrand von Ost- und West-Berlin. 28 Jahre lang ist der Platz nun Steppe, Einöde, Todesstreifen.
1963 schreibt Wolfdietrich Schnurre, die „tödliche Versehrtheit“ des Platzes gleiche den Bildern russischer Dörfer nach dem Einmarsch der Wehrmacht.

* * *

9. November 1989 Der „anti-imperialistische Schutzwall“ fällt, und der Potsdamer Platz ist einer der ersten offenen Grenzübergänge.
16. Juli 1990 Daimler-Benz schließt mit der Stadt einen Grundstücksvertrag ab. Auch Sony und ABB greifen nach dem Filetstück: Über 8 Milliarden Mark wollen die Konzerne für die Bebauung investieren.
11. Oktober 1993 Der erste Spatenstich und Vorhang auf für Europas größte Baustelle.
2. Oktober 1998 Das Daimler-Benz-Quartier, die neue City in der City, wird eröffnet: 17 der insgesamt 19 neuen Gebäude sind fertiggestellt.
Februar 2000 Bei der Berlinale sollen die Kinos um das Sony-Center eröffnet werden – überragt von einem 103 Meter hohen Büroturm.

die neue Stadt entworfen: ein Stück echter Heimat aus der Retorte

Joggen und zocken: Der Spanier José R. Moneo hat das Grand Hyatt Hotel konzipiert, eine Fünf-Sterne-Unterkunft mit 325 Zimmern und 15 Suiten; auf dessen Dach man joggen kann. Direkt gegenüber (re.): das Musical-Theater, ein Varieté und Deutschlands größte Spielbank

Das Daimler-Projekt: Flüche & Freude

Nach langer, vierzigjähriger Pause begann die Neuzeit am Potsdamer Platz mit einem Sündenfall: Noch nie in der deutschen Baugeschichte war ein so riesiges Stadtgebiet, ein Areal von immerhin 15 Block (68 000 Quadratmeter), an einen einzigen Investor verkauft und unter dessen Regie bebaut worden; und noch selten, klagte die „Berliner Zeitung", war die Mitsprache von Bürgern und Verwaltung so gering gewesen wie bei der Entstehung von Daimler-City.
In den ersten Monaten nach dem hastig eingefädelten Deal im Juli 1990 gab es „alttestamentarische Flüche gegen Daimler" („Tagesspiegel") und heftige Kritik am rot-grünen Senat, der den wertvollen Baugrund verschleudert habe. Viele Menschen in der Stadt fürchteten, die schwäbischen Auto-Bauer wollten eine Retortenstadt hinknallen. Autonome besetzten den Bauplatz, um gegen die Landnahme des „größten europäischen Rüstungskonzerns" zu protestieren. Mit dem Lärm der Bagger, Dieselgeneratoren und auch der Werbetrommeln verstummte die Kritik. Längst haben Berliner und Touristen das neue Zentrum der Stadt angenommen: Zwischen 40 000 und 60 000 Menschen flanieren täglich über den Potsdamer Platz und gehen in den Arkaden einkaufen. Nach Hochrechnungen der Ökonomen gibt der durchschnittliche Kunde dabei 23 Mark aus, wenn er zu Fuß kommt; fährt er mit dem Auto vor (es gibt rund 4000 Parkplätze), sind es sogar 28 Mark. Ein neues Stück Heimat scheint auf dem ehemaligen Brachland entstanden zu sein; die Kombination aus schwäbischem Kalkül und italienischer Lebensart, die der genuesische Architekt Renzo Piano mit seinen Bauten inszenieren wollte, scheint in Preußen aufzugehen.

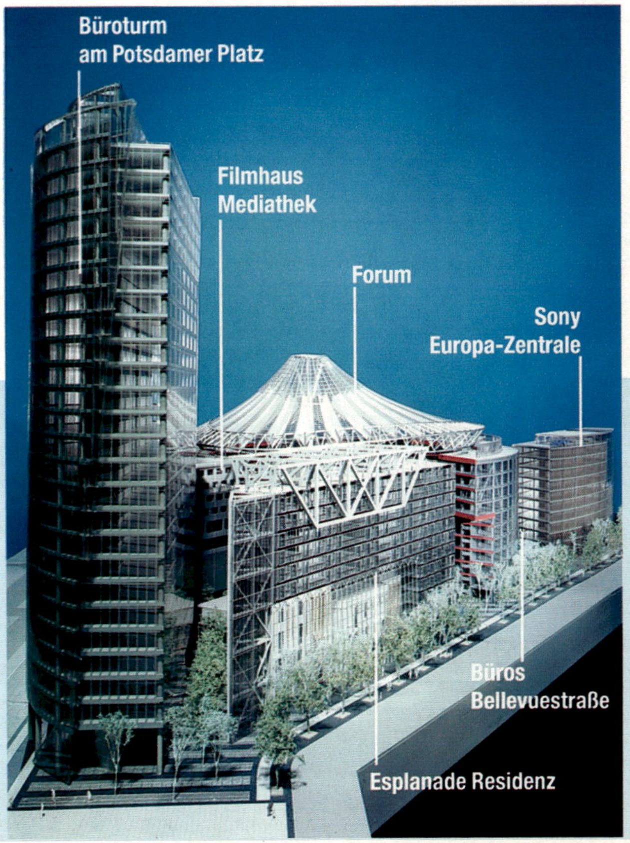

Das Sony-Projekt: Flüge & Liebe

Warum Sony seine Europa-Zentrale nach Berlin verlegt? So richtig können die Manager des japanischen Medien- und Elektronik-Konzerns diese Frage nicht beantworten. Eigentlich, sagen sie in der Vorstandsetage, dürften sie gar nicht in Berlin sein: die miese Verkehrssituation, stöhnen sie; keine Direktflüge, klagen sie, gebe es nach Amerika und Japan. Und, fragen sie, könne man es einem Konzernboß zumuten, in Frankfurt umzusteigen? Bewahre! Sonys Standort-Wahl entspringt einer diffusen Germanophilie des Vorstands – gepaart mit der Hoffnung, daß die Investition von 1,5 Milliarden Mark irgendwann prächtig Rendite abwerfen wird.
Ein Großteil des Sony-Komplexes, der nach Entwürfen des Chicagoer Architekten Helmut Jahn entsteht, wird vermietet. Neben Wohnungen und Läden soll sich auf dem 26 444 Quadratmeter großen Grundstück eine Medienstadt entwickeln: mit einen weiteren Megakino. Und auch die Marlene-Dietrich-Sammlung, vom Senat aufgekauft, soll vom Sommer 2000 an Besucher in die Sony-City locken.

UND DAS STADT-SCHLOSS KOMMT DOCH

»Ich bin ein Zyniker«, sagt Dramatiker Heiner Müller, und die Polizisten ziehen die Knüppel. Manche knurren, aber im Boom der Wiedervereinigung entstehen 1000 neue Aktiengesellschaften. Der Regierende Bürgermeister, ein ganz seltsames Wesen mit zwei Fühlern am Kopf, hat ein Problem: Er kann kaum Deutsch. Eine Zeitreise im Delirium von Harald Martenstein. Mit Illustrationen von MichaelSowa

Der Tag, an dem sie das Ding fanden, war ein ganz normaler Herbsttag im schönen neuen Berlin. Die Stadt mit der meinungsfreudigsten Bevölkerung der Welt diskutierte zwar immer noch, wie an fast jedem Tag seit dem Jahre 1990, über den Wiederaufbau des Berliner Stadtschlosses, über die Zukunft des Flughafens Tegel und ein großangelegtes Programm zur Beseitigung des Hundekots auf den Berliner Gehwegen, aber am ebenfalls heißumstrittenen Potsdamer Platz gingen die Bauarbeiten tatsächlich in die letzte Phase. Und dabei fanden sie es. Eine Bombe konnte das Ding nicht sein, es sah eher wie ein Zahnarztstuhl aus. Die Arbeiter holten den Polier, der Polier holte den Bauleiter. Und der Bauleiter holte die Feuerwehr.

Am nächsten Tag waren die Zeitungen voll davon: Mysteriöses Objekt auf dem Potsdamer Platz entdeckt! Das Geheimnis der Baugrube! Alle möglichen Experten untersuchten das Ding, Militärhistoriker, Archäologen, sogar eine Sozialtherapeutin. Als sie mit ihrem Latein am Ende waren, tauchte ein kleines dürres Männlein auf und stellte sich als Dr. Friedbert Hanussen vor, ein Enkel des berühmten Hellsehers, der in den zwanziger Jahren ganz Berlin in einen Rausch des Erstaunens versetzt hatte.

Hanussen sagte: „Mein Großvater wußte, daß so etwas passieren würde. Es ist die Zeitmaschine. Die Nazis haben sie gebaut, ihre klügsten Forscher Wernher von Braun und Manfred von Ardenne hatten die Idee dazu. Hitler wollte damit abhauen und ein neues Leben beginnen, in einer Epoche, in der die Menschen ihn besser verstehen. Bei den Hunnen vielleicht oder bei den Azteken. Jetzt passen Sie mal auf“, sagte Hanussen, „ich beweise ihnen das.“ Er kletterte in das Ding hinein und zog vorsichtig an einigen rostigen Hebeln, und plötzlich ging er auf eine Reise.

Die Mauer. Da war sie also, aber es standen Leute auf ihr. Viele tanzten. Es war Nacht und Hanussen spürte, wie eine Menschenmenge ihn schob. Jemand schüttete Sekt über seinen Kopf, eine Frau im Trainingsanzug küßte ihn sogar. Hanussen spürte plötzlich, daß er eine Mission hatte. Er fühlte sich wie ein Sanitäter, der im richtigen Moment am Unfallort erscheint.

„Langsam!“ schrie er, so laut er konnte, „jetzt seid mal alle hübsch langsam und vorsichtig! 20 Prozent von euch werden arbeitslos, der Palast der Republik wird geschlossen! Ihr verliert fast alle eure Freunde, weil ihr erfahrt, daß fast alle eure Freunde Stasi-Spitzel sind! Ihr werdet nie mehr im Leben Tempo-Erbsen essen und Club-Cola trinken, eure Identität könnt ihr vergessen! Die Westdeutschen sind außerdem kein bißchen netter als ihr selber!“

Niemand beachtete ihn. Nur ein Mann nickte ihm zu, der ganz in schwarz gekleidet war, Zigarre rauchte und eine schwarze Hornbrille mit dicken Gläsern trug. Hanussen erkannte ihn: Es war Heiner Müller, der weltberühmte DDR-Dichter. „Sie haben da eine ziemlich unpopuläre Rede gehalten“, sagte Heiner Müller, „aber erstens haben Sie nur die halbe Wahrheit gesagt, und zweitens kommt es auf die Wahrheit überhaupt nicht an. Verderben Sie meinen Mitbürgern nicht den netten Abend.“ Hanussen staunte, der Mann war offenbar ein Zyniker. „Stimmt genau, ich bin ein Zyniker“, sagte Heiner Müller und schnippte Zigarrenasche in das Sektglas seiner Nachbarin. Jemand stieß gegen die Zeitmaschine und Hanussen wurde von einem

Am nächsten Tag waren die Zeitungen voll: »Mysteriöses Objekt auf dem Potsdamer Platz entdeckt!«

schwarzen Sog ergriffen, noch schwärzer als Heiner Müller.

Als er aus dem Sog auftauchte, hörte er als erstes ein tiefes, lautes Brummen. Hanussen schaute auf und sah ein Flugzeug mit amerikanischem Hoheitszeichen, das, wie ihm schien, nur etwa dreißig Zentimeter über den Häuserdächern flog. Es war Winter. Er erkannte das Brandenburger Tor, im Hintergrund war die gewaltige Ruine des Berliner Stadtschlosses zu erahnen. Und er sah im Tiergarten eine Gruppe verhärmter Gestalten, die dabei waren, einen der letzten alten Bäume zu fällen. Die Frauen trugen Kopftücher, obwohl sie augenscheinlich keine Türkinnen waren. Aha, die Blockade! Erstaunlich, diese Kälte. Und wie blaß die Menschen aussahen. Hanussen lief zu der Gruppe.

Meine Damen und Herren", sagte er, so höflich und gefaßt es nur ging, „ich weiß sehr wohl, daß Ihnen kalt ist, aber schauen Sie, diese lästige Blockade wird nicht ewig dauern. Und was Sie da gerade fällen, ist eine der letzten Eichen des Tiergartens, ein Naturdenkmal. Denken Sie an die kommenden Generationen, von denen Sie den Tiergarten sozusagen nur geborgt haben. Um sich aufzuwärmen, ist übrigens eine moderne Form der Gymnastik gut geeignet, die ich Ihnen gern beibringe. Wir nennen es Aerobic." Die Gruppe ließ sich nicht zweimal bitten. Sie packten ihre Äxte und Sägen fester und stürzten sich knurrend auf Hanussen. So kurz nach dem Krieg, dachte dieser, und schon wieder latente Gewaltbereitschaft. Oder handelte es sich um beginnenden Kannibalismus? Er wollte es lieber nicht genau wissen und sprang in die Maschine.

Immerhin, es war Sommer. Als Hanussen sich umschaute, bemerkte er als erstes die Autos, Modelle, die er liebte: einen VW-Käfer, einen Citroën DS, sogar einen Borgward Isabella. Die Frauen trugen geblümte Kleider und toupierte Haare. Ah ja, er war am Kurfürstendamm. Dort hinten, im Café Kranzler, würde er sich ein Täßchen echten Bohnenkaffee und ein Ananastörtchen gestatten, um sich von dem schrecklichen Blockadewinter zu erholen... Nanu, was war das? Die Joachimstaler Straße fuhr ein Wasserwerfer hinunter. Eine Menge schwenkte Spruchbänder und Plakate. Hanussen erkannte auf den Plakaten Mao Tse Tung und Ho Chi Minh. Hanussen fühlte sich elektrisiert, wie hatte er in solchen Zeiten an Ananastörtchen denken können! Er sprach einen der Studenten an, einen langhaarigen jungen Mann. „Ich sympathisiere mit euch", sagte Hanussen, freundlich lächelnd. „Das ist schön", antwortete der Student.

„Ja, durch euch wird Deutschland lockerer. Man sieht die Dinge nicht mehr so verbissen. Die Verbrechen der Nazis werden nicht mehr verdrängt, und so weiter."

„Dann unterschreibst du sicher unseren Aufruf gegen den US-Imperialismus. Die USA sind die Nazis von heute." Hanussen zögerte. „Meine Sympathie für euch ist eher allgemeiner Natur. Das, was ihr bürgerliche Demokratie nennt, ist nämlich gar nicht so übel. Wenn ihr wüßtet, was der Leibarzt von Mao Tse Tung über diesen schrecklichen Menschen Mao in seinen Erinnerungen schreibt..."

In diesem Moment begann der Wasserwerfer mit der Arbeit. Der Student lief fort. Es liefen überhaupt alle irgendwohin, nur Hanussen zögerte eine Spur zu lange. Drei Polizisten kamen mit gezogenen Knüppeln auf ihn zu und schlugen ihm auf den Kopf. „Ich bin doch Demokrat, verdammt noch mal!" rief Hanussen, so laut er konnte. „Es lebe das Grundgesetz! Sie machen einen Fehler, meine Herren!" „Aus Fehlern wird man klug", erwiderte einer der Polizisten. Es wurde dunkel.

Hanussen erwachte davon, daß eine Ziege sein Gesicht ableckte. Er mußte es irgendwie zu seiner Maschine geschafft haben. Wie ein Rundumblick ihn lehrte, befand er sich in dem verlorensten Nest des Erdkreises. Einige wenige Straßenzüge, ein paar kleine Kirchlein. Die Handvoll Menschen, die es hier gab, versammelte sich mit erstaunten Gesichtern um ihn. Am auffälligsten an ihnen waren ihre schadhaften Zähne. Sollte dies etwa Berlin sein? Hanussen schaute auf den Jahres-Tachometer der Maschine, offenbar befand er sich im 14. Jahrhundert. Viele Leute schienen eine slawische Sprache zu sprechen, andere klangen eher flämisch.

Eine dritte Sorte Mensch klang, nun ja, so ähnlich wie deutsch. Multikulturell war es hier ja, aber dies schien Hanussen das einzig Positive an dieser sogenannten Stadt.

Würde man ihn verstehen? Darauf konnte er keine Rücksicht nehmen. „Habt ihr denn überhaupt keinen Ehrgeiz?" begann er. „Schaut euch doch mal um! Schließlich lebt ihr nicht mehr in der Steinzeit! In Paris wird bereits Weltliteratur geschrieben, in Prag gibt es eine Uni, von den hochgebildeten Arabern ganz zu schweigen! Wie wollt ihr das eigentlich jemals aufholen, ihr Ködel? Nebenbei bemerkt, kann man aus zermahlenen Muscheln eine sehr brauchbare Zahncreme herstellen." Hanussen sah, wie sich die Gesichter verhärteten. Die Berliner kamen näher und näher, sie streckten ihre Hände aus.

Jemand zeigte zur Nikolaikirche. Vom Kirchturm hing ein großer Käfig herab. In dem Käfig saß ein Mann. Der Mann schrie: „Ich will raus hier! Ich habe mich im Raum-Zeit-Kontinuum verfahren! Ich wollte doch zu den Azteken!" Es war Hitler. Hanussen stürzte zu seiner Maschine, so schnell er nur konnte.

Nun brauchte er wirklich einen kleinen Imbiß. Er war in der Friedrichstraße gelandet, hatte sein Fluggerät zusammengeklappt und lief fasziniert durch die Straßen, in denen Menschen, Fahrräder und Autos durcheinanderwimmelten. So ein Verkehr aber auch. Sicher, es war bekannt, daß Berlin in diesen Jahren die lebhafteste Metropole Europas war, aber es mit eigenen Augen zu sehen, war eben doch etwas völlig anderes. Nach einer Weile fand er, was er gesucht hatte: das berühmte Romanische Café. Hier schlug, wenn man so sagen durfte, das geistige und kulturelle Herz Deutschlands, wenn nicht Europas. Hanussen fand einen freien Platz und stellte erfreut fest, daß das Ananastörtchen bereits erfunden war. Er beschloß, seine Armbanduhr in Zahlung zu geben.

Tatsächlich, da saßen sie: Heinrich George und Gustav Gründgens, der Theaterkritiker Kerr, George Grosz und Max Liebermann, die meisten in Begleitung hübscher junger Damen. Kurt Tucholsky befand sich alleine an seinem Tisch und schrieb. Welch eine geistige Blüte! Und wie kurzlebig sie leider sein würde! Eine einzige Kleinigkeit irritierte Hanussen. Das Romanische Café hatte er sich immer als einen Ort vorgestellt, wo zu Gesprächen von unerhörtem Niveau Kaffee getrunken und Kuchen gegessen wurde. Statt dessen bemerkte er, daß fast jeder Titan des Geisteslebens ein Glas Wein, Cognac oder gar Schnaps vor sich stehen hatte. Bei den meisten schien es keineswegs das erste Glas zu sein. Einigen Titanen waren die Folgen des Alkohols bereits deutlich anzusehen, sie hatten rote Köpfe, schwitzten stark und redeten laut durcheinander. Auch geraucht wurde ohne die geringste Spur von Mäßigung. Hanussen konnte sich nicht erinnern, jemals an einem Ort von solch negativer Luftqualität gewesen zu sein. Obwohl er sich nach seinen letz-

Als sie ihn hinauswarfen, rief er so laut er konnte: »Ernst Jünger wird euch überleben!«

ten Erfahrungen geschworen hatte, den Dingen ihren Lauf zu lassen, sprach er seinen Nachbarn an. Es handelte sich um den Dichter Erich Maria Remarque, der schon ein wenig glasig schaute. „Ist ihnen eigentlich klar, was Sie ihrem Körper da antun?“ fragte Hanussen in mühsam beherrschtem Ton. Remarque antwortete nicht, sondern winkte mit seiner Zigarette lässig einen Kellner herbei. Als er hinausgeworfen wurde, rief Hanussen so laut er nur konnte: „Ernst Jünger wird euch alle überleben!“

An einem sensiblen Menschen ging so etwas nicht spurlos vorüber. Hanussen war sehr traurig. Er landete mit seiner Maschine in der Nähe des Brandenburger Tores, wo er Pickelhauben sah und Pferdedroschken, aber kein einziges Auto. Er setzte sich auf eine Bank und spürte, wie ihm Tränen in die Augen stiegen. Da legte sich eine Hand auf seine Schulter. „Haste ooch in Eisenbahnaktjen investiert?“ fragte ihn ein älterer Herr. „Det vereinte Deutschland macht uns janz schön fertich.“

In groben Zügen erfuhr Hanussen folgendes: Man schrieb 1873. Nachdem zwei Jahre zuvor das zweite Deutsche Reich gegründet worden war, das so lange ersehnte vereinte Deutschland, hatten sämtliche Wirtschaftsexperten einen Boom vorausgesagt, unter anderem in der Eisenbahnbranche. Fast tausend neue Aktiengesellschaften waren gegründet worden, mit den schönsten Hoffnungen. Inzwischen waren viele Neugründungen wieder pleite, vor allem die Eisenbahnen. „Gründerkrach“ hieß der Sammelbegriff für diese unerfreuliche Entwicklung. Auch der ältere Herr, Hanussens Gesprächspartner, hatte sein Vermögen verloren. Hanussen fühlte sich zu einem Wort des Trostes verpflichtet. „Deutschlands Einheit ist nun mal ein wertvolles Gut“, sagte er. „Da sollte man, was persönliche Opfer angeht, nicht kleinlich sein. Und in ein paar Jahren haben Sie rund um Berlin sowieso blühende Landschaften. Kein Grund, so rumzujammern, wirklich.“ Er sah überrascht, wie an der Schläfe des älteren Herrn eine Ader gefährlich anschwoll. Zügigen Schrittes begab sich Dr. Friedbert Hanussen zurück zu seinem Apparat und stellte die Jahreszahl 20 000 ein. Höchste Zeit, in der Zukunft nach dem Rechten zu sehen.

An der Nikolaikirche hing ein großer Käfig. Ein Mann schrie: »Ich will raus!«

Den Zeitreisenden erwartete eine Überraschung. Am Potsdamer Platz wuchsen Bäume und Sträucher. Keine Häuser, keinerlei Spur menschlicher Anwesenheit. Doch plötzlich hörte Hanussen Musik. Der Boden schien sich zu öffnen, aus Gängen und Spalten tauchten hunderte, wenn nicht tausende seltsame Wesen auf. Sie hatten große haarlose Köpfe, an denen jeweils zwei Fühler wuchsen, tellergroße Augen und liefen auf kurzen Watschelfüßen. Eines der Wesen stellte sich in mühsamem Deutsch als Pin 3233 L vor, Regierender Bürgermeister von Berlin. „Wir haben dich erwartet, Botschafter aus der Vorzeit“, sagte Pin 3233 L. „Wir Berliner von heute kämpfen mit Meinungsverschiedenheiten, und wir wollen zu gern wissen, wie unsere Vorfahren damit fertiggeworden sind.“ „Nur zu, fragen Sie“, erwiderte Hanussen. Endlich wußte jemand seinen Rat zu schätzen. Pin 3233 L senkte die Stimme. „Erstens, Fremdling: Sollen wir wirklich das alte Berliner Stadtschloß wiederaufbauen?“

Berliner Flaneur: Otto Sander

Berlin ist eine merkwürdige Stadt, vor allem nachts, meint

DIE WELT IST EIN BIERGLAS

FOTOS: MAURICE WEISS

In Berlin gibt es alles. Zugegeben: Alles gibt es auch anderswo, in Paris oder New York zum Beispiel. Bloß eine Bonner Kneipe, die haben sie nirgends. Ein so exzentrischer Wunsch wie der Wunsch nach einer Bonner Kneipe wird außerhalb von Bonn wirklich nur in Berlin befriedigt. Diese Tatsache hat historische Gründe. Fast alles in Berlin hat historische Gründe.

An einer typischen Bonner Kneipe steht draußen nicht etwa „Bonner Kneipe", sondern das französische Wort „Brasserie". Drinnen wird Kölsch ausgeschenkt sowie unter bedingungslosem Einsatz von Nonchalance und Savoir-vivre Kartoffelsuppe gelöffelt. Es ist, wenn man es genau nimmt, weiter nichts los. Genau dieses Detail ist ja immer das Besondere an Bonn gewesen: daß nichts los war. Der Beschluß, die deutsche Regierung nach Berlin zu verlegen, hängt in einer typischen Bonner Kneipe auf dem Klo.

Die „Ständige Vertretung", abgekürzt „StäV", am Schiffbauerdamm haben zwei Bonner Traditionswirte eingerichtet. Einst kämpften sie gegen den Regierungsumzug, jetzt machen sie das Beste draus. Friedel Drautzburg und Harald Grunert verkaufen in ihrem Lokal eine Broschüre, in der steht, daß sie typische Vertreter des rheinischen Klüngels sind. Et es, wie et es, und: Wat fott es, es fott. In diesen beiden Sätzen faßt man im Rheinland die gesamte deutsche Geschichte zusammen.

In der StäV sitzen am späteren Abend sehr viele weißhaarige Männer mit Schlips und Jackett, begleitet von Damen, die frisch vom Friseur kommen. Schwer und süßlich hängt der Geruch von Spesenquittungen in der Luft. Man sieht seit

Kneipengänger Harald Martenstein. Du öffnest eine Tür, plötzlich bist du in Paris oder – Wahnsinn – in Dänemark

Ständige Vertretung

Kastanienverkäufer in der Rosenthaler Straße

Jahren mal wieder karierte Jacken mit aufgebügelten Lederecken an den Ellbogen; wahrscheinlich sind aufgebügelte Lederecken das geheime Erkennungsmerkmal für Bundestagsabgeordnete aus aufstrebenden Wahlkreisen des Westerwaldes. In einer Ecke sitzt ein bekannter Chefredakteur und trinkt in geselliger Runde sein Pittermännchen: ein kleines Bierfaß, das am Tisch serviert und selber gezapft wird, rheinisches Gegenstück zu Fondue und Raclette. An den Wänden hängen historische Fotos aus der Zeit der Bonner Republik, eines davon zeigt Helmut Schmidt, wie er in Drautzburgs früherer Bonner Kneipe den Barkeeper spielt. Von diesem Lokal wird die Welt noch hören, dafür werden die Chefredakteure sorgen. Das Pittermännchen in seinem Lauf hält weder Ochs noch Esel auf.

Nachts ist Berlin noch größer als am Tag. Alle Städte sind nachts größer. Denn am Tag hat fast jedes Haus seine Arbeit, ungefähr wie unsereins. Der Mensch guckt sich so ein Taghaus tagsüber zerstreut an und denkt sich beispielsweise: Interessant, im Erdgeschoß ein Visitenkarten-Schnellservice, wer so was wohl braucht, bestimmt eine

Hier, in den Hackeschen Höfen, trinkt das neue Berlin. Ein paar Schlucke weiter: die Oranienburger Straße,

Die Hackeschen Höfe

schwierige Branche. Oder: Ach ja, hier im zweiten Stock hat Klaus früher gewohnt, als er noch mit Gunda zusammen war, oder hieß sie Ulla? In diesem Sinne ist jedes Haus zu irgendwas gut, am Tag. Nachts bedeuten nur einige wenige Häuser etwas, solche, in denen unsereins sich gesellig versammelt, dummes Zeug redet und ungesunde Getränke zu sich nimmt. Die übrigen Häuser, in denen es nichts zu trinken gibt, stehen dann schwarz und zwecklos in der Gegend herum. Sie sind bloß noch Entfernungs-Vergrößerer, diese übrigen Häuser, sie ziehen die Stadt auseinander und sorgen dafür, daß die Wege weiter sind, als der gesellige Mensch es abends gern möchte.

In Berlin gibt es nachts um eins ganz viele verschiedene Länder und Städte. Zuerst fahren wir nach Paris.

Ein paar hundert Meter von der „Ständigen Vertretung" entfernt beginnt die Oranienburger Straße, noch ein paar Meter weiter liegen die Hackeschen Höfe. Die Oranienburger Straße und die Hackeschen Höfe gelten zur Zeit als die beiden wichtigsten Säulen des nächtlichen Berliner Kneipenlebens. Die Hackeschen Höfe leuchten und sind mittendrin im Bezirk Mitte. Wegen des

Café Silberstein

wo Touristen, Kunstsinnige und Szene-Vögel sich lustvoll mischen, mittendrin im Bezirk Mitte

Café Silberstein

Tom's Bar

großen Erfolges dieses historischen Hof-Ensembles werden jetzt genau gegenüber die „Neuen Hackeschen Höfe" gebaut. Womöglich wird es danach auch noch einen dritten und vierten Teil geben, wie beim „Weißen Hai" oder bei „Lethal Weapon". In der Oranienburger Straße gibt es erstens eine malerische, nach der Wende besetzte Kaufhausruine, das Tacheles, zweitens eine malerische Synagoge, um die herum sich zwei oder drei jüdisch angehauchte Lokale scharen, drittens den Straßenstrich. Die Kombination aus wiedergeborenem jüdischen Berlin, Boheme und Amour macht vor allem die Touristen unheimlich an. In manchen Kneipen hängt das Schild: „Vorsicht, Taschendiebe!" Denn Geld hat hier jeder, und an fast jedem Tresen wird Sushi verkauft. Sushi sind im neuen Berlin das, was im alten Berlin die Soleier waren.

Die Oranienburger Straße ist der Montmartre von Berlin. Der Pariser Montmartre simuliert für Touristen das Alt-Pariser Künstler-Lebensgefühl von 1900, die Oranienburger simuliert für Touristen das jüdische Berlin, das szenige Hausbesetzer-Berlin und gleichzeitig die Wendejahre um 1990 herum. Das größte Rätsel dieser Gegend sind die Prostituierten. Wer sich stundenlang an den Tresen herumlümmelt und auf die Straße hinausschaut, wird zwar mit großer Wahrscheinlichkeit den Berliner Schauspieler Otto Sander vorbeiflanieren sehen, aber niemals einen gelungenen Geschäftsabschluß zwischen einer der Frauen und einem Kunden beobachten können. Sie bemühen sich auch kaum. Das Gerücht mag nicht verstummen, daß es sich bei ihnen in Wirklichkeit um Studentinnen handelt – wahrscheinlich der Psychologie, Theaterwissenschaften und Soziologie –, die lediglich als eine geschickte Maßnahme der Stadtverschönerung herumstehen und aus dem Etat des Berliner Tourismus-

Wo Berlin wie New York aussieht, zwischen Wittenberg- und Nollendorfplatz : In den Ethno-Kneipen sucht

Der Hafen

Managers Volker Hassemer bezahlt werden.

Vielleicht wird die Tacheles-Ruine doch noch abgerissen. Dann heißt es hier: verlorene Illusionen. So was würde in Montmartre nicht passieren.

Von Paris fahren wir als zweites nach Wien. Wien war total angesagt, so etwa im Jahr 1780, heute schaut uns Wien melancholisch an und ächzt auf charmante Weise unter seiner Patina. Das Berliner Wien liegt rund um den Savignyplatz.

Savignyplatz und Umgebung, so hieß das führende Viertel im Westberliner Nachtleben von etwa 1970 bis etwa 1990. Heute ist der Platz „out", wie es in der gnadenlosen Sprache der Jetztzeit heißt, aber es gibt hier immer noch unheimlich viele Kneipen, deren Wirte mit zusammengekniffenen Pobacken und mühsamem Lächeln auf ihr Comeback warten, das große Savignyplatz-Nostalgiefestival, das irgendwann gefälligst mal kommen muß. Denn es ist schön hier, eindeutig. Kudamm und Zoo liegen um die Ecke. An der einen Ecke des Platzes befindet sich das linke Traditionslokal „Zwiebelfisch", das wir uns als die von David Copperfield in eine Kneipe verzauberte „Frankfurter Rundschau" vorstellen müssen, eine ganze Theke voller liebenswert depressiver Trenchcoat-Träger.

An der gegenüberliegenden Ecke haben wir den „Diener". Der „Diener" war einst das führende Westberliner Künstlerlokal, an den Wänden hängen Autogrammkarten von sämtlichen Berühmtheiten dieser Erde, bis hin zu Karel Gott und Hape Kerkeling. Seit das nahe gelegene Schiller-Theater geschlossen wurde, hat der „Diener" den Blues im Blut, und Steppenwind pfeift um leere Tische. Ab und zu schauen ältere Schauspielerinnen mit ihrem gehbehinderten Hündchen vorbei, ihre Haut ist dank modernster Solartechnik so schwarzbraun wie die „Diener"-Tapete, und an ihre Namen

Slumberland

der schwarze Mann die weiße Frau, in den Schwulen-Bars sucht der Bayer den Schwaben. Oder anders herum

Slumberland

Wild at Heart

kann die deutsche Jugend sich beim besten Willen nicht erinnern.

Neben dem „Diener" steht seit 20 oder 30 Jahren an fast jedem Abend eine schwarze Frau, die jeden Passanten freundlich anlächelt. Eine Hure. Die Hure ist etwa 30 Jahre alt, sehr groß, ungefähr ein Meter 90, und sehr breit. Alle paar Jahre steht eine andere da. Sie sind immer etwa dreißig, immer schwarz, sehr groß und sehr breit. Das zeigt, wie traditionsbewußt diese Gegend ist, auch in gesellschaftlichen Bereichen, in denen Traditionsbewußtsein üblicherweise nicht allzuviel zählt.

Es gibt auch im Westen der Stadt Verlierer der Einheit. Sie trinken im „Zwiebelfisch" und im „Diener". Für die Sieger gibt es „Florian" und die „Paris Bar", beide nur ein paar Meter vom Savignyplatz entfernt. Die „Paris Bar", ein französierendes Bistro mit eng aneinandergeschmiegten Tischchen, ist wahrscheinlich das berühmteste Lokal der Stadt, hier ißt Gerhard Schröder demonstrativ mit seinem geliebten Freund Oskar Lafontaine, und das, obwohl die „Paris Bar" ein typisches, todgeweihtes Überbleibsel aus alten West-Berlin-Zeiten schien, mittendrin in der Out-Gegend, mit den gleichen

Die Kreuzberger Nächte: Früher kannte sie jeder. Heute ist Kreuzberg out, heißt es. Aber die Nächte sind

Bierhimmel

vergilbten Wänden und dem gleichen matten Funzellicht wie im „Diener". Aber die „Paris Bar" hat an den Wänden Kunst von Weltniveau und zwei riesengroße Schaufenster zur äußerst belebten Straße hin. Es ist vollkommen unmöglich, in der „Paris Bar" zu essen, ohne daß ganz Berlin es merkt. Die ideale Bühne für demonstrative Auftritte. Das Berliner Gegenstück zum Wiener Opernball.

An manchen Abenden will partout niemand Prominentes in der „Paris Bar" essen, bloß namenlose Touristen aus Übersee, die jeden, der ein wenig Deutsch spricht, sofort um ein Autogramm bitten. Dann gehen wir ins „Florian". Im „Florian" sitzt nachts um eins der Schauspieler Otto Sander. Immerhin. Garantiert. Es wird in Berlin allerdings behauptet, Otto Sander beschäftige gegen Honorar einige Otto-Sander-Doubles, weil er nämlich an jedem Abend bei jedem gesellschaftlichen Anlaß auftaucht, außerdem jeden Abend im „Florian" sitzt und drittens jeden Abend Dreharbeiten für jeden deutschen Spielfilm hat.

Als nächstes fahren wir nach Dänemark. Das Land Dänemark ist liebenswert, sauber und klein. Böse Menschen

Schnabelbar

immer noch da, auch die jungen Männer mit den schwarzen Lederjacken, zum Beispiel in der Oranienstraße

Wild at Heart

halten Dänemark für ein bißchen langweilig. Das Berliner Dänemark liegt in Friedrichshain: Simon-Dach-Straße und drum herum.

Friedrichshain, ein alter Arbeiterbezirk. Die Straßenbeleuchtung ist dunkler, und die Wohnungen sind billiger als anderswo. In Friedrichshain lebt der bindungsunwillige junge Mensch aus der deutschen Provinz, der vor zehn Jahren als Westdeutscher in Kreuzberg, als Ostdeutscher in Prenzlauer Berg gelandet wäre. Dort hätten mit sardonischem Lächeln Zehntausende von abgebrühten Dreißigjährigen auf den Neuankömmling gewartet und ihn ruckzuck verdorben – Zynismus, Schwarzfahren, spätes Aufstehen, solche Sachen. In Friedrichshain bleiben die Zwanzigjährigen unter sich und charakterlich sauber. Die Kneipen heißen „Mittendrin“ oder „Dachkammer“ und sehen aus wie Schul-Party-

Lampion

als im Westen. In den härtesten Heavy-Metal-Kneipen spielen sie den Schlagerfuzzi Falco, und auf dem Tresen sitzt dort eine Käpt'n-Blaubär-Kinderpuppe. Von der Decke hängt dazu ein Kreuz, auf das der Künstler die Skulptur einer nackten Frau genagelt hat. In die „Tagung“ kommen um eins ein paar Glatzköpfe. Springerstiefel, Bomberjacken. Wir Älteren zucken zusammen, weil wir durch Fernsehen und Zeitungen verdorben sind. Aber diese Skinheads hier sind noch vor zwei, drei Jahren gemeinsam mit den Langhaarigen irgendwo in Südsachsen in eine Schulklasse gegangen. Jetzt trinken sie unter Erich Honeckers Bild gemeinsam Bier. Alles nette Jungs. In Dänemark müssen die Menschen sich schon deshalb vertragen, weil man sich in einem kleinen Land schwer aus dem Weg gehen kann.

Kollwitzplatz, in Prenzlauer Berg: Spielplatz der neuen Reichen und Reservat für DDR-Nostalgiker

keller aus den siebziger Jahren, man sucht mit den Augen instinktiv nach dem Hausmeister. Ein rotwangiges Publikum gibt sich aufgeregt bulgarischem Rotwein hin. Aus ihren wollenen Umhängetaschen schauen bunte Heftkladden heraus. Lange, zerstrubbelte Haare, Troddelsofas und Wandervogelgitarren, das geht in Friedrichshain alles wieder. Die Mädchen binden ihr Haar mit einem Schleifchen zu Knötchen und haben am Rucksack ein Glöckchen, das mit seinem dauernden Dingelingeling alle Jungs in ein Wahnsinnchen treibt.

Die „Tagung“ ist vollgestopft mit politischem Trödel aus der DDR, mit Lenin-Büsten, Liebknechten und Honeckern, Warnschildern der Grenztruppen, Intarsien- und Häkelarbeiten zum Wohle der Werktätigen. Hier herrscht die halb ironische, halb sehnsüchtige Haltung, mit der in den siebziger Jahren wilhelminischer Plunder in die westdeutschen Kneipen gestellt wurde.

Die Zeichen und Symbole mischen sich noch immer nach anderen Gesetzen

Lampion

Kreuzberg ist Istanbul. Na gut, das weiß jeder. Auch die SPD-Zentrale befindet sich in Kreuzberg. Deshalb weht in der Nacht – schön angestrahlt, riesengroß und mit unzeitgemäßem Pathos – eine rote Fahne über Kreuzberg. Die jungen Männer von Kreuzberg tragen immer noch schwarze Lederjacken, dazu schwarze Hosen und Tätowierungen. Sie reden aber schon lange nicht mehr schwäbisch, sondern im Berliner Tonfall. Die meisten haben noch nie eine Uni von innen gesehen. Die Lederkluft ist die gleiche geblieben, nur die soziale Gruppe, die in dieser Kluft drinsteckt, hat sich geändert.

Die Kneipe „Bierhimmel“ an der Oranienstraße trug ursprünglich ihren proletarischen Kampftrinkernamen aus purer Ironie. Inzwischen ist die Ironie fast aufgebraucht. Es liegen noch die „Zeit“, „Geo“ und „Titanic“ herum. Aber Pit Bulls liegen ebenfalls herum.

Früher meinten die Leute meistens die Oranienstraße, wenn sie „Kreuzberger Nächte“ sagten. Früher war Kreuzberg

ein soziales Problemgebiet, Sozialforscher und Politiker beugten sich täglich mit besorgten Gesichtern über den Patienten K. Heute ist Kreuzberg ganz einfach arm, die restliche Welt scheint sich damit abgefunden zu haben. In manchen Schulklassen sitzen hier nur noch zwei, drei deutsche Kinder. Die alten Kreuzberger sterben weg, die jungen Intellektuellen sind weggezogen, die wohlhabenden Türken sind gerade am Kofferpacken. Denn wie immer man es betrachtet, Armut ist keine schöne Sache. Wer nachts die Oranienstraße entlangläuft, spürt auf dem Bürgersteig die Bodenplatten, die sich angehoben haben und ineinander verkeilt sind. So fühlten sich früher die Bürgersteige in Ostberlin an.

Armut ist häßlich, langweilig ist Armut nicht. Die Oranienstraße gibt es noch. Es machen dort sogar neue Kneipen auf, im Stil der Neunziger: große Hallen, mit Säulen, Rundbögen und schweren Eisenleuchtern. Warmes,

Paris Bar

Savignyplatz: Einst wollten sie hier in vielen Kneipen die Revolution. Jetzt träumen sie von gestern

Diener

mittelhelles Licht. Wände in roten oder braunen Farbtönen, in Ocker, Karmin, Orange und Terrakotta. Die Kneipen der achtziger Jahre waren blau, hell und karg möbliert, das Wort „cool" spiegelte sich auf dem Tresen und auf den Gesichtern, die Welt hatte keine Geheimnisse mehr.

Jetzt, nach 1989, rufen die Kneipen einen neuen Historismus aus. Sie sind Bahnhofshallen, Orte, wo jederzeit ein Fahrplanwechsel verkündet werden könnte. Solch ein Lokal ist das „Kafka" an der Oranienstraße. Im „Kafka" führen nachts ernste Pfeifenraucher in grauen Anzügen ernste Gespräche. Sie sehen alle aus, als ob sie Herr K. hießen. „Wo kommen Sie her, Herr K.? Wohnen Sie in Kreuzberg?" Herr K. ist Lehrer und lebt in Lichtenrade. Es gefällt ihm, daß hier keine Nachtschwärmer herkommen, keine Neuberliner, keine Touristen, keine Bundestagsabgeordneten. Bloß Leute wie er. Voll ist das Lokal folglich nicht. „Hier in der Gegend hat es keiner leicht", sagt Herr K. nach-

denklich. „Wieso sollen es da die Wirte leicht haben?"

Das Dreieck zwischen Wittenbergplatz, Nollendorfplatz und Winterfeldtplatz ist San Francisco, USA. In dieser Gegend hat das schwule Berlin sich sein Nest gebaut. Für den sexuellen Mainstream sind unauffällige Heterokneipen wie das „Café Berio" vorgesehen; oder auffällige wie das „Slumberland", dort sucht der schwarze Mann die weiße Frau, und feinster Wüstensand bedeckt den Boden. Im berühmten „Café M" sieht man seit vielen Jahren allabendlich den Schauspieler Otto Sander im Kreise seiner Lieben Caipirinha picheln. Aber es sind in dieser Gegend eben auch sehr spezielle Angebote für Menschen mit sehr speziellen Wünschen vorhanden. Etablissements wie der „Knast", wo sich solche Personen auf Anhieb wohl fühlen, die sich ein Leben ohne Peitschen, Ketten und rindslederne Korsettage schlechterdings nicht mehr vorstellen können. Es geht die Rede, daß man an diesem Ort gelegentlich die eine oder andere hochgestellte Persönlichkeit des Berliner kulturellen oder politischen Lebens dabei trifft, wie sie in einer so drastischen Weise grob wird, daß es im Bundestag mit einem einfachen Ordnungsruf längst nicht getan wäre. Solche Geschichten gibt es. Sie werden im Morgengrauen der Berliner Republik lediglich mündlich tradiert. Sie kommen noch nicht ins Internet.

Die Tagung

Friedrichshain? Warum denn nicht Friedrichshain. Der alte Arbeiterbezirk ist heute ein Studentenkiez

Paris Bar

Eine Dachgeschoß-Wohnung am Kollwitzplatz kann 5856 Mark kosten. Kalt. Es gibt etwa hundert Kneipen rund um den Kollwitzplatz. In den letzten Jahren ist die Hälfte der Urbevölkerung weggezogen. Die Alten sind weg, die Familien sind weg. Am Straßenrand parken am Abend mehr Porsches als in Schwabing. Überhitzte Konjunktur. Gut für die einen, schlecht für die anderen, sagen in solchen Fällen die Experten.

Der „Lampion" war immer schon da. Der „Lampion" hat die Größe eines Wohnzimmers. Tritt ein neuer Gast ein, wird es ein oder zwei Sekunden lang ruhig, alle Augen wenden sich mißtrauisch dem Ankömmling zu. Dann quatschen sie weiter. Man kennt einander. Der Mann hinterm Tresen heißt Pierre, er verkauft auch Soleier. Die filterlosen Karo-Zigaretten gibt es bei Bedarf einzeln, sie werden in ein leeres Schnapsglas gestellt und so dem Gast serviert. Über der Theke hängt ein Zettel. „Werte Gäste! Unser Zahlungsmittel ist Bargeld!"

Der „Lampion" ist das östliche Gegenstück zum „Diener". Aber voller, lauter und verrauchter. Im Westen versteckt man seine Melancholie möglichst beiläufig, im Osten lebt man sie lustvoll aus. Eine Kneipe für diejenigen, denen das Tempo zu hoch geworden ist. Ehemalige Schauspieler, ehemalige Theaterchefs, ehemalige Firmenleiter, ehemalige maßvolle Trinker. Sie tragen Krawatten und Sakkos, aber in Anbetracht des Zustandes, in dem sie hier um eins am Tresen hängen, können sie am nächsten Morgen bestimmt zu keiner Arbeit gehen. Schluck für Schluck nähert sich die Trinkgemeinschaft dem kollektiven Delirium. Der „Lampion" ist für einen seiner Gäste bekannt, der in den frühen Morgenstunden, wenn die Luft langsam grau wird, den Satz brüllt: Ich kündige den Sturm an. Er brüllt nur diesen Satz. Ein Naturereignis. Eindrucksvoll. Wie die Löwen der Serengeti. Aber man muß dafür bis zum frühen Morgen durchhalten. Grau muß die Luft sein.

Der Kollwitzplatz wäre demnach Manhattan, weil hier oben und unten, alt und neu, Sieger und Verlierer hart aufeinanderstoßen, ohne jedes Polster. Dann öffnet sich wieder die Tür, und herein kommt der Schauspieler Otto Sander. „Mensch Otto", sagt Pierre, „wo warst du denn heute den ganzen Abend?"

Harald Martenstein ist auch Autor des Essays „Und das Stadtschloß kommt doch", siehe Seite 30.
Maurice Weiss, 34, ist Mitglied der Berliner Fotoagentur „Ostkreuz".

Unternehmen der Finanzgruppe
Weltpartner der EXPO 2000
http://www.sparkasse.de

METROPOLIS

DIE MAUER WAR EIN SUPERKONDOM +++ PETERSILIE AUF 13 HEKTAR +++ MEHR HUNDE ALS ÄRZTE

IM STAU AUF DEM STRICH

Man muß nicht nach ihnen suchen. Man paßt besser auf, daß man sie nicht überfährt. Daß der Huren-Verband sich „Hydra" nennt, hat in Berlin seinen Sinn: Prostitution in der Hauptstadt ist ein vielköpfiges, vielschwänziges Tier. In der Oranienburger Straße, bei der Neuen Synagoge, stehen die Mädchen mit kniehohen Stiefeln und falschen Haaren bis zur Hüfte. Auf der Straße des 17. Juni haben sie seltsamerweise immer Regenschirme. Rings um die Kurfürstenstraße windet sich der Baby- und Drogenstrich; den Schritttempo fahrenden Limousinen drängen sich ärmliche Gestalten entgegen. Sportlich-elegante Damen langweilen sich auf dem Kurfürstendamm, als wären sie den Schaufenstern der Boutiquen entsprungen. Von den Dominas, die am Columbiadamm in Tempelhof arbeiten, wird berichtet, daß sie die Freier am Flughafenzaun festbinden und peitschen. Vor Schönefeld, am Stadtrand, winken geschniegelte Barbiepuppen den Truckern zu. Bis zur polnischen Grenze, wo die Frauen an der Autobahn und in den Wäldern stehen, ist der Stau meist lang. Mehr als 8000 Prostituierte schaffen an. Insider beklagen die Brutalisierung des Gewerbes. Und die Verdienstmöglichkeiten haben sich seit dem Mauerfall rapide verschlechtert. „Wenn eine früher 10000 Mark im Monat hatte, war sie dumm", verriet eine erfahrene Nachtarbeiterin der Boulevardzeitung „BZ", in der Tag für Tag 400 einschlägige Adressen inserieren, mit Slawinnen meist. Die Mauer war auch eine Art Superkondom.

Rüdiger Schaper

Der alte Mann und das Schloss

Der Staatsminister für Kultur, Michael Naumann, will es, 35 Prozent der Berliner wollten es bei einer Umfrage; und Horst Dühring, ein pensionierter Musiklehrer, hat es schon mal wiederaufgebaut: das Berliner Stadtschloß. Zwar nur aus Pappe und Balsaholz und im Maßstab 1:200, aber der 1950 gesprengten Residenz Kaiser Wilhelms gleicht das Modell bis zum letzten Fenstersims. Und weil „das Ganze so schön ist", und weil der Ex-Pädagoge „überhaupt zeigen will, wie majestätisch das Berliner Zentrum einmal war", hat er auch den Dom, das Alte Museum und die ersten 500 Meter der Straße Unter den Linden inklusive aller Gebäude zusammengeklebt. Nun steht das 16 Quadratmeter große Miniatur-Berlin im ersten Stock am Schloßplatz 1 – noch bis Ende März 1999.

ERICH KÄSTNER

Besuch vom Lande

Sie stehen verstört am Potsdamer Platz
und finden Berlin zu laut.
Die Nacht glüht auf in Kilowatts,
ein Fräulein sagt heiser: »Komm mit,
mein Schatz!«
Und zeigt entsetzlich viel Haut.

Sie wissen vor Staunen nicht aus und nicht ein.
Sie stehen und wundern sich bloß.
Die Bahnen rasseln. Die Autos schrein.
Sie möchten am liebsten zu Hause sein.
Und finden Berlin zu groß.

Es klingt, als ob die Großstadt stöhnt,
weil irgendwer sie schilt.
Die Häuser funkeln. Die U-Bahn dröhnt.
Sie sind das alles so gar nicht gewöhnt.
Und finden Berlin zu wild.

Sie machen vor Angst die Beine krumm
und machen alles verkehrt.
Sie lächeln bestürzt. Und sie warten dumm.
Und stehn auf dem Potsdamer Platz herum,
bis man sie überfährt.

UND PLÖTZLICH HAT DER BUNDESADLER GRIPS

Es war einmal eine Bundesregierung, die wünschte sich ein neues Signet. Aber da kam ein Iraker des Weges und sagte: „Wollt ihr modern erscheinen, so müßt ihr euren Adler ändern". Die Regierung sah es ein, und bat um einen schöneren Adler, um ihn auf alle ihre Briefköpfe und Dokumente drucken zu können. So machte der Iraker sich ans Werk.

Rayan Abdullah von der Berliner Agentur MetaDesign nahm das alte Federvieh unter die Lupe und analysierte am Computer 14 Schwachstellen: Die Zunge sah aus wie ein Brett, der Schnabel war ihm zu dick, der

DIE DICKEN REINICKENDORFER HUNDE

Obwohl es immer weniger Berliner gibt, steigt die Zahl der Hunde. Um 2000 innerhalb eines Jahres. Und wo gibt es die meisten? In Reinickendorf. Mehr noch als in Neukölln, was gar nicht einfach ist. Das Mensch-Hundverhältnis in Reinickendorf beträgt beruhigende 23 zu 1. Im Schnitt wuselt um 35 Berliner ein Hund, womit die Versorgung mit Hunden besser ist als die durch Ärzte (548 zu 1). Beide genießen in Berlin einen ähnlich hohen Sozialstatus, wobei

Hunde weniger gegen Kassenpatienten haben. Wir erfahren weiterhin: Auf den 68,5 Hektar Gemüseanbauflächen Berlins wird hauptsächlich Petersilie (13 Hektar) angebaut. Ein Achtel der Stadtbevölkerung ist in Sportvereinen organisiert. Die Zahl der Eheschließungen sinkt seit 1991 im Ostteil langsamer als im Westen. Auf 100 Hochzeiten kommen 64 Scheidungen. Womit wir gewissermaßen wieder bei Reinickendorf sind: Denn dort heiraten die meisten.

Andreas Wenderoth

Am Tag, als die Mauer fiel: Jubelnd begrüßen Westberliner den ersten Ostler. Wirklich?

Der erste Ossi war ein Wessi

Bilder sagen mehr als tausend Worte, aber sagen sie auch die Wahrheit? Die Wiedervereinigung vor zehn Jahren jedenfalls begann mit einer Bildlüge: „Mit großem Jubel“, schrieb die Nachrichtenagentur dpa am 9. 11. ’89 unter dieses Foto, „werden am Grenzübergang Friedrichstraße in West-Berlin die ersten DDR-Flüchtlinge empfangen.“ Die Berliner Ausgabe der „Bild“-Zeitung brachte die Aufnahme am nächsten Tag. Erster Ossi im Westen in der FREIHEIT! – mit dieser Botschaft ging das Foto um die Welt; amerikanische, japanische Zeitungen druckten es nach. Nur: Der Mauerfall, der Jubel und der Überschwang, die wahre Weltgeschichte eben, passierten später. Dieser erste Ossi war ein Wessi. Es war der „taz“-Redakteur Arno Widmann, der Stunden vor der Grenzöffnung am Checkpoint Charlie nachschaute, ob an dem Gerücht was dran sei, daß die Grenze geöffnet werde. Und die lachenden Menschen? Tazler, die ihn nach seiner Expedition Richtung DDR freudig begrüßen. Was das alles lehrt? Der Schein trügt. Traue deinen Augen nicht, selbst wenn Weltgeschichte passiert, gerade dann nicht. Aber noch eine Geschichte erzählt dieses Bild, eine ganz andere, eine traurige: Ein Wessi klaut den Ossis die Schau – und das in ihrer ganz großen Stunde. Gemein.

Arno Luik

Drohend: Reichsadler von 1871

Kriegerisch: das Federvieh um 1900

Stolz: Reichsadler der Weimarer Republik

Abgemagert: das Wappentier der BRD

Klug: der neue Bundesadler

Rücken geknickt, die Federenden wirkten wie abgeschnitten, die Krallen zu lang. Da Abdullah sich den Dingen systematisch nähert, hat er sich Vogelbücher gekauft, in heraldischen Werken geschmökert, eine Dauerkarte für den Zoo besorgt und jede Adlerdarstellung gesammelt, die er in die Finger bekam. Jetzt sind es über 3000 – Abdullah hat die größte Sammlung der Welt.

Der Adler ist neben dem Löwen das am weitesten verbreitete Wappentier. Als kaiserliches Wahrzeichen wurde der römische Adler von Karl dem Großen übernommen und später auch zum deutschen Reichswappen, schon damals ausschließlich frontal mit seitwärts gewendetem Kopf. Im Laufe der Zeit wandelte er sich, hatte mal zwei Köpfe, dann wieder ein Schwert, dann einen Schild oder eine Kaiserkrone, mauserte sich 1871 zum Reichsadler und wurde 1950 zum Wappentier der Bundesrepublik.

Natürlicher, freundlicher, lebendiger und zeitgemäßer ist Abdullahs neuer Adler, der nun das Signet aller Ministerien der Bundesregierung schmückt: „Er hat einen größeren Kopf bekommen, und ist größer, die Muskeln haben wir reduziert. Der Vogel denkt jetzt mehr, als daß er nur Stärke zeigt.“ Abdullah hat ihm Grips verliehen.

Der 41jährige Designer findet es „völlig normal“, als gebürtiger Iraker am deutschen Bundeswappen zu feilen. Natürlich sei es eine Ehre und „ein großes besonderes Gefühl“ – ein Gefühl, das er sich etwas kosten ließ: „Von anderen Kunden hätte ich mehr genommen.“

Andreas Wenderoth

Über 20 Entwürfe legte der Architekt Norman Foster für den Wiederaufbau der Reichstags-Kuppel vor, nichts sollte an das zerstörte Original erinnern. Durch die transparente Haube, die laut Kritikern »zwischen schwellendem Nationalbusen und leuchtendem Bienenkorb« changiert, fallen die Sonnenstrahlen als gefiltertes Streulicht ins Plenum – das hatten sich die Fernsehanstalten so gewünscht

Symbol der Re

VON MICHAEL MÖNNINGER

Eigentlich grenzt es an ein Wunder, daß von diesem ramponierten Geschichtsmöbel überhaupt noch etwas steht. Denn das einzige, worauf sich der Bau schon immer verlassen konnte, war der Haß der Politiker und Architekten, die Lust auf Zerstörung. Kaiser Wilhelm II. beschimpfte den 1894 eingeweihten Reichstag als „Reichsaffenhaus", im Ersten Weltkrieg erhielt er den Beinamen „Lügenzentrale", in den zwanziger Jahren planten Architekten der Weimarer Republik seinen Totalabriß oder seine Ummauerung, 1933 wurde er angezündet und im Endkampf 1945 fast zerstört.

Nach dem Krieg plünderten Diebe auch noch das restliche Interieur, dann ließ die Bundesbaudirektion 15 000 Kubikmeter Trümmer aus dem Altbau schaffen und die ramponierte Kuppel sprengen.

Doch statt den alten Reichstag nach fast hundert Jahren Mord am Bau nun endlich in Ruhe zu lassen, gingen 1991 bei den Umbauplanungen für den Wiedereinzug des Bundestages die Beleidigungen weiter.

Für Günter Behnisch, Architekt des neuen Bonner Parlamentssaales, war der Reichstag „unangenehm, überheblich, anmaßend" und allenfalls für „schlechte Träume" geeignet. Der englische Architekt Norman Foster erklärte völlig desorientiert, der „Reichstag nährte die Kräfte, die die Demokratie zerstörten", und wollte ihn zur Strafe in eine Art ausgeweideten Invalidendom unter einem riesigen Tankstellen-Baldachin umwandeln. Ebenso geschichtsblind dämonisierte der holländische Architekt Pi de Bruijn das Haus als „Mahnmal für die Ereignisse der Vergangenheit" und wollte die Luxusruine sogar „dem natürlichen Spiel der Kräfte von Wind und Regen aussetzen". Und Rhetorikprofessor Walter Jens von der Berliner Akademie der Künste beschimpfte die Parlamentsarchitektur als „wilhelministische Selbstdarstellung" voller „Pathosformeln".

Das Reichstagsgebäude als undemokratisches Bauwerk oder gar als Nazisymbol zu ächten hat Tradition. Die einen glauben, der Reichstag sei im Kaiserreich ein Stände-Parlament mit diskriminierendem Dreiklassen-Wahlrecht gewesen. Das ist reiner Unfug; die Reichstagswahlen waren von Anfang an allgemein, gleich, direkt und geheim. Und die anderen wissen nicht, daß Hitler die zu Claqueuren degradierten Parlamentarier von 1933 an nicht etwa im Reichstag, sondern 440 Meter gegenüber in der Kroll-Oper zusammentreten ließ. Selbst die „Washington Post" glaubte bis vor kurzem felsenfest, der Reichstag sei „das Gebäude, von dem aus die Nazis regierten".

Das alles ist derart falsch, daß nicht einmal das Gegenteil stimmt. Wahr ist einzig, daß die Deutschen seit der Reichsgründung 1871 mit ihrer Demokratie ebenso große Schwierigkeiten hatten wie mit der Unterbringung ihrer Volksvertreter. „Die Verhöhnung des Reichstagsgebäudes und des Prinzips der Volkssouveränität ist der rote Faden der deutschen Geschichte", sagt der amerikanische Bauhistoriker Michael S. Cullen, der den Deutschen ihren Symbolbau in zwei dicken Büchern nahegebracht hat.

Cullen hat daran erinnert, daß der bombastische Bau damals ein wichtiges Würdezeichen des noch schwachen Parlaments und zudem eine Pilgerstätte für junge Architekten war. Denn der Architekt Paul Wallot hatte nicht nur eine neue Komposit-Ordnung aus Neorenaissance und Neobarock geschaffen, die der Kunsthistoriker Tilmann Buddensieg heute als „neuen synthetischen Reichsstil" lobt. Wallot setzte zudem statt einer runden Schloß- oder Kirchenkuppel aus Stein die Weltneuheit einer quadratisch modernen Ingenieurskonstruktion aus Stahl und Glas aufs Parlament, was das kaiserliche Establishment vollends schockierte.

Trotzdem entbrannte 1994 ein unsäglicher Streit, als es um den Wiederaufbau der Kuppel ging. Norman Foster, der Sieger des Wettbewerbs, legte über 20 verschiedene Dachentwürfe vor, bloß um nicht auf das zerstörte historische Vorbild zurückgreifen zu müssen. Aber weder die christdemokratischen Verfechter der Originalkuppel noch die sozialdemokratischen Flachdach-Fans in der Baukommission des Bundestages konnten sich durchsetzen. So einigte man sich auf den unförmigen Kompromiß eines kupierten Windeis. Statt mit Traditionswerten glänzt die neue, 40 Meter breite und 23 Meter hohe Glaskuppel – die alte war doppelt so hoch – heute mit Unterhaltungswerten: Sie ist ganzjährig begehbar über zwei gegenläufige Spiralrampen, die jeweils 230 Meter lang sind und der fortgeschrittenen Erlebnisgesellschaft einen aufregenden Ausblick über Berlin bieten.

Auch sonst hat der britische Flughafenarchitekt Foster den Altbau noch einmal kräftig in die Mangel genom-

Der größte Plenarsaal des Abendlands: Bei den Bauarbeiten wurde ein Adler aus Styrodur zur Probe aufgehängt, um zu sehen, wie sich das Wappentier dort macht

publik

Er wurde angezündet, zerbombt, ausgeraubt, und mehr als die Hälfte seiner 100jährigen Geschichte stand der Reichstag ungenutzt herum. Jetzt, für die Berliner Republik, wird der Ort repräsentativ herausgeputzt – und im April eingeweiht

men. Anstelle der ursprünglich vier Etagen, die beim Neuaufbau 1961 durch Zwischengeschosse auf acht verdoppelt wurden, hat der neue Reichstag jetzt drei Hauptetagen und drei Zwischenebenen: Über dem Service- und Eingangsbereich im Erdgeschoß liegt die Beletage mit Lobby und Plenarsaal, im Zwischengeschoß darüber die Besucherebene; im zweiten Stock sind der Präsidialbereich und die Räume des Ältestenrates untergebracht, im Stock darüber die Fraktionssäle mitsamt Presselobby und auf dem Dach die Besucherterrasse mit Restaurant und Glaskuppel.

Dort oben können die Bürger ihren Politikern zwar aufs Dach steigen, aber nicht bei der Arbeit zugucken. Trotz aller Transparenz ist die Öffnung über dem Saal mit Zwischendecken und einem verspiegelten Lichttrichter verbaut, der die Sonne ins Plenum leitet. Dennoch kommt unten im Saal nur gefiltertes Streulicht an. Das haben sich die Fernsehanstalten ausbedungen, die für ihre Aufnahmen keine direkte Sonneneinstrahlung gebrauchen können.

Eine feste Trutzburg für den Freund

Natürlich soll sie an prominentem Ort residieren, natürlich muß es das größte Botschafts-Gebäude sein für die diplomatische Vertretung der USA. Um einen Innenhof angelegt, präsentiert sie sich im Stil eines amerikanischen Landhauses, und zwar so mächtig, daß sie Berlins Wahrzeichen – das Brandenburger Tor – zum Winzling degradiert. Doch noch wird am Pariser Platz nicht gebaut, vielleicht gar nie: aus Sicherheitsgründen

Ähnlich umgekrempelt wurde Wallots einst intimer, 640 Quadratmeter großer Plenarsaal, der mit künftig 1200 Quadratmetern zum größten Nationalparlament des Abendlands aufsteigt.

Die gesamtdeutsche Großraumlösung hat allerdings einen Vorteil: Alle fünf Jahre, wenn zu den bislang 669 Abgeordneten noch einmal ebenso viele Wahlmänner und -frauen der Bundesversammlung zur Wahl des Präsidenten erscheinen, kann jedem Teilnehmer garantiert ein Sitzplatz angeboten werden.

Ebenfalls abgeschafft ist die traditionelle alte Reichstags-Sitzordnung im aufsteigenden Halbrund, eine aus dem historischen Theater- und Universitätsbau entlehnte Form, die bis heute in fast allen demokratischen Parlamenten weltweit zu finden ist. Statt dessen nehmen die deutschen Abgeordneten, fast wie in Bonn, wieder in jener Kreisformation Platz, die seit alters für Zirkusbauten und protestantische Predigtkirchen typisch ist. Allerdings wird der Rundling im neuen Berliner Bundestag elliptisch zusammengestaucht, damit sich Regierung und Abgeordnete um etwa sechs Meter näherkommen.

AUCH BOTSCHAFTEN KEHREN AN IHRE PLÄTZE ZURÜCK

Je mehr sich die Architekten von Norman Foster in den Baukadaver vorarbeiteten, desto größer wurde ihr Respekt vor Paul Wallots Leistung. Erst legten sie die zugebauten Wandelhallen in ihrer alten Großzügigkeit frei, dann stießen sie auf eingemauerte Wandreliefs von vornehmer Schlichtheit und entdeckten schließlich Reste der sogenannten „Russengraffiti". Seither ist die Sanierung der sechziger Jahre durch den Architekten Paul Baumgarten in Verruf geraten. Damals waren zusammen mit dem Originalmauerwerk Tausende von Inschriften sowjetischer Soldaten, die nach 1945 ihren Sieg im Reichstagsgebäude gefeiert hatten, zerstört worden.

Anfangs wollte nicht einmal die Berliner Denkmalschutzbehörde etwas von Wallots Original wissen und statt dessen lieber das barbarische Säuberungswerk der sechziger Jahre unter Denkmalschutz stellen. Das ist glücklicherweise nicht geschehen. Foster ließ sämtliche modernistischen Einbauten des Architekten Paul Baumgarten aus den sechziger Jahren wieder herausreißen, was noch einmal einen Trümmerberg von 45 000 Kubikmeter Bauschutt ergab. Jetzt werden sogar die hinter Wandverkleidungen wiedergefundenen „Russengraffiti" verglast und wieder sichtbar gemacht. Auch Einschußlöcher und Brandwunden im alten Gemäuer sollen freigelegt werden, damit das Haus als „Geschichtsbuch" dient, wie der Berliner Landeskonservator Helmut Engel sagt.

Weitaus weniger Schwierigkeiten mit der Wiederannäherung an Traditionen hat dagegen eine andere Gruppe von politischen Neubürgern in Berlin. Mit der Bundesregierung werden bis zum Jahr 2000 auch die meisten der über 150 in Bonn akkreditierten Botschaften umziehen. Während die Deutschen peinlich genau darauf geachtet haben, bis auf den

Hinterm Stein lockt Transparenz

An den alten Vorkriegs-Standort zieht das britische Diplomatenkorps, dessen Botschaft an der Wilhelmstraße Queen Elizabeth II. im Jahr 2000 einweihen will. Das Gebäude überrascht hinter einer abweisenden Fassade aus glattem Stein mit verblüffenden Konstruktionen aus Glas und Metall

Reichstag und das Verteidigungsministerium im Bendler-Block keinen Vorkriegs-Standort mit der gleichen Funktion wiederzubelegen, zeigen die Ausländer in Berlin erstaunliches Beharrungsvermögen.

Die standorttreuesten Diplomaten sind die Russen, die seit 1830 Unter den Linden residieren und als östliche Siegermacht nach 1945 ihre Repräsentanz zu absolutistischer Größe ausbauten. Die anderen Alliierten – Frankreich, Großbritannien und die Vereinigten Staaten – haben an ihren alten Grundstücken am Pariser Platz trotz Totalzerstörung festgehalten und legen jetzt mächtige Blockentwürfe vor, die trotz strenger Gestaltungsvorgaben mit labyrinthischen Innenhöfen und Gärten auch für Besucher geöffnet werden sollen. Dagegen

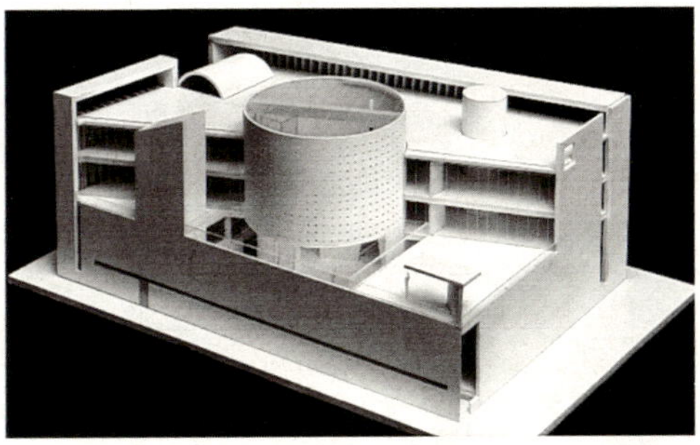

Blockentwurf in filigraner Monumentalität

An der Nordostecke des Klingelhöfer-Dreiecks wird die mexikanische Botschaft stehen, ein verspieltes und lichtes Ensemble aus Winkeln, verschobenen Wänden und Säulen. Schön für den Botschafter, der im dritten Stock residiert: Er hat durch ein gebogenes Panoramafenster einen eindrucksvollen Blick auf die Stadt

versuchen die fünf nordischen Botschaften wie auch Mexiko auf dem Klingelhöfer-Dreieck am Tiergarten etwas völlig Neues mit der Berliner Architektur der Blockbuletten: plastisch gerundete Ensembles und skulptural überhöhte Solitäre, die eine neue Monumentalität entfalten.

Während die Briten keine Sicherheitsbedenken haben, verlangen Franzosen und vor allem die Amerikaner noch besondere Maßnahmen zum Schutz ihrer Vertretungen. Nach den Bombenanschlägen im vergangenen Jahr auf die Botschaften in Kenya und Tansania lassen die USA weltweit alle Neubau-Projekte auf ihre Sicherheit überprüfen. Dabei gilt die Regel, daß alle diplomatischen Vertretungen einen Sicherheitsabstand von 30 Metern zur nächsten Straße haben müssen. Der geplante Neubau direkt am Brandenburger Tor wäre aber dreiseitig direkt von Straßen umgeben. Die Straßen müßten verlegt werden, was sowohl den Pariser Platz wie auch den angrenzenden Tiergarten in Mitleidenschaft ziehen würde. Der Berliner Bausenat wehrt sich strikt dagegen, den Stadtgrundriß rund um das Stadtwahrzeichen Brandenburger Tor umzukrempeln.

Wenn die Amerikaner nicht ganz woandershin ziehen wollen, können sie nahe ihres Traditionsbauplatzes die geforderten Sicherheitsabstände nur einhalten, indem sie auf einem der letzten freien Grundstücke der Berliner Mitte bauen: auf dem Gelände des geplanten Holocaust-Mahnmals.

Michael Mönninger ist Architekturkritiker der „Berliner Zeitung".

[Dahinter steckt immer ein kluger Kopf.]

HILMAR KOPPER, *Banker*

VON MENSCHEN

Vor zehn Jahren fiel die Mauer • Hagen Koch war Stasi-Hauptmann, deswegen zittert

Der reuige Täter vom Dienst

HAGEN KOCH zog am Checkpoint Charlie jene weiße Linie, die dann Grenze wurde und Berlin und die Welt für 28 Jahre teilte. Arno Luik über den Mann, der am 30. Juni 1990 das letzte Stück Grenze an den Westen übergab

Er rechnet ständig damit, daß er in die Luft fliegt, daß an seinem Auto die Bremsleitungen manipuliert worden sind, oder daß ihn eine Kugel erwischt. Von wem die Kugel kommt, das wird er nicht wissen, sagt Hagen Koch. Feinde habe er genug.

Das klingt nach schwerer Paranoia. Doch immer wieder sind die Scheiben seines Autos eingeschlagen, und dann melden sich Stimmen am Telefon, leise, böse, gehässig: „Die nächste Kugel ist für dich." Das passiert meist kurz nachdem er einen Vortrag gehalten hat – über die Mauer, über sich: sein Leben als Täter vom Dienst.

Hagen Koch ist ein Verräter. Ein Wendehals. Das sagen die einen. Hagen Koch ist eine Stasi-Sau. Eine Stasi-Wanze. Das sagen die anderen. Noch immer sind Rechnungen offen, auch zehn Jahre nach der Wende noch; nichts ist vergessen, hier in Berlin-Lichtenberg. Die Täter und die Opfer wohnen Wand an Wand, die Verräter und die Verratenen leben Tür an Tür in dieser frisch getünchten Plattensiedlung. Bei der Bundestagswahl stimmten hier 32,7 Prozent für die PDS. Und viele wissen immer noch nicht, ob damals, im November 1989, mit dem Fall der Mauer für sie eine Welt aufging oder eine zusammenbrach.

Da stört so einer wie Hagen Koch, der die Erinnerung an diese Mauer wachhält. Er, ausgerechnet er: Schon seine Person ist eine Provokation. 25 Jahre lang war er bei der Stasi, Hauptmann in Mielkes Elite-Regiment „Feliks Dzierzynski". Er hat den Strich gezogen, dort am Checkpoint Charlie, am 15. August 1961, nachmittags, über dem dann die Mauer entstand.

Eine Riesenwut haben gerade die Ex-Genossen auf ihn, die im neuen Rock Karriere gemacht haben – bei der Bundeswehr, beim ORB oder MDR. Angst haben sie, so glaubt Koch, daß sie durch ihn von ihrer Vergangenheit eingeholt werden könnten.

„Wenn ich den Fernseher anschalte", sagt er, „sehe ich viele bekannte Gesichter aus der Stasi-Zeit."

Einen Riesenhaß haben auch Ehemalige aus der „Firma", die im neuen Deutschland keine Jobs bekommen haben. Denn Hagen Koch reißt den Mund auf, was man einfach nicht tut, und verdient sogar noch Geld damit. Er tourt mit seiner Geschichte vor Schülern, Gewerkschaftern, erzählt bei der Konrad-Adenauer-Stiftung, wie er das wurde, was er ein Vierteljahrhundert lang war: ein eifriger Mitarbeiter des Ministeriums für Staatssicherheit.

Hagen Koch ist ein freundlicher älterer Herr. Er lächelt viel. Sein Händedruck ist warm, feucht, merkwürdig lasch. Er trägt ein blaues Hemd und eine blaue Hose, scharf auf Falte gebügelt. In seiner Wohnung sind die Schuhe unter der Garderobe akkurat ausgerichtet. Im Flur hängen Fotografien, sauber Kante an Kante. Sie zeigen Hagen Koch mit wichtigen Menschen: mit Jochen Vogel, Volker Schlöndorff, Volker Rühe. Und Hagen Koch schiebt sich bei jeder Aufnahme prominent ins Bild, ein mittelgroßer Mann mit spärlichem Haar – er lacht in die Kamera, überdreht, übereifrig. Er steht nie am Rand, ist immer Mittelpunkt – wichtig, wichtig.

Vielleicht stimmt das ja sogar. Vielleicht ist Hagen Koch, 58 Jahre alt, tatsächlich wichtig. Er habe, sagt er, diese Mauer mit aufgebaut, und er

Hagen Koch vor Mauerresten an der Niederkirchner Straße: »Wahnsinnig, daß von dieser Mauer, die Familien zerstört hat, kaum mehr 'was zu sehen ist«

UND MAUERN

sein Sohn • Und am Telefon sind Stimmen, leise . . .

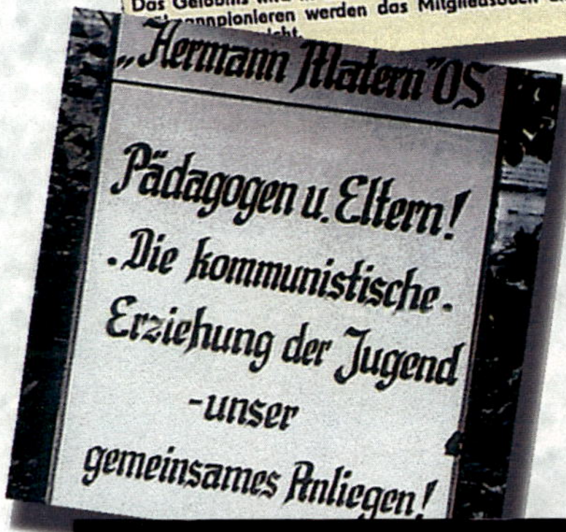

habe sie, sagt er, mit eingerissen. Jetzt hat er sich selbst zur Lektion für andere erklärt, er sagt: „An mir läßt sich studieren, was ein Staat aus einem machen kann." Im Fall Koch heißt das zunächst einmal: einen treuen Diener. Einen braven Untertan. Einen rasenden Mitläufer.

Der 15. August 1961: Im Westen überall geschockte Menschen, sie demonstrieren, toben, haben Angst. Hagen Koch ist am Checkpoint Charlie, und er zieht eine weiße Linie über die Straße, die von nun an die Trennlinie markiert zwischen zwei Systemen, die Front im Kalten Krieg. Er sieht sie nicht, diese Berliner, die 20 Meter von ihm entfernt schreien, schimpfen, die weinen, verbittert sind. Er hat den Befehl. Er ist einer von denen, die aufblühen, wenn sie gehorchen dürfen, fühlt sich auserwählt, aus der Masse herausgehoben. Erich Honecker, Politbüro-Mitglied und Leiter des Projekts „Mauerbau", steht hinter ihm. So malte er, einen Fuß im Osten, einen Fuß im Westen, diesen Strich auf den Asphalt der Friedrichstraße, 15 Zentimeter breit.

„Es war die einfachste Sache der Welt." Hagen Koch war stolz auf das, was er da tat. Denn er sah das so, wie er es gelernt hatte, in der Schule und von Erich Mielke. Daß er sein Land vor den Bösen da drüben schützen mußte. Seine Linie in Malerfarbe hatte die Grenze zwischen Gut und Böse markiert.

Drei Jahrzehnte später, am 30. Juni 1990, war Hagen Koch, nun als Beauftragter zum Schutz des Kulturguts der DDR, wieder an der Grenze. Jetzt machte er das Licht aus in der DDR: Die letzten staatlichen Insignien seines Landes, zwei Schlagbäume, übergab er dem Westen. Um 24 Uhr ließ er sich den letzten Stempel der untergegangenen DDR in den Paß geben.

Ein Vierteljahrhundert lang hat ihn diese Mauer ernährt, und nun, nach ihrem Verschwinden, finanziert sie ihn wieder. Wieder gibt sie seinem Leben einen Sinn.

Und ist es nicht eine Ironie der Geschichte, daß nun einer wie Hagen Koch, der ehemalige Stasi-Hauptmann, ein paar Dinge sagt, die gesagt werden müssen? „Es ist doch wahnsinnig, daß von dieser Mauer, die ein Land gespalten, Familien zerstört und Leben vernichtet hat, hier in Berlin nur noch zwei Wachttürme zu sehen sind." Auch das Denkmal an der Bernauer Straße sei doch eher „ein Witz", diese „schöne Kunst" fange doch das Grauen des Todesstreifens nicht ein, verharmlose den Schrecken.

Er jedenfalls, fast manisch getrieben, sammelt seit Jahren alles, was er über die Mauer findet: Unterlagen aus dem geheimen Militärarchiv der Grenztruppen, die Chroniken der Grenzregimenter, Bilder, geheime Befehle. Er kennt die Geschichten von Mord und Totschlag an der Grenze, weiß von den tödlichen und verschwiegenen Schüssen aus dem Westen in den Osten; er hat jede Menge Material, das größte Mauer-Archiv, will zeigen, wie diese Grenze funktioniert hat. „Für euch im Westen war die Mauer doch nur noch Pop-Art, eine bunt bemalte Wand."

Selbst denen im Osten, sagt er, könne er noch einiges erzählen. Die meisten wüßten ja immer noch nicht, was da 30 Jahre lang war. Da gab es Naivlinge, die losrannten in den Westen, über Mauern und Bewachungsanlagen kletterten – dann „Freiheit!" schrien und böse staunten: „Sie standen bei uns im Hof der Stasi-Kaserne in Adlershorst." Hagen Koch hat damals dort gedient. Und warum er das gemacht hat, das will er nun allen erklären, „damit sich so etwas nicht wiederholt".

Damit sich was nicht wiederholt? Die „psychologischen Mechanismen", die Gehirnwäschen, die ihn dazu gebracht hätten, daß er mitgemacht habe, immer, bei allem. Der Vater war Lehrer, ein ehemaliger Berufssoldat der

. . . und böse: »Die nächste Kugel ist für Dich«

Wehrmacht, der sich als guter DDR-Bürger beweisen mußte, und den Sohn zum „300prozentigen Kommunisten“ erzog. Und Hagen Koch hatte gespurt, ging mit 17 in die SED, verpflichtete sich zum Stasi-Wachregiment „Feliks Dzierzynski“, Erich Mielkes kleiner Privatarmee; für den Jungen vom Land war das eine Ehre. Er war bei den Besten. Das war gut für den Geldbeutel, hervorragend für die Karriere und sogar angenehm für die Haut: „Wir hatten guten Uniformstoff, nicht solche Pferdedecken wie die bei der NVA.“

Hektisch spult Hagen Koch diese 30 Jahre Geschichte ab, immer wieder springt er auf, greift in die Schränke, zeigt Gerichtsurteile, Briefe, Fotos, Akten, die Schulzeugnisse mit der Note „eins“ im Betragen, Jahr für Jahr; hier die Verpflichtungserklärung zur Stasi, da die Androhung von Knast – ein Leben in Klarsichtfolie, Seite für Seite abgeheftet. Große Schweißflecke bilden sich unter seinen Achseln. Sie wirken in dieser geordneten, wie mit der Zahnbürste gereinigten Wohnung völlig deplaziert.

Bis 1985 hatte er treu gedient, auch wenn sein Staat gelegentlich rüde mit ihm umsprang. War unterwürfig, weil Widerworte Liebesentzug bedeuteten. War loyal, weil Murren Mut erforderte. Hatte Angst, die kleinen Privilegien zu verlieren: Die Wohnung, „die bessere Versorgungslage in Berlin“.

Und tatsächlich, einmal hatte er das, was er seine „Revolte“ nennt. Seine Frau schaue zuviel „Westfernsehen“, so hieß es, sie wirke „negativ“ auf ihn. Er sollte sich von ihr scheiden lassen. Er tat es. Aber ein Jahr später, 1968, heiratete er sie wieder. Warum? Weil die Liebe zu ihr doch noch ein kleines bißchen größer war als die zur Partei? „Ja“, sagt er. Aber warum bloß hat er dieser Stasi-Truppe die Treue gehalten bis zur Pensionierung? „Es gab keine Alternative“, sagt er.

Wirklich nicht? Was ist von Zeitzeugen zu halten? Machen Täter ihre Taten kleiner, Opfer ihr Leid größer?

Da spurt einer immer und immer wieder, obwohl sich ihm der Magen verkrampft, und sagt: „Ich konnt' doch nicht anders.“

Ob er nun ein anderer Mensch geworden sei? In seinen Vorträgen, über 600 in den letzten Jahren, glauben ihm das die meisten, und er selbst glaubt es wohl auch.

Mindestens einen aber gibt es, der das immer bezweifeln wird, der nur sich selbst anzuschauen braucht, um die Folgen von dem vor sich zu haben, was Hagen Koch und Kollegen fast ein Leben lang getan haben.

„Mein Leben ist zerstört, weil er bei der Firma war.“ Das sagt Frank Koch, der Sohn. Er erträgt seinen Vater nicht. Er zittert am ganzen Körper, sobald er ihn sieht. Zweimal saß Frank in der DDR im Knast, wegen kleiner Rangeleien am Prenzlauer Berg. Die Mitgefangenen tobten ihre Wut auf den Mielke-Staat an dem Stasi-Sohn aus: schlugen ihm die Zähne ein, tätowierten ihm gewaltsam den Körper.

Das mit seinem Sohn, sagt Hagen Koch, tue ihm wirklich leid. Aber, verdammt noch mal, solle er deswegen auf sein eigenes Leben spucken, sich selbst verteufeln? Nein, er sei verführt worden, mißbraucht, deswegen gehe er ja mit seiner Geschichte an die Öffentlichkeit, er sei zu blinder Pflichterfüllung und Unterordnung erzogen worden: „Ich hätte doch jeden Rock angezogen.“

Arno Luik, 43, ist für die Konzeption des Berlin-Specials verantwortlich. Zu Berlin hat der Schwabe eine besondere Beziehung: Er war Chefredakteur der »tageszeitung«.

Jana Simon war 17 und berauschte sich am Geruch leerer Cola-Dosen. Manchmal . . .

Ein kurzer Sommer der Anarchie

JANA SIMON saß am Prenzlauer Berg und träumte vom West-Paradies. Jetzt ist das Paradies da, und die Menschen in ihm tragen Handys und Sonnenbrillen und schwärmen für Ost-Musik, die sie nicht hören will

Bestimmte Gerüche fallen mir ein – im Sommer Staub, durchmischt mit Abgasen der Zweitakter, und wenn man nah genug an der Mauer stand, wehte ab und zu ein Hauch von Schokolade und Kaffee herüber. Im Winter roch es nach billigem Parfüm, Action-Haarspray auf nassen Haaren und den Ausdünstungen der Kunstfaser-Kleidung. Zu jeder Tageszeit waren kaum mehr als zehn Menschen auf einmal auf der Straße, und die Rush-hour teilten sich ein paar klägliche Trabis mit orangefarbenen ungarischen Ikarus-Bussen. Es passierte nichts. Ostberlin war die Hauptstadt der Melancholie.

Wenn ich irgendwo eine Reklametafel entdeckte, auch wenn es nur eine für Erdgas aus der UdSSR war, hatte ich das Bedürfnis, mich in ihre Nähe zu bewegen in der Hoffnung, ein Stück von ihrer Buntheit abzubekommen. Meine Nachmittage verbrachte ich damit, zur Friedrichstraße zu fahren. Das war der einzige Platz, der an Metropole erinnerte. An der einen Ecke residierte die ferne Welt in Form von Egypt Air, wenige Meter weiter lag das Hotel Metropol, DDR-Weltniveau mitsamt Blumenladen für D-Mark und Intershop, und in der Mitte des Platzes stand der Grund meines Kommens – der einzige echte Wolkenkratzer der DDR: das Internationale Handelszentrum. Die Japaner hatten es gebaut.

Ich stellte mir vor, wie hinter den bräunlich getönten Scheiben leise gläserne Aufzüge glitten und geschäftige Menschen in weichen Büro-Teppichen versanken. Bestimmt würden sie auch Coca-Cola trinken und sich überlegen, ob sie in den Ferien nach Casablanca fahren sollten. Oder nach Rio. Überprüfen konnte ich das nie. Das Handelszentrum wirkte wie ein Ufo, geschickt von einer Welt irgendwo da draußen, von der ich so wenig mitbekam. Stundenlang lief ich auf dem Platz herum und besuchte zwischendurch immer wieder den Intershop des Hotels. Der Geruch aus Schokolade, Meister Propper und Ariel brachte mich regelmäßig an den Rand einer Ohnmacht, einer verzückten Ohnmacht.

Jana Simon, 1986

Meistens leistete ich mir eine Büchse Coca-Cola und versuchte, sie so langsam wie irgend möglich in mich hinein zu träufeln. Danach kreuzte ich noch Stunden mit der leeren Dose in der Hand durch die Stadt. Ich dachte, mit der Büchse würde ich wie eine aus dem Westen wirken, die nur eben mal schnell herübergekommen war, um sich den Osten anzusehen. Es muß lustig ausgesehen haben, eine 15jährige, die betont cool eine leere Blechdose umkrampfte, als wäre es ein Liebesbrief. Nachher nahm ich die Büchse mit nach Hause, schnitt sie auf und benutzte sie als Stifthalter. Auch Freunde von mir sammelten sie auf ihren Schrankwänden oder berauschten sich noch Jahre später an dem Geruch der leeren Dosen.

Mein ganzes Leben und auch das meiner Freunde war auf den anderen Teil der Stadt oder der Welt ausgerichtet. Wir fuhren mit der S-Bahn an den Hochhäusern der Gropiusstadt vorbei und dachten ans Paradies voller echter Jeans, knöchelhoher adidas-Turnschuhe und Haribo-Gummibärchen. Daß die Häuser fast so häßlich waren wie unsere Plattenbauten, hatte ich nie bemerkt. Wir hörten ihre Musik, ihre Sender und sahen im Fernsehen ihre Filme. Eigentlich lebte ich schon gar nicht mehr richtig in meiner Stadt, sondern in einer Art Zwischenwelt.

Am Abend trafen wir uns in Clubs, die MZGs (Mehrzweckgaststätten) hießen und in jedem Neubauviertel für die Abteilung Freizeit zuständig waren. Wir schütteten Unmengen Cola-Wodka in uns hinein und tanzten nach Boy George, Whitney Houston und Cindy Lauper.

Am Tag als die Mauer fiel, war ich krank. Einige Tage zuvor war ich 17 geworden. Das Paradies hatte sich endlich geöffnet, und ich saß wie ein gelähmtes Karnickel vor dem Fernseher. Am nächsten Morgen drängte ich mit tausenden von Ostberlinern über die Bornholmer Straße in den Bezirk Wedding. Er war grau, es gab wenige häßliche Eckkneipen, und es sah aus wie im Osten. Ich fuhr zum Bahnhof Zoo und suchte den Kudamm, auf dem ich bereits stand. Es war meine Stadt, aber ich kannte sie nicht.

Ostberlin hatte kurz nach dem Mauerfall seine beste Zeit. Alles war möglich. Ein Freund konnte die Frau von der Wohnungsgesellschaft becircen,

. . . schnüffelte sie nach drüben, glaubte West-Kaffee zu riechen

und ich bekam eine Hinterhauswohnung für 30 Mark Miete. Alle Freunde arbeiteten in einer der neuen Kneipen am Prenzlauer Berg, und ich wußte immer, wo ich frühstücken konnte, ohne zu bezahlen. Ich klemmte Strom und Gas ab, ohne daß sich jemand darum scherte. Nachts konnte ich jedes beliebige Auto anhalten, die Schwarztaxen fuhren einen für ein paar Mark überall hin. Niemand hatte ein Telefon, alle kamen sich noch besuchen. Es gab düstere Clubs mit abgefuckten Gestalten auf dem dritten Hinterhof. Ich hatte kein Geld, aber machte Interrail, fuhr durch ganz Europa und schlief in den Zügen. Es war wie nach einem langen Schlaf – die Zeit des Nachholens, des Staunens und der schmuddeligen Bars.

Jana Simon, 1998

Mein Bezirk, Prenzlauer Berg, hat sich in so etwas wie ein In-Viertel verwandelt. Die Häuserwände sind jetzt schweinchenrosa bis zartblau. Jede Lücke wird gnadenlos mit Neubauten geschlossen, die aussehen als wären ihre Architekten zu lange in Bukarest gewesen. In den Kneipen sitzen schicke Mittdreißiger und reden den ganzen Tag über „Projekte". Die Wohnungen kosten schon lange nicht mehr 30 Mark. Und in jedem noch so kleinen Hinterhof ist entweder ein italienischer Feinkostladen oder zumindest eine Kunst-Galerie. In der ehemaligen Brauerei veranstalten sie Ostrock-Parties für Touristen, Zugezogene und Ostalgiker – mit Musik, die ich früher nicht gehört habe und auch jetzt nicht hören will.

Die jungen Leute mit den Handys und hochgesteckten Sonnenbrillen haben meinen Bezirk übernommen. Manchmal erschreckt es mich, wie sehr ich selbst schon zu ihnen gehöre, aber meistens ist das Problem eher, daß ich nicht mehr weiß, wohin ich eigentlich gehöre – Ost oder West oder beides.

Das Hotel Metropol, das ich früher so urban fand, haben sie mit einer silberartigen Masse überzogen und „Maritim" genannt. Egypt Air ist ausgezogen. Dort im Wolkenkratzer werden Single-Parties veranstaltet, und im ersten Stock residiert eines dieser chinesischen Gipsdrachen-Restaurants. Die ferne Welt, von der ich geträumt habe, ist gekommen, aber nur im Billigformat. Mein alter Lieblingsmetropolenplatz verstrahlt heute soviel Weltstadt-Flair wie Wladiwostok bei Nacht. Wenn ich mich mal wieder nach meinem alten Ostberliner Melancholie-Gefühl sehne, komme ich hierher und finde es nicht. Aber jetzt kann ich die S-Bahn nehmen und bin im Westen.

DDR-Diplomaten loben Richard von Weizsäcker und verfluchen ihre Disziplin von damals

Wir würden so gerne helfen

ROM, BUDAPEST & KSZE waren Diplomaten der DDR. Nun staunen sie, daß sie einmal so dumm waren. Hätten sie doch bloß zugelassen, daß Japan in ihrem Staat Autos baut

Berlin Mitte, an einem Mittwoch, kurz nach zehn Uhr morgens. Im „Club Spittelkolonnaden" bei der Leipziger Straße sitzen drei korrekte ältere Herren. Kaffee, Zucker, Löffel; sie rühren, trinken, sie trinken und rühren. Eine Mark kostet der Kaffee. An der Wand: Mallorca, die Alpen, Schnee, Sonne, blauer Himmel.

Vor ein paar Jahren waren sie noch Repräsentanten ihres Staates. Sie waren Botschafter, Generalkonsul, Delegationsleiter. Mit Dienstwagen, Chauffeur, Privilegien. Ihre Stationen: Rom, Budapest, KSZE.

Es ist schwer, sich an die BRD zu gewöhnen, sagt *Budapest*. Manchmal sehe ich in der Tagesschau die alten Genossen aus Polen, Ungarn oder der Sowjetunion. Früher die Kohl's und jetzt die Schröder's und Fischer's schütteln denen die Hände – und loben die! Ha!

In den Fenstern des Clubraums hängen Plakate wie: „Wir möchten in unserem Club einen kleinen Singekreis unter fachlicher Anleitung ins Leben rufen. Haben Sie Interesse?"

Es wurmt schon, sagt *Rom*, daß niemand unser Wissen will. Wir sind doch Profis. In den Entwicklungsländern und den Ländern der ehemaligen Sowjetunion haben wir doch die besseren Connections. Mandela, da haben wir den ganz kurzen Draht! Seine Truppe haben wir doch ausgebildet!

1043 Diplomaten gab es in der DDR, nach der Wende wurden sie abgewickelt, alle, ohne Ausnahme. Wer Glück hatte, wurde pensioniert. Die Jüngeren wurden arbeitslos. Oder Wurstverkäufer, Taxifahrer, Reiseführer.

Nicht einmal die Stasi wird so rigoros ausgegrenzt wie wir, sagt *Budapest* und trinkt einen Schluck Kaffee. „Wollen Sie noch eine Tasse, Herr Botschafter?" fragt die Bedienung, und es tut gut, daß sie das sagt.

In Prag haben sie 100 Kisten Radeberger Pils mitgehen lassen, sagt *KSZE*. So war das doch.

In Madrid sind sie dann durch die Botschaft marschiert, sagt *Rom*. Ein Legationsrat hat sich den Stuhl unseres Botschafters geschnappt: als Siegestrophäe für seinen Schreibtisch. So waren sie.

Sie?

Die Sieger aus Bonn.

Aber wir wollen jetzt nicht vom Klassenkampf reden, sagt *Rom*. Das ist Geschichte. Die Geschichte hat es so gewollt. Aber verdammt! Eine Milliarde Mark war das doch wert, was die DDR im Ausland an Besitz hatte. 118 Botschafts- und Konsulatsgebäude, dazu noch 2070 Wohnungen. Ach was, 1,5 Milliarden waren das, sagt *Rom*, mindestens. Und uns, die Menschen, haben sie weggeworfen.

Wir waren dumm, wir hätten die Leute reisen lassen sollen, sagt *Rom*. Die meisten wären doch zurückgekommen. Die Mißachtung der Demokratie war ein Handicap. Sagt *Budapest*. Wir waren so dumm. Sagen Sie mal, jetzt muß ich Sie etwas fragen: Schreiben Sie eher hämisch über uns oder mit Sympathie?

Neulich, sagt *Budapest*, war Richard von Weizsäcker hier. Da war es fast wie früher. Blaulicht, Polizisten, Walkie-talkies. Er hat sich mit uns ausgetauscht, sagt *Rom*. Er hat ähnliche Ansichten wie wir, sehr kritisch, dieser Mann, sagt *KSZE*.

Abends, vor dem Einschlafen, gesteht *Budapest*, kommt manchmal die Wut. Daß man Honecker nicht heftiger widersprochen hat. Es gab mal Angebote der Japaner, sagt *KSZE*, Autos in der DDR zu produzieren. Honecker war dagegen. Der war blind, hat nie zugehört. Aber auch wir waren dumm. Weil wir zuließen, daß die Führung sich dämlich angestellt hat.

Ein Wort, sagt *Rom*, ist schuld: Disziplin. Man widerspricht dem Chef nicht. Diese verdammte Disziplin, das war der Fehler. Und im übrigen haben wir gehofft, daß sich das Problem Honecker biologisch löst.

Dumm, daß alles anders kam.

Es ist schwer, sich an die BRD zu gewöhnen, sagt *Budapest*, auch wenn wir keine Fans der Kommunistischen Plattform sind. Ich bin ein linker Sozialist, sagt *Rom*, ich hab' noch meine Ideale, sagt *KSZE*, hab' mir schon einen besseren Abschluß meines Lebens vorgestellt. *Arno Luik*

Die Kärtchen und Bilder aus einer beinahe vergessenen Zeit kann man auch als als Gedächtnisspiel erwerben (VEB Inkognito, 030/614 10 44, DM 24,80)

STADT LAND FLUSS

Berlin, auf Sand und Sumpf gebaut, versinkt im Wasser, sozusagen. Und das ist es, was Ilja Richter, Artur Brauner und Moritz Rinke an der Stadt besonders schätzen. Drei eigenwillige Liebeserklärungen

Fahler Dunst über der Stadt, und das diffuse Licht schafft eine Stimmung, die Berlin etwas Fremdartiges verleiht; an asiatische Hafenstädte fast erinnern die Gebäude längs der Spree, mit ein bißchen Phantasie an Shanghai vielleicht – ein Eindruck, den die von 1894 bis 1896 errichtete Oberbaumbrücke mit ihren verspielten und verschnörkelten Türmchen und Bögen verstärkt.

Über 150 Seen hat die letzte Eiszeit vor 15 000 Jahren zwischen dem heutigen Potsdam und Köpenick hinterlassen, eine Fläche von mehr als 5000 Hektar – große Seen, kleine Seen, Flüsse, die sich zu Seen erweitern, Tümpel, Teiche, Kanäle, Bäche, die Panke, Krumme Lanke, Wuhle oder Tegeler Fließ heißen.

Berlin ist eine Stadt im Fluß, voller Wasseradern in der steinernen Topographie, und diese sind eine eigene Welt: Wer sie im Boot erfährt, mehr als 200 Kilometer sind schiffbar, entdeckt das zweite Gesicht der Stadt, eines, das sich vor den Straßenpassanten meist verbirgt.

Charlottenburger Schloß

»ICH TAUMELE DURCH DIE NEUEN GEBÄUDE«

Ick amüsier' mer wie Bolle uffm Milchwagen", so eine Redensart hören Sie an der Schwelle zu einem neuen Jahrtausend nur noch von sehr alten Berlinern oder von einem berlinischen Menschenskind sehr, sehr alter Eltern, denen das alte Regierungsviertel auch noch sehr vertraut war. Ich bin im neuen Regierungsviertel mit dem neuen Innenministerium an der Spree, und ich gestatte mir zu taumeln. Soviel Chrom, Glas und Fenster. Die neuen Aussichten des Herrn Innenministers zeigen große Einsicht – sind aber verblendet. Und gleich nebenan ist das neue Bolle-Gelände nebst alter Meierei. Und ich mache mir meinen geografisch und logistisch bedingten Reim auf diese Nachbarschaft:

Was mir die gläsernen
Türme so sagen?
Na, wer demnächst im Glashaus sitzt . . .
Noch weitere Fragen?
Ob's'n Zusammenhang gibt
zwischen Bolle
Meierei? Und Herrn Schily?
Er verbaut nicht an der Potse die Milli . . .
Ergänzen Sie bitte und setzen Sie fort.
Ist der Lift mal kaputt
und Herr Miniskus grad dort
dann zieht Bolle 'ne Leine,
selbstverständlich rot-grün, von der
Milchmeierei zum Minister . . .
Sehnse, das ist Berlin!
Nach der Milchmädchenrechnung
zieht der scheue Minister
mit restgrünem Bewußtsein
humane Register.
Völlig dienstwagen-selbstlos
ist der Otto und schaut
aus'm Turm . . .
denn der Schily ist nah am Wasser verbaut.
Aber bald küßt sein
Boot die Wellen.
Und ick amüsier' mer wie Bolle
und denk' beim Weggehn – Jesus!

Ilja Richter, 46, Schauspieler und Autor

»DER WANNSEE VERFÜHRT MICH ZU KUNST«

Immer wenn ich mit dem Flugzeug einfliege, sitze ich am Fenster und freue mich, wie sehr Berlin von Wäldern und Wasser umgeben ist, freue mich über glitzernde Seen und helle Sandstrände mitten in der City.

Im Herbst war ich am Wannsee, und ich war dort allein, völlig allein. Die Abgeschiedenheit, die Tristesse und eine gewisse Art von Einsamkeit haben mich verzaubert. Völlig anders als im Wirbel der Großstadt, kam ich in dieser eigenartigen Atmosphäre auf fruchtbare Gedanken, auf Ideen. Und als unerwartet die Sonne durch die Wolken brach, wandelte sich die Tristesse in verführerische Pracht, und vor meinem Auge war es plötzlich Sommer, und ich hörte und sah Zehntausende lärmen und lachen am See und am Strand, aber ich war allein, glücklich allein.

Ich bin an diesem Abend um den ganzen See marschiert. Die Sonne ging unter, und ich war nun auf der anderen Seite, dem Strandbad gegenüber mit seinen verlassenen Strandkörben und dem Sand, den aufkommender Wind herumwirbelte, und ich mußte in diesem Moment an Thomas Mann denken, der am Strand von Venedig eine ähnliche Stimmung erlebt hat, der wohl so auf die Idee für seine Novelle „Tod in Venedig" kam. Eigenartig, daß ein Wannsee gefüllt von Tausenden von Ausflüglern kaum zu geistiger Produktivität führt, während der gleiche Ort an einem windigen und regnerischen Herbsttag zu künstlerischen Taten anspornt.

Der WANNSEE ist für mich auch dies: ein deutscher Ort, ein sehr deutscher Ort. Ein Standort für Genüsse, für Sonnenanbeter und dichterische Gedanken und: ein Ort des Grauens. 1942 wurde hier, auf der Wannsee-Konferenz, die „Endlösung der europäischen Judenfrage" beschlossen.

Artur Brauner, 80, Filmproduzent

Nieder Neuendorf

Twin-Towers in Treptow

Haus am Charlottenburger Ufer

»DER WIND BIEGT DIE ÄSTE, UND ICH SEHE DEUTSCHE GESCHICHTE«

Die großen Äste der alten Spree-Bäume hängen im Sommer immer so grün und schwer über dem Ufer, daß fast nur in der Mitte das Licht auf das Wasser fällt. An den Rändern ist es ganz dunkel, da sieht man nur, wie sich die schweren Äste im Wasser spiegeln; und wenn der Wind weht, streicheln sie sogar manchmal die Oberfläche.

Also ich hoffe, daß das jetzt sehr elegisch klingt, weil ich wirklich wahnsinnig gern am Spree-Ufer liege. Besonders an dieser Stelle. Mit einem Auge kann man ja noch die Großstadt, die Hauptstadt sehen, und mit der Siegessäule natürlich deutsche Geschichte; und andererseits liegt man im Gras und hört, wie die alten Äste sich im Wind biegen, oder es tönen die Lautsprecher der vorbeifahrenden Touristenschiffe. Da höre ich dann immer: „Als Friedrich der Große . . ." oder: „Vor uns die Straße des 17. Juni . . .". Dann denke ich über den Juni-Aufstand nach, über das, was ein paar hundert Meter weiter im Osten alles passiert sein muß. Aber viel lieber stelle ich mir den Engel vor: Bruno Ganz, der ganz oben in Wim Wenders` wunderbarem Film auf der Siegessäule steht und zu den Menschen hinunterfliegt in diesen schrecklichen Autostern, wo man andauernd von der Verkehrspolizei aufgehalten wird und Strafzettel bekommt, weil wirklich kein Mensch weiß, wie er hier die Ordnung einhalten soll. Ja, und das ist auch nur hundert Meter entfernt von diesem wunderbaren Platz im Gras, wo die alten Äste das Wasser streicheln. Und im Sommer, im Juli, wackeln die Spreeäste im Techno-Beat, da ist hier Love Parade, direkt hier im Gras, im Wasser und auf der Straße des 17. Juni. Dann kreuzt Friedrich der Große die Raver, und Bruno Ganz, der Engel, guckt auf den Stern hinunter und lacht über die Ordnung und die Verkehrspolizei.

Moritz Rinke, 31, Dramatiker

Bodemuseum

Erlebnisse vom Wasser aus :
(➔ siehe Special Guide, Seite 226

Lust auf sinnfreie Pracht

Vom Standpunkt der Biologie gesehen, macht ein gewisses Maß an Erotik durchaus Sinn. Auch die Bedeutung der Erotik für die Tanzkunst kann kaum überschätzt werden. Allerdings macht sich in Berlin, vielleicht als Folge des preußischen Erbes, der Drang bemerkbar, dem erotischen Tanz eine beinahe soldatische Form zu geben. Dies geschieht, indem schöne junge Frauen zu einer ordentlichen Reihe aufgestellt werden, wo dann alle auf einen bestimmten Ton hin gleichzeitig das eine oder andere Bein heben. So was gefällt den Berliner Menschen. Der Friedrichstadtpalast besitzt die längste Girlreihe der Welt, 144 Beine lang, so viele Beine hat nicht mal Las Vegas. Außerdem ist der Friedrichstadtpalast das einzige Revuetheater dieser Art in Europa, letzter Überlebender einer einst von der Maas bis an die Memel blühenden

Revuekultur. Den legendären zwanziger Jahren und ihrem lasterhaften Geist können wir an wenigen Orten des heutigen Berlin so nahe kommen wie hier, im Palast, wenn die Girls aufmarschieren und ein prächtiges Bühnenbild, ein prächtiges Kostüm nach dem anderen, nun ja: Revue passieren. Die Sorgfalt, mit der hier gearbeitet wird, ist ehrfurchtgebietend. Jede Revue wird ein bis zwei Jahre lang vorbereitet und kostet vier bis viereinhalb Millionen Mark. Wer auf einem der 2000 Plätze des Friedrichstadtpalastes sitzt, ob Revuefreund oder Revuefeind, der kann es nicht fassen: daß es so etwas noch gibt. Dieser Aufwand, diese Lust an sinnfreier Pracht, diese schöne Naivität. Ja, und preußische Erotik ist auch noch dabei. Die Palast-Revue, ein Märchen für Erwachsene. *Harald Martenstein*

ATZE SAGT: S-Bahn, da kannste wat sehen, aber U-Bahn, jar nüscht, war immer so jewesen. Und nu uff eenmal ditte: Machen die Kino, jetze, mitten im Tunnel. Gloobste nich! Bisher kiekt dir der dunkelgraue Beton vonne Wände int Gesichte, und nu zappeln da plötzlich de Fijuren. Von Zoo bis Hansaplatz. Uff de längste Leinwand vonne Welt, kannste saren. Volle 30 Sekunden. 18 Filme kannste kieken, zum Beispiel den mit de langen Schuhe, jenau, 'n Charlie Chaplin zum Beispiel. Und alle zwee Monate iss neuet Programm. Traumfabrik inne U-Bahn, sozusaren. Zwar hamse keen Popcorn, aber Martha sacht ooch, für dreineunzig kommste rin, kannste nüscht saren. Det

System is nämlich foljendermaßen: Iss allet jenau wie in' Kino, nur allet umjekehrt: Statt det die Bilder loofen, muss du dir jetzt bewejen. Also nich du dir selba. Wirste ja bewecht, vonne U-Bahn, verstehste? Die schiebt dir dran vorbei. Während du also mit 65 Sachen durch de Röhre fechst, knalln die mit ihre 900 Projektorn det Zeuch direkt anne Wände. Mitn Compjuta allet anjepaßt. Also, je nachdem wie schnell de fährst, kannste denn kieken. Det is deshalb wichtig, weil, wenn de ma steckenbleibst, wärs ja blöde, ham se gesacht, wejen de Sinnkronasi, Syn-chro – na, du weeßt, wat ick meene. Jedenfalls biste sozusaren dein eijna Projekta! Oder man kann ooch saren, anjenommen, wenn du jetzt mit deine Daumen durch de Scheibe griffest, denn haste quasi Daumenkino. Na, so ähnlich soll dit jedenfalls sein. Andreas Wenderoth

FRIEDRICH ENGELS

»Bauen Sie das Nest um!«

Apropos Berlin. Ich freue mich, daß es diesem Unglücksnest endlich gelingt, Weltstadt zu werden. Aber schon Rahel Varnhagen sagte vor 70 Jahren: „Berlin wird ruppig", und so scheint Berlin der Welt zeigen zu wollen, wie ruppig eine Weltstadt sein kann. Vergiften Sie alle jebildeten Berliner und zaubern Sie eine wenigstens erträgliche Umgebung dorthin, und bauen Sie das ganze Nest von oben bis unten um, dann kann vielleicht noch was Anständiges draus werden. Solange aber der Dialekt gesprochen wird, schwerlich ...

Brief an Minna Kautsky, 26. 11. 1885

»Eine Kulisse für Touristen, nichts zum Leben«

Geo Special: ***Im Augenblick sind in Berlin noch eine Menge Kräne im Einsatz. Sie schaffen das neue Berlin und ...***

Dagmar Richter: ... ich bin davon ziemlich enttäuscht. Die meisten Neubauten sind einfallslos, architektonische Armutszeugnisse in künstlerischer und intellektueller Hinsicht.

Gibt es ein Gebäude, von dem Sie sagen: Das ist perfekt?

Ich glaube kaum. Ja, die Reichstagskuppel von Norman Foster ist recht interessant. Auch das Jüdische Museum scheint beeindruckend zu sein – leider kann man noch nicht rein. Aber ich würde niemals nach Berlin fahren, um mir die neue Architektur anzugucken. Ganz anders ist es hingegen mit einigen älteren Gebäuden: Für die Staatsbibliothek oder die Philharmonie würde ich zu Fuß zum Nordpol gehen.

Die Philharmonie: Architektur, die immer neu beeindruckt

Die Berliner hingegen sind stolz wie Bolle auf ihren neuen Potsdamer Platz.

Ein paar Gebäude wie das Debis-Haus sind tatsächlich schön geworden. Mir gefallen die räumliche Dichte und die interessanten Baudetails. Im Moment passiert dort sogar, was ich kaum für möglich gehalten hätte: Städtisches Leben spielt sich ein, und das ist mehr, als man von anderen Teilen der neuen Berliner Mitte sagen kann.

Im Klartext: Berlin hat eine historische Chance vertan?

Der Stadt wurde nicht ausreichend Zeit zum Wachsen gegeben. Die Planer im Senat waren starrköpfig und stur, ihr Festhalten am Stadtgrundriß der zwanziger Jahre hat nun Strukturen entstehen lassen, die heute schrecklich künstlich wirken. Das sieht man in der Friedrichstraße und am Pariser Platz. Dort wurde die Kulisse eines alten Stadtbilds errichtet. Das ist nicht für die Berliner zum Leben gebaut, sondern für Touristen und ihre Fotoapparate.

Und die sehnen sich auch nach dem gesprengten Stadtschloß.

Genau. Aber man kann dieses Gebäude, auch wenn es Staatsminister Michael Naumann will, nicht wieder erlebbar machen. Man könnte höchstens eine Simulation des Schlosses errichten. Aber so etwas gehört nicht nach Berlin, sondern nach Las Vegas.

Dagmar Richter, 43, ist Professorin für Architekturtheorie und Entwurf an der Harvard University und der University of California in Los Angeles (UCLA). Sie gewann zahlreiche Wettbewerbe und baut seit April 1998 den Studiengang „Urban Design" (Städtebau) an der Kunsthochschule Berlin-Weißensee auf.

Kasse machen mit Knöllchen...

Das Auto mitten auf dem Bürgersteig – eine gute Tat. Bei „rot" mit dem Tiefergelegten mal eben noch drüber gehuscht – der reine Altruismus. Zwei Stunden fett und breit im Halteverbot – ein Herz für Berlin. Raser, Falschparker, Ampelsünder, nie waren sie so wertvoll wie heute. Berlin braucht sie, Berlin liebt sie, Berlin sucht sie. Was wäre der Stadtsäckel ohne sie? Mit 125 Millionen Mark füllen Knöllchen und Bußgelder das löchrige Portemonnaie der Hauptstadt. Da lacht der Kämmerer.

Autofahrer, die tun was für Berlin! Besonders zur Adventszeit heißt es immer, Jahr für Jahr: Süßer die Kassen nie klingeln. Dann rüsten 11 000 Schupos zur finalen Jahresendstrafzettelorgie, „77 951 Verkehrsordnungswidrigkeiten-Anzeigen" meldeten die Berliner Ordnungshüter im besinnlichen Advent 1997. Vom Abschleppdienst wurden 4975 Autos umgesetzt.

Eine neue Strategie setzt sich durch. Verkehrsrowdys sanieren Haushalte. Eigentlich eine glänzende Idee!

Manfred Kriener

Pariser Platz

Babylon an der Spree

MIT GOTT UNTER DER DUSCHE

Buddhisten am Brandenburger Tor und auf dem Gendarmenmarkt, Sufis in Wilmersdorf und Sikhs im Bezirk Mitte – Berlin ist ein Basar der Religionen, ein babylonisches Tohuwabohu an Sprachen und Bekenntnissen. Heiter, lebensnah, bunt und verwirrend wie London, Paris oder New York. Walter Saller (Text) und Gerhard Westrich (Fotos) gingen auf eine Expedition in ein unbekanntes, oft verschlossenes Berlin

„Maktub! Alles ist schon geschrieben", hat uns der schiitische Imam Mehmet Isaret aus der Türkei gewarnt. „Das Schicksal eines jeden Menschen steht bereits im Buche Allahs." Auch Devananda, der junge buddhistische Abt aus Sri Lanka, gab uns eine dunkle Warnung mit auf den Weg. „Die Welt ist ohne Inhalt, leer. Und leere Dinge erzeugen nur leere Dinge."

„Gibt es denn einen Gott für Schwarze? Und einen für die Weißen?" schleuderte uns Pierre Botembe entgegen, der schwarze Pastor aus dem Kongo mit der roten Gesinnung und der Stimme eines mächtigen Propheten. „Muß ich mich erst häuten, um Deutscher zu werden?"

„Berlin ist nicht die Gehenna, die Hölle der Gottlosen", sagte uns der orthodoxe Rabbiner Yitshak Ehrenberg aus Israel. „Auch in Berlin warten die Menschen auf den Messias und träumen von Gott."

Der Rabbi hatte recht. Ausgerechnet in Berlin, wo sich nur eine Minderheit der Deutschen an eine Konfession gebunden fühlt, haben wir ein Babel der

Bekenntnisse gefunden, einen Basar der Religionen, bunt und verwirrend wie in London oder New York.

Wir sind den unsichtbaren Heilspfaden durch Berlin gefolgt, haben fremde Welten aufgespürt und magische Orte entdeckt. Tempel, Schreine, Synagogen, Kirchen und Moscheen, verborgen in den Kellern Kreuzberger Mietskasernen und auf den Dächern von Supermärkten. Getarnt in Hinterhöfen von Mitte und Parkanlagen von Wedding. Verschanzt in Charlottenburger Geschäftshäusern, versteckt auf Hügeln am Stadtrand in Frohnau. Und wir sind auf ein babylonisches Tohuwabohu an Sprachen und Alphabeten gestoßen. Auf hebräische, arabische, russische Zeichen, auf Buchstaben in Sanskrit, Panjabi, Hindi und Singhalesisch. Die Götter sprechen alle Sprachen.

Manchmal haben wir uns auf unserer Expedition durch Berlin gefühlt wie der französische Ethnologe Marc Augé, der für seine Studien nicht nach Afrika reiste, sondern einfach eintauchte in den multikulturellen Kosmos der Pariser Metrostationen und Märkte.

In einem Hinterhof zwischen aufgegebenen Fabriken und Abbruchhäusern, in der Nähe des Hackeschen Marktes in Berlin Mitte, haben sich die Sikhs eingeigelt. Kein Schild, keine Fahne, kein Plakat, nur der Duft von Kurkuma, Kardamom und Zimt, der den Hof an der Weinmeisterstraße füllt, deutet auf die Existenz der Inder. Eine eiserne Bunkertür führt in ein Lagerhaus. Treppen steigen auf zum Gurdwara, dem Tempel der Gemeinde. Es ist Sonntag, 11 Uhr, und vier Dutzend Sikhs haben sich zum Gottesdienst versammelt.

Vor der Gebetsstätte hängen grellbunte Drucke. Vom Goldenen Tempel im nordindischen Amritsar, dem spirituellen Zentrum der Sikhs. Und von Guru Nanak. Vor 500 Jahren träumte der Inder, in dem das Feuer der Mystik brannte, vom Frieden zwischen Hindus und Muslimen. Er verschmolz die islamische Idee von der Einheit Allahs mit der hinduistischen Vorstellung von der Seelenwanderung. Und so wie Kupfer und Zinn etwas Neues – Bronze – ergeben, entstand aus der Verbindung der Lehren eine eigenständige Religion.

„Sikh" nennen sich die Anhänger von Guru Nanak. „Jünger" bedeutet das Wort. Die frommen Sikhs tragen wuchtige Turbane, unter denen sie ihr oft meterlanges Haar stapeln. Denn ein männlicher

Und Muruga segnet Kreuzberg

Einmal im Jahr, zum Prozessionsfest, holen tamilische Hindus ihren 250 Kilogramm schweren Hauptgott Muruga aus der Kreuzberger Unterwelt ans Licht und tragen ihn durchs Viertel – und alle tanzen dazu. Ehe es soweit ist, zerschmettern die Gläubigen Kokosnüsse. Hartes, Weiches und Flüssiges vermischt sich symbolisch: Alles wird eins

Sikh, der Bart oder Kopfhaar schneidet, bricht die Regeln und gilt als Ketzer.

Ohne Schuhe betreten die Gläubigen den Tempel und lassen sich entlang der Ziegelwände nieder. Die Frauen und Kinder links, die Männer rechts. Verborgen unter einem Baldachin ruht das Granth Sahib, die Bibel der Sikhs. Farbige Lichterketten blinken und verleihen dem Buch, das verehrt wird wie ein lebender Guru, einen Heiligenschein. Jeder, der den Raum betritt, wirft sich nieder vor der Schrift, küßt den Boden und opfert einen Geldschein. Der Tempel lebt von Spenden.

In Panjabi, der Sprache der Sikhs, beginnt der Vorbeter aus dem Granth Sahib zu rezitieren. Immer neue Verse psalmodiert er, und manchmal fällt die Gemeinde ein in den magischen Singsang, der im Raum hängt wie Schwaden eines schweren Parfüms. Mit einem Mal ist es still. „Siri vah guru ki fateh!“ ruft der Vorbeter. „Sieg dem heiligen Guru!“ Dann verteilt er kleine Klumpen von Karah prasad, einem rohen Teig aus Buttergries und sehr viel Zucker. Mit der Sikh-Kommunion und nach fast zwei Stunden ist die wöchentliche Andacht zu Ende.

Im Vorraum haben junge Männer einen Streifen Plastik ausgerollt und mit Blechtabletts bestückt. Die Männer hocken sich an die improvisierte Tafel. Frauen und Kinder essen im Tempel. Es gibt Reis mit Curry, Salat und Linsenbrei. Sikhs sind Vegetarier, und bei ihren Mahlzeiten im Gurdwara ist jeder willkommen. Ob Christ, Jude, Muslim oder Hindu.

Am Kopfende der Plastikbahn sitzt Amarjeet Singh. Der Mann mit dem gewaltigen Turban, der seinen Kopf umgibt wie ein Strahlenkranz, ist der Grandseigneur der 200 Berliner Sikhs. Er lebt seit 35 Jahren in Deutschland und ist Exportberater für Industrieanlagen. Amarjeet Singh hat es geschafft, hilft jetzt Glaubensbrüdern, die als Flüchtlinge Asyl in Berlin suchen. Denn auch in Indien sind die Sikhs nur eine Minderheit. Und ihre Geschichte ist eine Kette blutiger Verfolgungen.

„Als ich nach Deutschland kam“, sagt Amarjeet Singh, „waren Fremde willkommen. Heute schlagen uns Ablehnung und Haß entgegen. Und manche Sikhs brechen deshalb die Regeln unseres Glaubens.“ Dann schließt er seine Augen. Der Patriarch meditiert.

Harbal sammelt die Reste des Essens ein. Nur ein Tuch bedeckt den Kopf des jungen Mannes. Wie viele Sikhs arbeitet er in einem indischen Restaurant. Und wie die meisten hat er Angst. Angst in der U-Bahn, im Bus, auf der Straße. „Solange ich den Turban trug“, rechtfertigt er sich,

Auf leisen Socken in die Moschee

Tausendundeine Nacht in Wilmersdorf: Türkische Naqschibandi-Sufis haben sich zum Gebet in der Moschee getroffen, die Frauen sitzen während des Gottesdientes abseits. Die Moschee in Wilmersdorf ist verblüffend alt: Sie wurde 1924 bis 1928 erbaut und war im Krieg stark beschädigt worden

„war ich auffälliger als ein Schwarzafrikaner. Ich wurde beleidigt, gedemütigt und bespuckt. Man hat mir den Turban vom Kopf gerissen und mich geschlagen." Harbal ist wütend, weil er sich schwach und ohnmächtig fühlt. Und er ist traurig, weil ihm der Mut fehlt, in Berlin ein guter Sikh zu sein. „Aber wir beten auch für unsere Feinde", sagt er dann trotzig. „Unser Gott kennt keinen Haß."

Am Landwehrkanal zwischen Neukölln und Kreuzberg hat sich die alevitische Gemeinde Ehli Beyt angesiedelt. Im Parterre einer abgewohnten Mietskaserne haben die Aleviten ihre Moschee verborgen. Graffiti tätowieren die Hauswände, der Außenputz bröckelt. Türkinnen, in Mäntel und Kopftücher gehüllt, trippeln zum Markt am Ufer. Junge Araber protzen mit Pitbulls. Arbeitslose nippen an Dosenbier und füttern die Möwen. Ein Trupp Punks balgt sich mit einem Rudel halbwilder Hunde. Es ist Freitag, der heilige Tag des Propheten, und wir haben uns mit Mehmet Isaret verabredet, einem alevitischen Imam aus der Türkei.

40 000 türkische Aleviten leben in Berlin. Grob geschätzt. Sie sind Schiiten, eine Minderheit im Islam, und sie gelten als liberal. Aleviten beten nur dreiund nicht fünfmal am Tag. Ihre Frauen gehen unverschleiert, Hochzeiten feiern sie mit Wein und Raki. Und wie die iranischen Schiiten glauben sie, daß einzig die Nachkommen von Ali, dem Schwiegersohn des Propheten Mohammed, als Führer der Muslime auserwählt sind.

„Für die sunnitische Mehrheit sind wir Abtrünnige! Gottlose! Kommunisten!" sagt Mehmet Isaret hitzig. Der Mann mit dem grauen Schopf und dem Vollbart ist 53 und lebt seit 30 Jahren in Deutschland. Er hat fünf Kinder, sieben Enkel, und er ist gewiß kein Kommunist. Wenn er dürfte, würde er die Christdemokraten wählen. „Die glauben wenigstens an Gott." Viermal hat er seinen Hadsch gemacht, die Wallfahrt nach Mekka.

Seit 15 Jahren ist Isaret Imam. Er gibt Korankurse und Arabischunterricht für Schulkinder und Erwachsene. Er spricht die Gebete für die Toten und predigt den Lebenden. In die Türkei fährt er nur noch selten. „Dort bin ich ein Fremder geworden." Da sich der Imam für Berlin entschieden hat, beschäftigt ihn vor allem eine Frage: Wie kann man als Alevit in Deutschland gottgefällig leben? Und manchmal, sagt er, würden schon die einfachsten Dinge schwierig.

„Früher gab es in Berlin keinen islamischen Schlachter. Alle Rechtgläubigen waren

Der Duft von Kurkuma in Berlin-Mitte

Hinter einer eisernen Bunkertür in der Nähe des Hackeschen Marktes ist der »Goldene Tempel« der Sikhs versteckt. Ohne Schuhe betreten ihn die Gläubigen und werfen sich nieder vor Granth Sahib, dem heiligen Buch, verborgen unter dem Baldachin. Nach dem Gottesdienst kommen sie zusammen, um Vegetarisches zu essen

Zwangsvegetarier, weil das Fleisch nicht ‚helal', nicht geschächtet war." Doch dann fand der Imam eine verblüffende Lösung. „Bei den Juden", sagt er und zwinkert uns zu wie ein Junge, dem eben ein grandioser Streich geglückt ist, „habe ich koscheres Fleisch gekauft. Juden essen kein Schwein. Sie schächten wie wir. Und sie tun es im Namen Allahs, auch wenn Er bei ihnen ‚Jahwe' heißt." Heute haben die Muslime längst ihren eigenen Schlachthof in Berlin, und es gibt Dutzende von Helal-Läden, in denen ausgeblutete Lämmer, Hammel und Kälber von der Decke baumeln.

Der Berliner Alltag hält jedoch noch andere Tücken bereit. Sex zum Beispiel. Ein echtes Problem für türkische Männer, deren Frauen in Anatolien geblieben sind. „Ein alevitischer Ehemann muß sich von Huren fernhalten. Leichte Mädchen sind ‚haram', Sünde." Doch dann lächelt der strenge Imam listig und fährt fort. „Ein Alevit kann sich aber, wenn er alleine in Europa lebt, für die Dauer seines Aufenthalts eine neue Frau nehmen."

„Zweite Mutter" heißt sie, und der Imam hat das praktische Gesetz für eine Ehe auf Zeit selbst schon in Anspruch genommen. „In Berlin habe ich noch einmal geheiratet. Und als meine erste Frau aus der Türkei hierher kam, ließ ich mich von der neuen scheiden." Als Abfindung für die Trennung überschrieb er seiner Zweiten Mutter ein Haus in Izmir.

Es ist 13 Uhr, kurz vor dem Freitagsgebet. Männer finden sich ein in der schlichten Moschee. Sie küssen ihrem Imam Hände und Wangen, umarmen ihn. Dann verschwindet Isaret. Und als er zurückkommt, hat er sich in einen schiitischen Geistlichen im wollenen Gewand und mit einem schwarzen Turban verwandelt. Die Aleviten reihen sich auf zum Gebet.

Genau unter den Füßen der Männer lauschen die Frauen dem Gottesdienst, verbannt in den Keller und per Lautsprecher. Nur das leise Wimmern von Kindern verrät ihre Anwesenheit. Wir schleichen uns aus der Moschee und überqueren den Landwehrkanal.

Auf der Kreuzberger Kanalseite und direkt am U-Bahnhof Kottbusser Tor hockt die sunnitische Mevlana Camii wie eine Kröte aus Glas und Stein auf dem Dach vom Supermarkt „Kaiser's". Vor der größten

Ein Ort für alle Lebenslagen

Rabbi Ehrenberg traut in der Synagoge an der Joachimstaler Straße die Eheleute Wainstajn. Bei der Hochzeitsfeier wirbeln Braut und Gäste zur traditionellen jiddischen Musik durch den Saal. Die Thora-Rolle wird bei einer Bar Mizwa-Feier ausgepackt – damit die nun mündigen Dreizehnjährigen aus ihr lesen können

Russische Heimat in Tegel

Als ob eine Landkirche aus dem Osten hierher versetzt worden wäre, so wirkt dieses Gotteshaus in Tegel. Die Vergangenheit lebt weiter bei der Russisch-Orthodoxen Gemeinde, etwa bei einer Andacht für die Zarenfamilie

Berliner Moschee haben sich rumänische Bettler und vietnamesische Zigarettenhändler postiert. Wie an jedem Freitag kurz vor Gebetsende.

Und wirklich, kaum sind die letzten Pyramiden aus Marlboroschachteln und Camelstangen aufgeschichtet, beginnt sich eine lange Prozession von bärtigen Männern, verschleierten Frauen und Hodschas mit Turban die Treppen der Mevlana hinunterzuschieben.

Seit Jahren wächst die Zahl der Moscheegänger in Berlin. Immer mehr der 180 000 türkischen und arabischen Einwanderer suchen in den 150 Moscheen und islamischen Betsälen der Stadt ein Stück Heimat in der Fremde.

73 Stufen führen den Hang am Frohnauer Edelhofdamm hinauf. Es ist Mittwoch früh, und wir sind am nördlichen Rand von Berlin, wo sich die Stadt auflöst in sandige Wiesen und märkische Wälder. Ein Wind, der plötzlich aufgesprungen ist, kämmt Kiefern und Buchen, zerrt an Rosenstöcken und schüttelt Jasminsträucher. Beim Aufstieg liegt ein Hauch von Sandelholz in der Luft. Irgendwo brennen Räucherstäbchen.

Eine Villa, ein Tempel und ein paar flache Bauten, alles im Ton von lichtem Ocker, liegen verstreut auf der Hügelkuppe. „Buddhistisches Haus“ heißt das Ensemble, das vor 75 Jahren von dem Berliner Arzt, Schriftsteller und Buddhisten Paul Dahlke errichtet wurde. 1957 kaufte die German Dharmaduta Society aus Colombo die Anlage. Seitdem leben Mönche aus Sri Lanka in der Klosterzitadelle. Dort sind sie ganz für sich.

Alle fünf Frohnauer Mönche, die Köpfe kahl und an den Füßen Sandalen, stehen vor dem Tempel. Ihre orangefarbenen und weinroten Roben wehen im Wind. Sie haben auf uns gewartet. Wegen der Sightseeing-Tour durch Berlin, zu der wir sie eingeladen haben. Und sie sind ganz aufgeregt. Denn nur selten verlassen sie ihren Hügel.

Der Abt des Klosters ist 36 und heißt Devananda. „Glücklichkeit der Götter“ bedeutet der singhalesische Name. Seit 1976 ist er Mönch. „Das ist mein Karma, meine Bestimmung“, sagt Devananda, und wenn man in seine hypnotischen Augen blickt, glaubt man es ihm sofort. Der jüngste der Mönche ist 21, der älteste 60 Jahre, und alle nennen ihn den „Ehrwürdigen“.

Vor der Gedächtniskirche startet der Bus zur City-Tour. Die Sonne brennt, und die Mönche haben ihre Kameras mitgebracht. Sie schwatzen durcheinander und fotografieren. Den zerbombten Kirchturm, das Elefantentor am Zoo, das Japanische Zentrum am Tiergarten, die Philharmonie. Dann schwenkt der Bus nach rechts zum Potsdamer Platz, wo ein Wald von Kränen den Himmel schraffiert. Die Mönche staunen die Baugruben an, die Skelette aus Stahl und Spritzbeton und den Sony-Turm, an dessen Glasfassade die Sonne von Scheibe zu Scheibe springt. So gebannt sind sie von dem umgewühlten Streifen Erde, aus dem das neue Berlin wächst, daß sie sogar das Fotografieren vergessen.

Unter den Linden haben sich zwei Autos ineinander verkeilt. Scherben sprenkeln den Asphalt. Der Abt weist auf das Gewirr der Verkehrsschilder. „Viele Regeln, viele Unfälle“, sagt er und lächelt. Der Bus hält am Pariser Platz. Die Mönche steigen aus, fassen sich an den Händen und stimmen einen Gesang an. Wie Laub, das ein launischer Wind vor sich herfegt,

Baden in verhexten Klängen

Jeden Sonntag rufen die Trommeln zum afrikanischen Gottesdienst am Humboldthain, einem Park im Wedding. Priester Botembe, der an der Humboldt-Universität studierte, bringt mit Donnerstimme die freakigen Gläubigen seiner Kirche zum Tanzen

Zu Gast beim fremden Gott im Wedding

Nur wenige Mitglieder hat die vietnamesisch-katholische Gemeinde Berlins. Das Erntedankfest, das sie in ihrer Kirche St. Joseph festlich begehen, ist für sie wie für alle Christen ein Tag zum Feiern

treiben die singenden Mönche in ihren herbstfarbenen Roben mit der Menge durchs Brandenburger Tor. Als sie zurückkommen, äußert der Abt einen Wusch. „Der Ehrwürdige und die Brüder möchten auf den Fernsehturm."

In den Ohren knistert und knackt es. Mit sechs Metern pro Sekunde rast der Lift nach oben. Nach einer halben Minute öffnet sich die Tür, und wir sind in der rotierenden Restaurantkuppel des Fernsehturms am Alexanderplatz. Mehr als 200 Meter tiefer kreist Berlin. Die Mönche treten an die Panoramafenster, scharen sich um das Fernrohr „Galaxy" und suchen Frohnau und ihren Tempel.

Mit einem Mal beginnt der Ehrwürdige zu sprechen. „Die Menschen", sagt er, und sein Gesicht nimmt jenen Ausdruck an, den man „das Lächeln Asiens" nennt, „die Menschen steigen ein in den Kreislauf der Wiedergeburten wie in ein Karussell. Bis sie aufgrund ihrer guten Taten ins Nirwana eingehen." Die Mönche summen. Leise, aber sehr tief aus dem Bauch. Und draußen, jenseits der Glasscheiben, dreht sich Berlin wie das ewige Rad der Zeit.

Die Schläge der Kongas rinnen über den Rasen. Jogger laufen durch die Töne. „Schwarze Messe", sagt ein Spaziergänger zu uns. Doch der Mann meint nicht irgendein obskures Ritual Berliner Satanisten, sondern die Messe der Schwarzen. Es ist 14 Uhr, und wie jeden Sonntag rufen die Trommeln zum afrikanischen Gottesdienst in der Himmelfahrtskirche am Humboldthain, einem Park im Wedding.

Der Pastor der Gemeinde, die sich „Afrikanische ökumenische Kirche" nennt, heißt Pierre Botembe und ist 57. 1962 kam er aus dem Kongo nach Deutschland West, und seine Geschichte ist verwickelt wie ein Roman. Er malochte als Hilfsarbeiter und im Akkord, stieg aus und fristete sein Dasein als Obdachloser am Bahnhof Zoo. Doch dann wechselte er auf die andere Seite der Mauer, von Westberlin in die Hauptstadt der DDR, ging wieder zur Schule und studierte, wie er sagt, als erster Schwarzer Evangelische Theologie an der Humboldt-Universität.

Immer wieder stieß der Priester, dem man seit der Wende nachsagt, er sei zwar volksnah wie Don Camillo, aber leider auch rot wie Peppone, auf eine Mauer aus Vorurteilen und Rassismus. Selbst in der Berliner Kirchenbehörde. 1991 gründete Botembe seine eigene, afrikanische Kirche. 180 Mitglieder zählt sie heute, die meisten aus dem Kongo, Angola, Sambia, Burundi.

„Wer ist lebendig?" donnert Botembe, und seine Stimme hallt im Schiff der Himmelfahrtskirche, als müsse er die Mauern von Jericho zum Einsturz bringen. „Jesus Christus! Halleluja!" erwidert die Gemeinde, 40 sonntäglich herausgeputzte Schwarze, ein paar Deutsche und drei russische Hippies in Lumpen. Botembe stimmt ein Kirchenlied in französisch an, wechselt ins Lingala, und die Schwarzen fallen ein in den zentralafrikanischen Ge-

sang, der fast nur aus Vokalen zu bestehen scheint.

Ein weißer Pastor tritt vor den Altar und neben Botembe. Mit knappen Bewegungen predigt der Gast den Versammelten. Von der Liebe zu Gott, dem Glück des Paradieses und der Pflicht, sich durch Buße von seinen Sünden zu reinigen. Botembe übersetzt. Und erst durch seine Stimme, seine Gesten werden die Worte und Bilder mächtig. Der Weiße sagt „reinigen", und seine Hände waschen sich in der Luft. Bei Botembes Gebärden aber muß man an Frauen denken, die sich an einer Schleife des Kongo niedergelassen haben und ihre Gewänder bürsten und schrubben.

„Wer ist lebendig?" schmettert Botembe nach der Ansprache. Wirbel von Kongaschlägen antworten ihm. Sie füllen die Kirche, prallen an die Wände, kehren vermischt mit Echos zurück. Botembe und seine Christen wiegen sich, baden in den verhexten Klängen. Die Kirche des lebendigen Gottes tanzt.

Die Hindus haben ihre heiligen Schreine in einem Kreuzberger Keller an der Urbanstraße versteckt. „Hindu Temple Sri Muruga" heißt die Gebetsstätte, in der alle jene zusammenkommen, die an die Wanderung der Seelen glauben und an die Zugehörigkeit zu einer Kaste. Die Berliner Hindus leben abgeschotteter als andere Gruppen, und wer außerhalb der Religion heiratet, stößt sich und seine Kinder unwiderruflich aus der Gemeinschaft aus.

Es ist Donnerstag, kurz vor Mittag, und bald beginnt die Prozession. Einmal jährlich im Sommer schleppen fromme Hindus ihren 250 Kilogramm schweren Hauptgott Muruga aus der Kreuzberger Unterwelt ans Licht und tragen ihn durch die Straßen des Viertels.

Noch ist es nicht soweit. „Muruga duscht", sagt uns Susithiran in einem Ton, als wäre es die natürlichste Sache der Welt, daß ein Gott unter der Brause steht. Tag für Tag und gleich nach der Schule steigt der zwölfjährige Junge aus Sri Lanka hinunter in den Tempelkeller, der wie eine Kreuzung aus Küche und Waschraum wirkt. Dort hilft er Lugani, dem Priester der Hindus, bei den komplizierten Riten für Brahma, Vishnu, Shiva, Muruga.

Die Götter werden am Morgen mit Glöckchen geweckt, mit dem Saft von Zitronen und Orangen getränkt, mit Milch und Honig übergossen, mit Mehl bestreut.

Auch beim Metzger herrscht der Koran

In einer abgewohnten Neuköllner Mietskaserne ist der Gebetsraum der alevetischen Muslime; sie sind Schiiten, eine liberale Minderheit im Islam. Auch sie dürfen nur geschächtetes Fleisch essen, und die Würste ihres »Helal«-Metzgers baumeln vor Koranauszügen und einem Bild von der Moschee des Propheten Mohammed

Einkehr der Frommen am Kottbusser Tor

Freitags drängeln sich dort, wo das Mädchen steht, zum Gebet Hunderte von bärtigen Männern und Hodschas mit Turban. Die Moschee Mevlana Camii ist die größte Berlins und hockt wie eine Kröte aus Glas über dem Supermarkt »Kaiser's«, direkt am U-Bahnhof

Dann werden sie mit einer Handbrause gewaschen, in golddurchwirkte Tücher gekleidet, mit Blüten bekränzt. Und abends wieder zur Ruhe gebettet. Wie versteinerte Großeltern leben die Götter im Tempel.

Lugani, der Priester im Lendenschurz und mit einem Haargewirr, das einem Storchennest gleicht, schmückt Muruga für den Umzug. Mit blutfarbenen Nelken und bleichen Gladiolen. Die Öllampen rußen und flackern. Und in den tanzenden Schatten der Lichter sieht es aus, als sei der Gott plötzlich zum Leben erwacht.

Vor dem Tempel haben sich 400 der 3500 Berliner Hindus aus Sri Lanka und Südindien versammelt. Zwei „Wannen" sind zum Schutz der Prozession aufgefahren. Eine junge Polizistin schminkt sich im Außenspiegel eines der Mannschaftswagen. Träger wuchten den bleischweren Gott über die Schwelle und auf die Straße. Muruga nimmt Platz auf einem eisernen Pfau, montiert auf Tragbalken.

Dann gibt der Priester das Zeichen. Männer, Frauen und Kinder schleudern Kokosnüsse auf einen Steinblock. Die Früchte platzen, Milch, Fleisch und Schalen vermischen sich. „Das Harte vereinigt sich mit dem Weichen und Flüssigen. Alles wird eins", sagt Susithiran, und dabei klingt der Junge, als sei er ein uralter Brahmane. Der Zug setzt sich in Bewegung. Der indische Gott reitet durch die Straßen und segnet das Viertel. Seine Anhänger folgen ihm, ohne Schuhe, nur auf Socken. Und die Bläser und Trommler bearbeiten ihre Instrumente wie besessene Derwische.

Wir sind den Spuren der Götter im Exil gefolgt; und wir haben Menschen getroffen wie Paul Van Tuan Pham, den sanften Seelsorger der vietnamesischen Katholiken, Issa Chaukeddin, den Gelehrten der Jesiden, die im Orient als „Teufelsanbeter" verleumdet und verfolgt werden. Oder Oleg, den traurigen Ikonenmaler, mit dem wir bei den Russisch-Orthodoxen das Totenmahl aus Weizenschrot zum Gedenken an die Zarenfamilie geteilt haben. Und Parisia, die junge, iranisch-stämmige Bahai, die an die Einheit aller Völker glaubt und daran, daß jede Religion nur ein anderer Weg zu Gott sei.

In der Moschee der Sufi-Mystiker, die Stunden um Stunden den Namen Allahs wiederholen und akustische Arabesken um Gott ranken, schien es uns, als hätten wir uns auf einen fernen Kontinent verirrt. Als die koptischen Christen aus Ägypten in der Seitenkapelle einer Ostberliner Kirche ihre Choräle in der Sprache der Pharaonen anstimmten, dachten wir, in eine vergessene Nische der Zeit geraten zu sein. Und oft erinnerte uns erst das Brandenburger Tor, die Gedächtniskirche oder der Fernsehturm wieder daran, daß wir immer noch in Berlin waren. Mittendrin.

Walter Saller, 42, lebt in Berlin, wuchs aber in streng katholischen Gefilden auf: im Wallfahrtsort Altötting. Von seiner Jugend als Ministrant hat er sich emanzipiert, doch religiöse Phänomene lassen ihn nicht los. Fotograf **Gerhard Westrich**, 34, seit einem Jahr Berliner, war „schlichtweg baff" über seine Entdeckungen während der Recherche: „eine völlig neue Welt für mich".

RELIGIONEN, SEKTEN & KULTE

München hat imposantere Moscheen als Berlin, Frankfurt eine höhere Ausländerquote, und in Hamburg haben sich mehr Schwarzafrikaner niedergelassen. Aber an keinem Ort in Deutschland ist die Welt ethnisch so bunt gemischt wie in Berlin. Bürger aus allen 184 Staaten, die in der Uno-Vollversammlung vertreten sind, bewohnen die Stadt.

500 000 Menschen nichtdeutscher Muttersprache – die 65 000 eingebürgerten Einwanderer mit ursprünglich anderer Nationalität mitgerechnet – leben unter den 3,42 Millionen Berlinern. Und nirgends in Deutschland ist die Zahl der Religionen, Sekten und Kulte größer als in der Hauptstadt. Mehr als 100 Glaubensgemeinschaften existieren.

Und doch ist Berlin eine atheistische Stadt, nur eine Minderheit gehört einer Kirche an, knapp 40 Prozent aller Hauptstädter sind Christen. 900 000 Berliner sind Mitglieder der evangelischen Landeskirche, 345 000 Katholiken. 80 000 Menschen bekennen sich zu weiteren christlichen Glaubensgemeinschaften, freien protestantischen Gruppierungen, sowie zur russisch-, griechisch-, serbisch- oder syrisch-orthodoxen Kirche und zum Christentum der Armenier oder Kopten. Einige hundert der rund 6000 Schwarzafrikaner Berlins engagieren sich in afrikanisch-ökumenischen Gemeinden. Rund 200 000 Muslime leben in der Stadt, 136 000 davon sind Türken. Mehr als fünf Prozent der Berliner gehören dem Islam an, der zweitgrößten und am schnellsten wachsenden Religion in Berlin.

Bis zur Wende hatte die Jüdische Gemeinde etwa 5000 Mitglieder. Vor allem durch Emigranten aus der Ex-Sowjetunion ist ihre Zahl auf 11 000 Menschen gestiegen. Vor dem Machtantritt der Nazis war die Berliner Gemeinde mit 150 000 bis 200 000 Gläubigen eine der größten in Mitteleuropa.

Indische Sikhs, multinationale Bahai und Dutzende von anderen Glaubensrichtungen sind ebenfalls in Berlin vertreten. Doch keine dieser kleinen Gruppen hat mehr als 500 Anhänger. Buddhisten und Hindus kennen überhaupt keine formelle Mitgliedschaft. Doch man schätzt, daß mehrere 10 000 Buddhisten und 3500 Hindus in der Hauptstadt leben.

Sie wollten schon immer in die Politik? Hier geht's lang: Außenministerium: Bus 257, U2; Wirtschaftsministerium: Bus 157, 245, 340, U6, Tram 6, 8, 13, 50; Finanzministerium: Bus 348, 142, U2; Bundeskanzleramt: Bus 248. Das ganze Wahlprogramm der Berliner Verkehrsbetriebe: 0 30/1 94 49. Einfach besser ankommen.
BVG
Der schnelle
Weg zur Macht.

FOCUS-LESER SIND ZIELSTREBIG. FÜR 59,3% IST ERFOLG

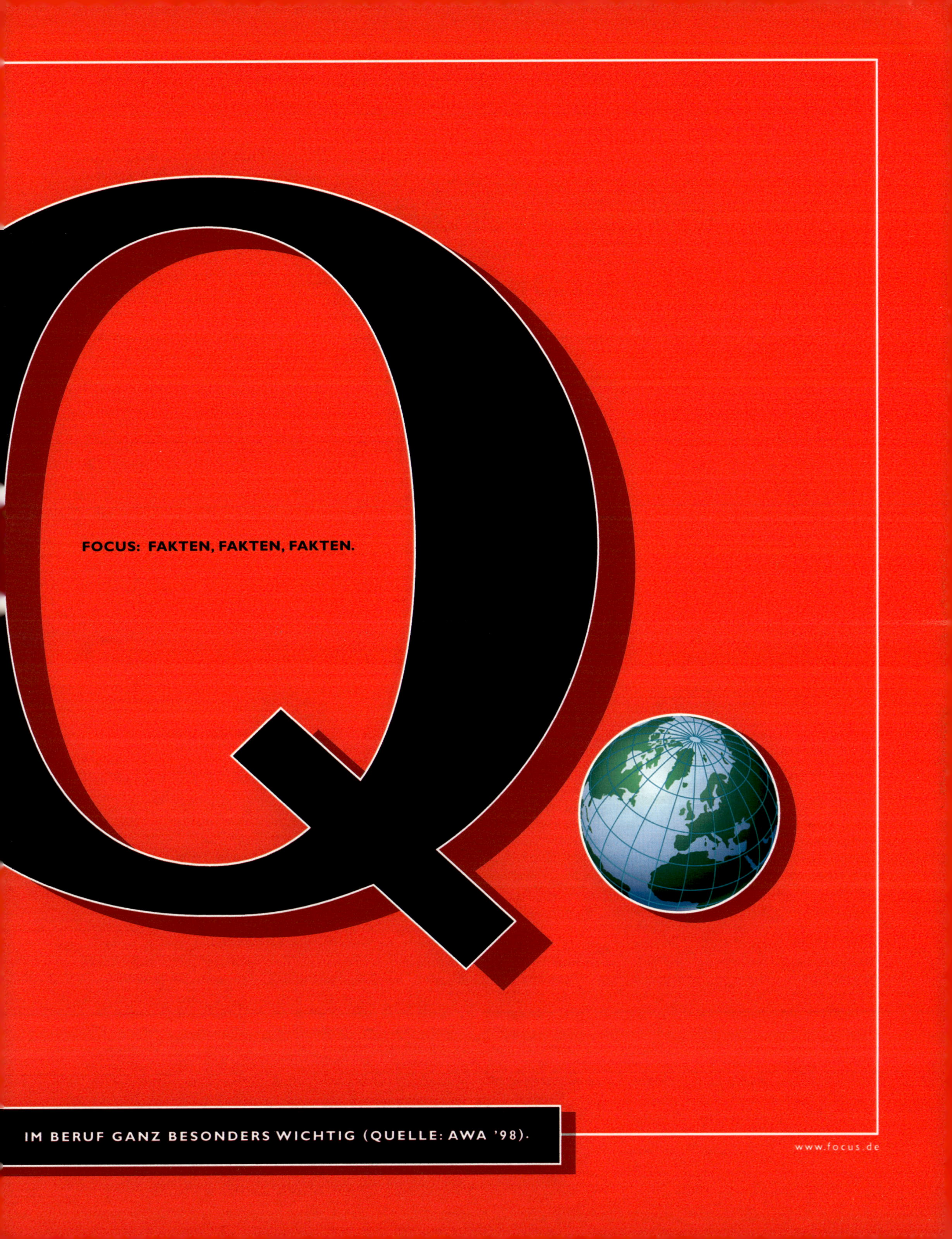
FOCUS: FAKTEN, FAKTEN, FAKTEN.
IM BERUF GANZ BESONDERS WICHTIG (QUELLE: AWA '98).
www.focus.de

Sie ist die schönste Linie in Berlin, mal U-Bahn, mal Hochbahn. Vineta

U2 oder Die Geschichte von Ricardo und den Frauen

Ricardo schaut aus dem Fenster: „Da ist was los“, sagt er. Die Gleise, die Schwellen, die Kabel. Die Linien, wie sie sich kreuzen, die beiden Lichter, wenn der Zug in den Bahnhof einfährt. Und dann der Wind. Die Menschen interessieren ihn nicht so sehr. „Ich guck nicht die Menschen“, sagt Ricardo.

Wie jeden Tag steht er an der Tür, Fahrtrichtung, vorne links. Ganz dicht mit der Nase an der Scheibe. Er spricht leise und manchmal laut, und wenn er einen besonders schönen Tunnel sieht, lacht er und freut sich. Ricardo sagt: „Ich zähle mich zu den Verrückten.“ Erzählt von einer Kindheit in einer Besenkammer, einem Leben in der Psychiatrie und weshalb er immer U-Bahn fahren muß.

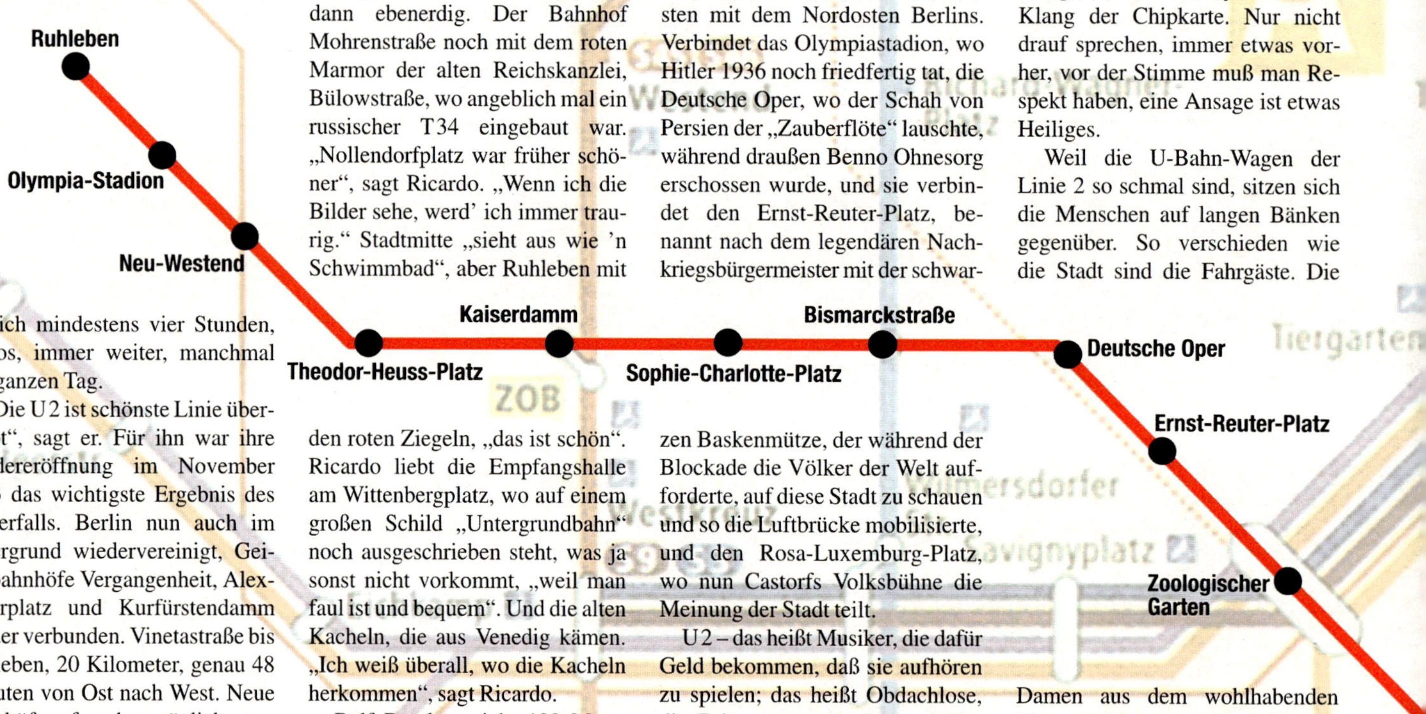

Täglich mindestens vier Stunden, ziellos, immer weiter, manchmal den ganzen Tag.

„Die U2 ist schönste Linie überhaupt“, sagt er. Für ihn war ihre Wiedereröffnung im November 1993 das wichtigste Ergebnis des Mauerfalls. Berlin nun auch im Untergrund wiedervereinigt, Geisterbahnhöfe Vergangenheit, Alexanderplatz und Kurfürstendamm wieder verbunden. Vinetastraße bis Ruhleben, 20 Kilometer, genau 48 Minuten von Ost nach West. Neue Bahnhöfe erforschen, täglich neue Aufgaben, die auf ihn warten.

„Unter der Erde, schon was Beeindruckendes. Wenn man tot ist, ist man auch unter der Erde. Aber wir sind ja nicht tot. Wir leben ja weiter.“ Unter der Erde ist es sicherer als auf ihr. Immer kann man ein- und aussteigen, die bunte Welt fliegt an einem vorbei, das helle grelle Licht, das Grün der Notausgänge, die Schwärze der Tunnel. „Ist doch was Schönes und Beschützendes“, sagt Ricardo. Wenn es stimmt, daß der Weg das Ziel ist, ist Ricardo längst angekommen. Hier, unter der Erde, ohne Sorgen, ohne Probleme. Weg von der Einsamkeit.

Immer wieder raus aus der Erde, dann wieder eintauchen, U-Bahn und Hochbahn zugleich, und ab Olympia-Stadion bis Ruhleben dann ebenerdig. Der Bahnhof Mohrenstraße noch mit dem roten Marmor der alten Reichskanzlei, Bülowstraße, wo angeblich mal ein russischer T34 eingebaut war. „Nollendorfplatz war früher schöner“, sagt Ricardo. „Wenn ich die Bilder sehe, werd' ich immer traurig.“ Stadtmitte „sieht aus wie 'n Schwimmbad“, aber Ruhleben mit den roten Ziegeln, „das ist schön“. Ricardo liebt die Empfangshalle am Wittenbergplatz, wo auf einem großen Schild „Untergrundbahn“ noch ausgeschrieben steht, was ja sonst nicht vorkommt, „weil man faul ist und bequem“. Und die alten Kacheln, die aus Venedig kämen. „Ich weiß überall, wo die Kacheln herkommen“, sagt Ricardo.

Ralf Ramlow zieht 100 Meter U-Bahn hinter sich her, acht Wagen, jeder 20 Tonnen. 7,56 Stunden täglich, immer vier Stunden am Stück und dann Pause in einer der Kantinen, von denen die Fahrgäste nichts wissen, weil draußen nichts dransteht. Maximal Tempo 60, „wegen der vielen Kurven“. Der Zugführer aus Prenzlauer Berg fährt schon 14 Jahre. Früher nur bis zur Grenze. Da gab es diesen roten Strich unten am Potsdamer Platz, über den nur bestimmte Leute durften. Ramlow gehörte nicht dazu. „War schon irgendwie toll“, als er dann weiterfahren konnte, ganz durch, bis nach Ruhleben.

Die U2 besteht in ihrem westlichen Teil aus der legendären U1, die dem Gripstheater den Stoff für ein Stück gab; sie verbindet den Westen mit dem Nordosten Berlins. Verbindet das Olympiastadion, wo Hitler 1936 noch friedfertig tat, die Deutsche Oper, wo der Schah von Persien der „Zauberflöte“ lauschte, während draußen Benno Ohnesorg erschossen wurde, und sie verbindet den Ernst-Reuter-Platz, benannt nach dem legendären Nachkriegsbürgermeister mit der schwarzen Baskenmütze, der während der Blockade die Völker der Welt aufforderte, auf diese Stadt zu schauen und so die Luftbrücke mobilisierte, und den Rosa-Luxemburg-Platz, wo nun Castorfs Volksbühne die Meinung der Stadt teilt.

U2 – das heißt Musiker, die dafür Geld bekommen, daß sie aufhören zu spielen; das heißt Obdachlose, die Zeitungen verkaufen und flirten unter der Erde. Heißt auch: Neun Neonröhren in jedem Waggon. Braune Resopalplatten an den Wänden und wahlweise einfarbig graue oder grau-blau-rot-gekleckste Plastikbezüge, deren regelmäßiges Muster nur hin und wieder durch den sauberen Schnitt einer scharfen Messerklinge oder den weniger sauberen eines stumpfen Schraubenziehers unterbrochen ist. Ricardo schaut nach draußen: „Wie die Landschaft vor dir verschwindet, die Lichter zu milchigem Brei werden, ein Lichtstrich, und dann nur noch Schatten.“

Ein Gong ertönt, und eine angenehme weibliche Stimme weist mit unbeirrbarer Freundlichkeit den Weg: „Ausgang rechts“. Immer wartet man, daß die Stimme einmal irrt und aus Unkenntnis oder derbem Witz in die falsche Richtung weist und einlädt, in einen zwei Meter tiefen Schacht zu stürzen. Aber nie irrt sich die Stimme. Es sei denn, Ricardo ist an Bord. Der erfindet manchmal auch Bahnhöfe. Vor jeder Station nimmt er Haltung an und sagt: „Nächster Bahnhof: Alexanderplatz, Anschluß an die…“ Nie versäumt er eine Station. Er sagt es genau wie die Stimme aus dem Lautsprecher, mit dem Gong, und mit dem synthetischen Klang der Chipkarte. Nur nicht drauf sprechen, immer etwas vorher, vor der Stimme muß man Respekt haben, eine Ansage ist etwas Heiliges.

Weil die U-Bahn-Wagen der Linie 2 so schmal sind, sitzen sich die Menschen auf langen Bänken gegenüber. So verschieden wie die Stadt sind die Fahrgäste. Die Damen aus dem wohlhabenden Westend fahren zum KadeWe, die Studenten aus dem Westen zu den Kneipen nach Prenzlauer Berg, die Leute aus dem Umland zu den Arkaden am Potsdamer Platz, die Angestellten zu den Bürogebäuden am Alex. Bis Vinetastraße sind dann keine Anzüge mehr im Waggon. Ricardo sagt: „Die U2 interessiert mich in dem Sinne, daß sie bald verlängert werden soll.“ Sei schon bis Pankow-Kirche geplant. Ja, die bauen immer weiter. „Es ärgert mich immer wieder, daß der

straße bis Ruhleben, in genau 48 Minuten von Ost nach West. Impressionen von Andreas Wenderoth

Krieg den U-Bahn-Bau aufgehalten hat."

Ein klatschnasser Hund an einer sehr langen Leine bedroht einen Herrn im weißen Trench, dessen Friedfertigkeit gefährdet scheint, als der Hundebesitzer durch markante Lässigkeit zu verstehen gibt, daß man sich mit Wünschen nach einer speziellen Positionierung des Hundes nicht an ihn, sondern direkt an den Hund zu wenden habe. Der Herr flucht, Herrchen schweigt, der Hund bellt, Jugendliche lachen. Der Herr steigt aus.

„Wäre ich Politiker, wäre ich bei der U-Bahn-Partei", sagt Ricardo. „BNU" würde sie heißen: „Baut Nur U-Bahnen". Die wollte er schon einmal gründen. Hat aber nicht geklappt, hatte kein Geld, und war auch keiner da, der mitmachen wollte. „Schade, wäre doch gut geworden, nur für die U-Bahn", sagt Ricardo. Ein Faltblatt existiert schon. „Wollt ihr den totalen U-Bahn-Bau?" hat er draufgeschrieben und: „Es wird U-Bahn nach U-Bahn gebaut." U-Bahn-Weltstadt, das ist sein Traum. In jeder Hauptstraße eine U-Bahn-Station, 480 U-Bahn-Linien würde er bauen. Oder 4800. Vielleicht sogar 48 000 U-Bahn-Linien.

Der Berliner kommentiert gerne, was gerade passiert. Draußen beginnt es zu regnen: „Is det'n Wetter." Eine Frau kommt mit einem Fahrrad rein. Also: „Jetzt kommt die mit dem Rad hier rein." Wenn die Menschen die Ansagen von Ricardo hören, lachen sie meistens über ihn. Sollen sie nur. Sie können ihm nichts erzählen. Ricardo hat die U-Bahn studiert. Kennt alle Verbindungen, alle Bahnhöfe, alle Daten. Hat zwar Schwierigkeiten mit Lesen und Schreiben, aber trotzdem alles gespeichert. Hat seine Bildung aus dem Fernsehen und von Videos. Videos, in denen alles erklärt wird. Nur die Frauen können sie ihm nicht erklären.

„Is' was?" fragt die Frau, und der Student, der sich mit seinem Blick genähert hatte, sagt „nein" und schweigt. Etwas später, als eine andere Frau Platz nimmt, schaut er wieder, wird vollständig mißachtet, was ihn aber nicht davon abhalten wird, mit großem Optimismus und fraglichem Ausgang im Stadtmagazin eine Anzeige aufzugeben: „Mohrenstraße. Du guckdest mich nicht an, ich möchte dich wiedersehen."

„Frauen", sagt Ricardo – „ist das schwierigste überhaupt." Die U-Bahn sei doch einfacher. „Frauen sind untreu, aber die U-Bahn kommt immer wieder." Ricardo ist 33 und hatte noch nie eine Freundin. Eine Frau, das wäre was. Ricardo sagt, er habe „Sehnsucht nach der Liebe und so". „Liebeskummer hat ja jeder, aber bei mir ist es extremer." Wenn Ricardo die Liebespaare in der U-Bahn sieht, wird er eifersüchtig. „Dann kommt die Wut", und der Wunsch, daß ein riesiger Meteorit auf diese Welt stürzen und sie vernichten möge. „Es muß wieder Gerechtigkeit sein."

Was ist das schönste, was ihm in der U-Bahn passiert ist? „Ganz Nettes ist mir nie so passiert", sagt Ricardo. Einmal am Zoo, da hat er „fast auf die Fresse bekommen". Und ein andermal haben sie ihm schon auf den Kopf gehauen. „Fast wäre es zu einer Messerei gekommen." Aber viele hören ihm auch zu, und manchmal kommt es sogar zu einem Gespräch. „Hab auch Einfluß bei den Kindern", sagt Ricardo. Die fangen immer an zu lachen. Aber die großen Menschen gucken Zeitung und interessieren sich nicht füreinander. „Ist hier Krieg oder was?" fragt Ricardo manchmal, weil die Leute immer so ernst und schweigsam sind.

Manchmal hat der Zugführer Ramlow „das Gefühl, andere zur Arbeit zu fahren und selbst nicht arbeiten zu müssen". Ramlow sitzt vorne rechts, vor ihm das Schaltpult mit Tacho, Signalhorn, dem Geschwindigkeitswahlhebel, zwei Knöpfen, um die Türen zu entsichern, vier Bremsstufen, einer Druckluftbremse, einer Notbremse. Im Rücken der Sicherungskasten und „Gäste, die oft rumnölen, Scheiß-BVG und so". – „Lächeln und weiterfahren", ist Ramlows Devise. Bringt ja nichts, wenn er sich auch noch aufregt. Während der Fahrt bekommt er sowieso nichts mit. Es sei denn, Hertha spielt. „Dann", sagt Ramlow, „kann es natürlich belastend werden."

Sechs Zugschilder, auf denen eine Zigarette mit einem roten Balken durchgestrichen ist, sind für den echten Hertha-Fan eine unwiderstehliche Aufforderung zum Rauchen. Daß Türen während der Fahrt zu schließen sind, ist in seinen Augen anzuzweifeln, denn wenn schon geraucht wird, muß ja auch Luft rein, und wenn der Bahnbeamte am nächsten Bahnhof darauf hinweist, „Türen bitte schließen", kommt die nachdrückliche Antwort des glatzköpfigen Rädelsführers: „Wat willste? Ick komm gleich raus!" Worauf der Bahnbeamte gar nichts mehr will, und der Polizist an seiner Seite freundlich lächelt. „Wippen, Wippen", grölt nun die Fangemeinde, der Zug schwankt, und noch vor dem Olympia-Stadion werden einige Deckenleuchten zu Bruch gehen. „Das Erlöschen der Zugbeleuchtung bedeutet keine Gefahr", versichert ein Schild.

„Tot sind 'se meistens", sagt der Fahrer Ramlow. „Jedenfalls 90 Prozent." Ramlow hat Angst vor den Selbstmördern, die vor die Züge springen. „Gibt Kollegen, die schon mehrere hatten. Aber die lassen das dann nicht mehr so an sich ran", sagt Ramlow. Geht gar nicht anders. Müssen doch weiterarbeiten. Ramlow selbst hat immer Glück gehabt, einmal ein Kind verletzt, und einem anderen das Bein abgerissen. Toi, toi, toi. Der mit dem Bein wollte seiner Frau zeigen, wie stark er ist. Und hat das Bein aus dem fahrenden Zug gehalten. „Der Stahlpfeiler war aber stärker", sagt Ramlow.

Ricardo ist einer, vor dem der Fahrer Ramlow Angst hätte. Denn auch Ricardo überlegt manchmal zu springen. Weg wären die Probleme. „Aber ich wär' ja auch tot. Und ich weiß nicht, wie der Tod ist." Ricardo denkt, daß er dann endlich gleich wäre, so wie die anderen, „nicht mehr behindert", zwar immer noch ohne Frau, aber trotzdem normal. Gestern, als er wieder ganz erschöpft und alles zuviel war, als es so drehte in seinem Kopf, stand er ganz dicht an der Schwelle. Und dann hat er es wieder nicht getan. Ricardo sagt, er habe Angst vor der Leere, vor dem Nichts. Diese Schwärze, vielleicht ist es nur ein Schlaf oder aber „die ewige Ruhe vor einer Prüfung, die ich nicht bestehen kann". Erst, sagt Ricardo, müsse er die Angst überwinden.

Das Geräusch wird immer feiner, ein Schleifen, in das sich Obertöne mischen, dunkel und tief, dann wieder hell, ein Poltern und Zischen, dann Ruhe. Die Türen öffnen sich.

Andreas Wenderoth kennt die Berliner U-Bahn „janz jut". Er fährt mit ihr seit 33 Jahren.

VERBORGENE RÄUME

WO? WIE? WAS? Wie sieht's denn hier aus? Wo bin ich? Was ist das eigentlich? Genau, das ist die Frage. Kaum jemand hat Zutritt zu den hier gezeigten Orten. Friederike Schneider (Idee) und Stefan Lucks (Fotos) sind durch berühmte Berliner Bauten, Denkmäler und Häuser gestreift, um deren versteckte Innenräume aufzuspüren. GEO Special lädt Sie ein zu einer Enträtselung dieser verborgenen Orte. Wenn Sie Glück haben, können Sie bald eine besondere Fahrt antreten

1 Ein Hinterzimmer in Charlottenburg. Eine Kultkneipe. Freunde des Hauses dürfen im Fernseher Boxkämpfe anschauen, vor dem Fenster rasen Züge vorbei. Alles ist sehr einfach, sehr intim im ???. An der Bar hängen die Autogramme von Künstlern; in der Ecke sitzt häufig Klaus Zapf, der größte Umzugsunternehmer der Republik, und trinkt dann 15 bis 20 Bierchen. Für ihn »der schärfste Zustand der Glückseligkeit«.

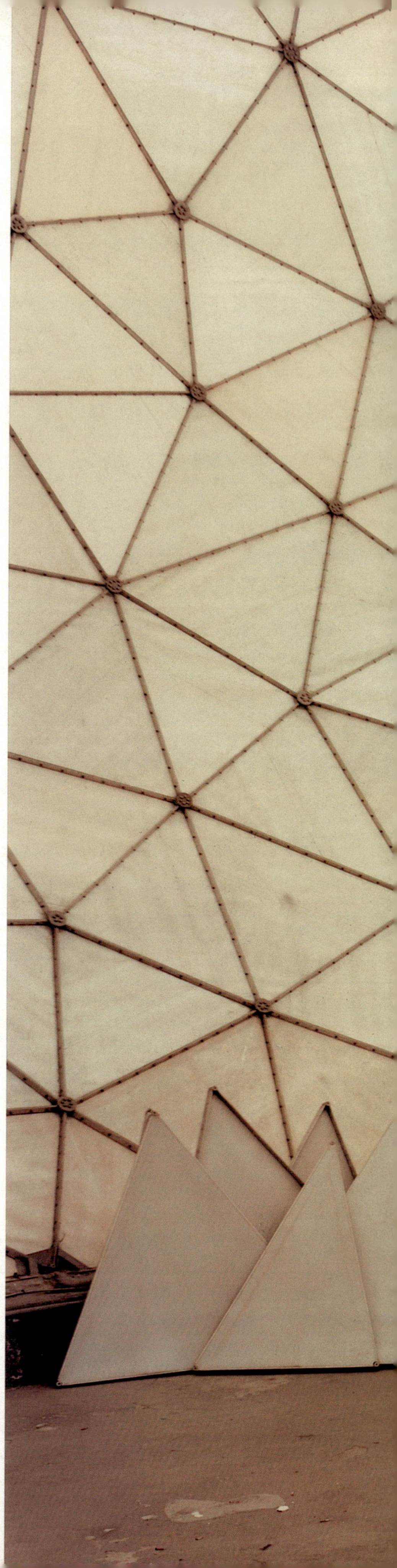

2 Vor ein paar Jahren noch wäre man womöglich erschossen worden, hätte man versucht, hier einzudringen. Der Ort war top secret, es ging um Krieg und Frieden, der Westen gegen den Osten. Jetzt knackt nur noch der Wind in der verlassenen Kugel über Wilmersdorf. Es gab Pläne, diese ehemalige ??? der Amerikaner und Briten, einst die wichtigste ihrer Art auf der Welt, in ein Hotel umzubauen.

3 Ein paar Lampen, roher Beton, es ist kühl, Tristesse total in ???. Eigentlich, so war es in den siebziger Jahren geplant, sollte hier das Leben pulsieren, laut und lärmend, Tag für Tag sollten Tausende Passanten hier entlangeilen, auf dem Weg zum Potsdamer Platz, zur Arbeit.

4 Vor 30 Jahren wurde der ??? in Berlin fertiggestellt. Die Bauherren waren sehr stolz auf ihr Werk, und auch der Staatsführung, Walter Ulbricht und Erich Honecker, gefiel das Trumm. Aber ihre Untertanen machte es wehmütig. Sie standen sich stundenlang die Beine in den Bauch, um einen Platz im Café zu bekommen – und einen überwältigenden, Sehnsucht provozierenden Weitblick in den Westen.

5 Reihe A und Reihe B sind unter diesen wie Tretminen aussehenden Eisentellern plaziert, und genau da sollen, sagen die wahren Liebhaber, auch die besten Plätze sein. Vor ein paar Jahren, als es die Mauer noch gab, stand die ??? ganz allein am Rande der Stadt, hart an der Grenze zu Ostberlin, umgeben von Unkraut, mit Rissen im Beton.

6 Wer mit dem Zug in die Stadt kommt, sieht das Ding sofort. Es ist ein metallenes Segel, innen alufarben, und es dreht sich mit dem Wind. Wenn die S-Bahn an dem ??? vorbeifährt, vibriert das Gerät, das auch herrisch die Berliner Börse überragt.

7

Draußen, über diesen romanischen Hochbögen, wird in der bezirkseigenen Gärtnerei Wein angebaut. Ein Drittel des Berges, immerhin 66 Meter hoch, ist ausgehöhlt. Er stützt das monumentale ???, das 1821 aufgestellt wurde – nach einem historischen Sieg. Jetzt liegen in diesem merkwürdigen unterirdischen Museum Skulpturen, Statuen, das Münzfries und auch Abgüsse der Quadriga herum – eingelagert nach dem Krieg.

8 »Der Führer, der Papst und Michael Jackson gingen von hier aus ins ???«, erzählt Herr Hohmann. Er ist der Platzwart, und er hat schon viele sehr wichtige Menschen durch diesen acht Meter hohen Raum geleitet. Es ist der VIP-Eingang ins ???, spröde, unfreundlich, abweisend, Teil eines mächtigen Komplexes, der 1936 eingeweiht wurde und seit Jahren mählich zerfällt. Die Restaurierung wird 540 Millionen Mark kosten – aber wer soll das bezahlen? Der Bund und die Stadt wollen nur 200 Millionen zuschießen.

9 Die Brüder Grimm sind schuld. Ein enges Backsteingewölbe, verrostete Leitungen, uralte Röhren, feuchte Mauern, es ist schummrig, und von irgendwo tropft es unaufhörlich. Kriegsschäden. Aber egal, seit 1913 sorgt die sperrige Technik in diesem Raum dafür, daß sich Kinder und Erwachsene am ??? in Friedrichshain erfreuen. Rotkäppchen grüßt, Frösche wuseln, sieben Raben krächzen, und Hans im Glück wandert rastlos umher in dieser europaweit einzigartigen Anlage.

10 Ein gotisches Kloster mit Neonlicht mitten in Berlin? Als das Werk – den Propyläen auf der Athener Akropolis nachempfunden – gebaut wurde, 1789 bis 1791, kostete es genau 110 902 Thaler, 20 Groschen und zehn Pfennig. Kein anderer Bau in dieser Stadt ist weltweit so sehr Symbol geworden wie das ???: erst des preußischen Militarismus und der alten Reichsstadt, dann der geteilten Nachkriegsstadt ebenso wie der friedlichen Revolution von 1989 und der wiedervereinigten Metropole.

Haben Sie herausgefunden, zu welchen Berliner Gebäuden die hier abgebildeten „verborgenen Räume" gehören? Dann teilen Sie uns doch das Ergebnis Ihrer Recherchen mit! Schreiben Sie Ihre Antworten, numeriert von 1–10, auf eine Postkarte und schicken Sie diese an:
Redaktion GEO,
Stichwort „Verborgene Räume"
Am Baumwall 11, 20444 Hamburg
Zu gewinnen ist eine Übernachtung für zwei Personen im Luxushotel Adlon am Brandenburger Tor, inklusive Anfahrt (aus dem deutschsprachigen Raum). Das traditionsreichste Haus der Metropole, 1907 eröffnet, beherbergte gekrönte Häupter sowie zahlreiche Prominente. 1945 ausgebrannt, wurde es im August 1997 in neuem Glanz am alten Standort wiedereröffnet: Bei mehreren richtigen Lösungen entscheidet das Los. Einsendeschluß ist der 8. Juni 1999, es gilt das Datum des Poststempels; nur ausreichend frankierte Postkarten nehmen an der Verlosung teil; der Rechtsweg ist ausgeschlossen. Gruner + Jahr-Mitarbeiter können nicht teilnehmen.

Schön, daß es

GEO special
LONDON

GEO SPECIAL
SÜDAFRIKA
NAMIBIA
SIMBABWE
BOTSWANA
Afrikas Süden

GEO SPECIAL
PERU
ECUADOR
BOLIVIEN
CHILE
ANDEN
UND DIE WELT DER INKA

GEO SPECIAL
Eine Reise ins Herzland Amerikas
CHICAGO
UND DIE GROSSEN SEEN

GEO SPECIAL
EXTRA
ROM
Beim Jupiter – was für ein Platz!
Leben in der Ewigen Stadt
Das Wispern im Palazzo

GEO SPECIAL
NORDMEER
ISLAND
SPITZBERGEN
GRÖNLAND

GEO SPECIAL
HIMALAYA
Der Gipfel der Versuchung
Im Strudel der Bergmetropole
Ein Leben für die Freiheit
EXTRA: Große Himalaya-Karte zum Ausklappen

GEO SPECIAL
GROSSE MEINUNGSUMFRAGE
SCHWEIZ
Ein Land bricht auf
Wo die Freiheit wohl grenzenlos ist
20 Dichter, Denker, Macher und Lenker

GEO SPECIAL
SCHOTTLAND
Gipfel der Romantik
Leben auf dem Außenposten
Sonne aus der Flasche
Land der Tüftler und Genies

GEO SPECIAL
INDONESIEN
Bali
Magie
Insel-Kosmos
Vulkan-Trekking
Elefanten
Info-Teil: Die schönsten Plätze auf Lombok, Borneo, Bali, Java, Sumatra und Sulawesi

GEO SPECIAL
INDISCHER OZEAN
Seychellen
Sri Lanka
Malediven
La Réunion
Sansibar
Außerdem: Madagaskar · Mauritius · Komoren und Special-Infos auf 30 Seiten

GEO SPECIAL
USA: WESTKÜSTE
Von allen Engeln verlassen
Immer total verrückt
Und jetzt handeln wir!
Traumküste der Welt

jack lang Berlin –

»Paris bleibt Paris, sagt man, aber Berlin bleibt nie Berlin, so ungreifbar, flüchtig ist diese Schöne.

BERLIN. Wenn man diesen Namen hört, fallen einem starke Bilder ein: der Große Kurfürst, die Hugenotten, Friedrich und Voltaire, Mendelssohn, die Humboldts, die Barrikaden von 1848, Grosz, Marlene, Cabaret, die Rosinenbomber der Luftbrücke, Ich bin ein Berliner, Willy Brandt, die Schandmauer, der Trabant… Berlin hat dem Geist stets neue Nahrung gegeben. Berlin ist mehr als eine Hauptstadt, Berlin ist eines der markantesten Symbole unserer jüngsten Geschichte. Wer könnte die unglaublichen Tage im November 1989 vergessen, als Europa zu sich selbst zurückfand?

Ich habe mich schon vor langer Zeit in Berlin verliebt, diese merkwürdige, faszinierende Stadt. Das Theater spielte dabei die Rolle des Mittlers. Hungrig nach geistiger Nahrung, bin ich als junger Student hierher gepilgert, um Aufführungen Brechtscher Stücke zu erleben. Vor allem das Berliner Ensemble war für Menschen meiner Generation ein Heiligtum, ein Mekka des Theaters, ein Wallfahrtsort, an dem wir Inspiration schöpften und uns in unserem Glauben an ein Theater bestärkten, das der Kunst und dem Volk gleichermaßen dienen sollte. Die Teilung der Stadt, so unerträglich dieser Riß auch war, bot uns die Gelegenheit, zwei Monumente, zwei Modelle des modernen Theaters miteinander zu vergleichen: Brecht im Osten und Peter Stein an der Schaubühne. Ich komme immer wieder nach Berlin zurück und bin immer wieder von derselben jugendlichen Begeisterung und derselben glühenden Neugier beseelt. Jedesmal erliege ich dem vielschichtigen Zauber dieser Stadt, ob als Präsident der Filmfestspiele, als Teilnehmer der Love Parade oder als Gelegenheitsbesucher.

Berlin, Du Schillernde…

Ich liebe Berlin, die Widersprüchliche, diese besondere Stadt, die Kontraste kultiviert, wie andere Städte die Harmonie pflegen. Sie wird nie eine geleckte, herausgeputzte Kapitale sein, sie ist eine Metropole im Werden, die sich ständig wandelt und mit ihrem unstillbaren Durst nach Neuem sich immer wieder neu erfindet. Mit ihrer Landschaft, die wie zur Zeit Franz Hessels eher „ein Archipel kleiner Städte" ist, gleicht sie einer schillernden Kamee. Ich liebe die plastische Schönheit dieser weißen Stadt, die wilhelminischen Fassaden in Schöneberg, die Anmut von Heiligensee, die Hinterhöfe im Wedding, die schattigen Grunewalder Alleen, das Kopfsteinpflaster am Käthe-Kollwitz-Platz, das voluminöse Shell-Haus, die pockennarbigen Häuser in Mitte, die prachtvollen Villen an der Königsallee, das Leuchten des Himmels, das Helmut Newton so faszinierte, den Sand im Strandbad Wannsee, nicht zu vergessen die Currywurst (mit Pommes) und die Berliner Weiße (mit Schuß)… Trotz seiner Größe ist Berlin eine Stadt für Flaneure – aus ästhetischen und aus intellektuellen Gründen. Hier wandelt man auf den Spuren Walter Benjamins, Kurt Tucholskys oder Gottfried Benns, eine einzigartige Erfahrung, anregend und bereichernd. Berlin ist eine Stadt der Gespenster, die den Besucher auf seinen Wegen geleiten: Wir begegnen Kleist am Wannseeufer, Christopher Isherwood in verruchten Varietés, Döblin auf dem Alexanderplatz, John le Carré in Zwielichtzonen, Chamisso auf der Suche nach seinem Schatten und Fontane in den gepflegten Bürgerhäusern von Friedrichstadt.

Berlin, die Unvergleichliche, läßt niemanden gleichgültig: Sie fordert ungeteilte Bewunderung heraus oder schonungslose Zurückweisung. Sie ist eine Stadt der Leidenschaften, der Extreme, der Exzesse, der Kühnheiten, der Provokationen im Guten wie im Schlechten. Sie hat Geist, Herz und Charakter. Sie ist wandelbar, unberechenbar, geheimnisvoll und verschwiegen. Berlin ist ein Paradoxon, eine Stadt der Brüche und Kehrtwendungen, die sich darin gefällt, ihre Gegensätze zu pflegen. Wenn es stimmt, was Renzo Piano, Herr über die riesige Debis-Baustelle am Potsdamer Platz, verkündet: „Die Schönheit einer Stadt erwächst aus ihren Widersprüchen", dann ist Berlin ein Gipfel der Ästhetik. Der ungarische Romancier Péter Esterházy behauptet: „Der Charme dieser Stadt ist ihre Häßlichkeit." Ich meine eher, daß ihre Anziehungskraft auf der produktiven Konfrontation von Epochen und Stilen beruht. Man muß nur durch die Straßen des Scheunenviertels oder Moabits gehen, um der Kontraste gewahr zu werden, die den Blick stets von neuem überraschen. Es ist diese

mon amour

Für mich ist Berlin eine geheimnisvolle Frau, ein Irrlicht, ein Wunder, das die Sinne erregt und den Verstand reizt«

Vielfalt, die fesselt, auch wenn sie das Verständnis nicht gerade erleichtert. Und obwohl geradlinige Verkehrsadern wie Friedrichstraße, Unter den Linden und Kaiserdamm die Großzügigkeit ihrer Anlage stören, ist es die gebrochene Linie, die diese Stadt am besten repräsentiert, wie Daniel Libeskind mit seinem jüdischen Museum so hervorragend zu zeigen verstand.

Berlin, Du Elegante...

Für mich ist Berlin eine geheimnisvolle Frau, die Natürlichkeit mit Eleganz, Großmut mit Impertinenz vereint. Sie trägt die Züge von Rahel, Rosa, Else, Claire, Marlene, Hildegard, Katharina... Ein Berlin kann ein anderes, kann viele andere verbergen. Paris bleibt Paris, sagt man, aber Berlin bleibt nie Berlin, so ungreifbar, flüchtig, zwiespältig ist diese rätselhafte Schöne. Sie verführt nicht; sie erobert. Sie bezaubert nicht; sie verhext.

Berlin läßt sich nicht bestimmen oder auf einen Nenner bringen, so sehr entzieht sich die Stadt jeder Reduktion ihrer Vielfalt. Sie ist ein Irrlicht, ein Wunder, das die Sinne erregt und den Verstand reizt. Man meint, man hat sie verstanden, da zeigt sie wieder ein neues Gesicht, führt in die Irre und stiftet Verwirrung. Dieser außergewöhnliche Umstand erklärt vielleicht, warum sie, von Lola-Lola bis Damiel, ein Sitz der Engel ist. Berlin bleibt der „siedende Kessel", den Harry Keßler zu Beginn dieses Jahrhunderts beschwor, diese Stadt, „zugleich erbarmungswürdig und verführerisch: grau, schäbig, verkommen, aber doch vibrierend von nervöser Vitalität, gleißend, glitzernd, phosphoreszierend, hektisch animiert, voll Spannung und Versprechen", von der Klaus Mann einmal sprach. Berlin behagt dieses labile Gleichgewicht, weil es das Leben selber ist. Dein Tänzer, Berlin, ist ein Seiltänzer.

Der Genius Berlins, dem Ernst Lubitsch so wunderbar Ausdruck verlieh, hat viele Facetten: einen enormen Lebenswillen, eine unbezähmbare Lust an der Modernität, einen starken Hang zu allem Neuen, eine spöttische, provozierende Respektlosigkeit und eine Toleranz und Gastfreundschaft, von der vor allem im 17. Jahrhundert Tausende Hugenotten profitierten, die Ludwig XIV. aus Frankreich vertrieben hatte. Deshalb hat Berlin eine so besondere Bedeutung für die Franzosen.

Obwohl Berlin manchmal so fremdartig wirkt, „bizarr", meinte der Schriftsteller Wolfgang Büscher, fühlt man sich als Fremder in dieser Stadt nicht fremd. Sie ist einladend, weil sie seit jeher ein Ort des Übergangs, der Vermischung, der Begegnung war, menschlich wie intellektuell. Die Öffnung nach außen ist ihre Hauptaufgabe. Ich bin froh, daß neben den Türken, den Griechen und den Italienern auch die aus Rußland kommenden Juden wieder den Weg nach Berlin gefunden haben und das Viertel um die Oranienburger Straße beleben wie zu Beginn des Jahrhunderts. Berlin hat in der Tat die Funktion einer Brücke zwischen Ost und West. Berlin ist eine Welt-Stadt. Sie dient als Laboratorium für Ideen und Experimente. Sie gehört nicht nur ihren Bewohnern, sondern auch allen, die sich ihr verbunden fühlen, all jenen, die ihr ein Leben in Freiheit verdanken. Wir sind alle Berliner.

Diese Stadt verfügt über eine ungeheure Energie, die es ihr erlaubt, immer wieder aufzustehen und aufzuerstehen. Aus den Prüfungen, die ihr auferlegt werden, schöpft sie neue Kraft. Dank ihrer schöpferischen Vitalität überstand sie die Verwüstungen des Industriezeitalters, die Verheerungen des Krieges und die Verletzungen der Teilung. Darin besteht ihre Anziehungskraft: in ihrer Fähigkeit, sich allen Herausforderungen zu stellen. Je größer sie sind, desto größer ist auch ihre Entschlossenheit. Und weder an dem einen noch an dem anderen hat es ihr in den vergangenen Jahrhunderten gefehlt.

Berlin, Du Bizarre...

Die Besonderheit dieser Stadt liegt in ihrem dialektischen Spannungsverhältnis zur Geschichte zwischen Rückzug und Revolte, zwischen Vergessen und Erinnern. Diese Spannung provoziert Kontroversen, wie man an den Diskussionen um ein Mahnmal für die ermordeten Juden und den Wiederaufbau des Stadtschlosses sieht, aber sie führt nicht zu Lähmung und Verknöcherung, im Gegenteil, sie erzeugt eine schöpferische, anregende Dynamik. Berlin gleicht der buntbemalten Mauer der achtziger

Jahre: einem gigantischen baudelaireschen Palimpsest, das jede anrollende Welle einfängt und gleich wieder aus dem Gedächtnis löscht. Übrigens finde ich es bedauerlich, daß wegen des sehr verständlichen Wunsches, die schmerzende Narbe aus dem Stadtbild schnell zu entfernen, nicht ein größerer Teil der Mauer erhalten blieb, damit nachfolgende Generationen die Verirrungen des Kalten Krieges konkret begreifen können. Denn kein noch so gelungenes Mahnmal gebietet über die suggestive Kraft eines authentischen Orts.

Berlin, Du Narbige...

Der Kalte Krieg hat in Berlin begonnen. Und er hat in Berlin sein Ende gefunden. Diese Geschichte ist unsere Geschichte, eine gemeinsame, manchmal schmerzliche, manchmal glückliche Geschichte, die uns eint und verbindet. Sie prägt unsere Gegenwart. Sie ist der Humus, auf dem die demokratischen Ideale gediehen, die die Völker Europas in Ost und West gemein haben. Einer der Ausgangspunkte dieser Geschichte war die Luftbrücke, diese außergewöhnliche humanitäre Aktion, die den Zusammenhalt zwischen den Deutschen und der westlichen Welt stärkte und 1998 ihr fünfzigstes Jubiläum feierte. Damals hörte Berlin auf, sich mit dem Militarismus und dem Preußentum zu identifizieren, und hat sich seither zu einem modernen Symbol für die Verteidigung der Freiheit entwickelt. Über die Luftbrücke wurden nicht nur Nahrungsmittel und Kohle transportiert, aus dem Himmel über Berlin kam auch die Hoffnung, auf der unsere Kultur beruht. Die Luftbrücke war ein Sieg aller Europäer.

Berlin, Du Angstmachende...

Das Verhältnis Berlins zur Geschichte ist ungeheuer spannend. Die brandenburgische Stadt, die sich im 19. Jahrhundert außerordentlich entwickelte, hat unsere Epoche so sehr geprägt, daß man behaupten könnte, Berlin verkörpere das 20. Jahrhundert mit all seinem Leid, seiner Zerrissenheit und seinen schlimmsten Tragödien, aber auch mit all dem Schönen, das es mit sich brachte, all seinen Träumen und Überraschungen. Berlin ist ein Abbild unserer Geschichte und unseres Kontinents, das uns in Bestürzung und in Bewunderung versetzt. Und da jede Stadt ein lebendiger Organismus ist, der die verschiedenen Schichten der Erinnerung bewahrt, hielte ich es für vernünftig, den scheußlichen Palast der Republik zu erhalten und das Stadtschloß wiederaufzubauen als urbane Beschwörung der Kontinuität – wie auch der Brüche in der deutschen Geschichte.

Ich persönlich hege eine besondere Vorliebe für die Zimmerstraße, eine kleine Straße im Schatten der Kräne und Türme des Potsdamer Platzes. Dieser Ort ist ein Kondensat der Geschichte Berlins, also Deutschlands, also Europas: Dort steht der Preußische Landtag dem Martin-Gropius-Bau gegenüber, auf der anderen Seite der Mauer, die hier einst die Stadt teilte, Görings Luftfahrtministerium (der ehemalige Sitz der DDR-Ministerien und künftige Sitz des Finanzministers) der Topographie des Terrors mit dem SS- und dem Gestapo-Hauptquartier. Welch ein Anblick!

Die städtische Umgestaltung, die Berlin seit dem Fall der Mauer erfährt, ist beeindruckend. Bilder wie der von Kränen gespickte Tiergarten in der untergehenden Sonne oder der von Christo verpackte Reichstag blieben im Gedächtnis haften. Das Werk, das an den Ufern der Spree vollbracht wurde, ist gigantisch und erfüllt mich mit Bewunderung, auch wenn das Konzept der „kritischen Rekonstruktion" gelegentlich in einen „faulen Kompromiß" mündete, wie der Historiker Etienne François festgestellt hat. Doch dieser architektonische Wandel steht in der Berliner Tradition, einem entschlossen zusammengewürfelten Ganzen neue Elemente hinzuzufügen.

Berlin, Du Bewunderte...

Der politisch-urbane Umbruch wirft eine quälende Frage auf, die die Köpfe und Zeitungen diesseits und jenseits des Rheins beschäftigt: Muß man vor Berlin und der Berliner Republik Angst haben? Im Gegensatz zu den Franzosen nämlich, die ihre Republiken kartesianisch numerieren, taufen die Deutschen sie, was sehr viel poetischer ist, auf den Namen einer Stadt: nach Weimar und Bonn ist jetzt also Berlin an der Reihe. Wir sollten diesen Namen, der laut Martin Walser „bloß ein Etikett" ist, als einen Ausdruck des

Wunsches verstehen, 50 Jahre Zerrissenheit nicht nur Berlins und Deutschlands, sondern Europas zu überwinden. Deshalb erscheint mir die Verlegung der Hauptstadt vom Rheinufer (einen Katzensprung von Frankreich) an die Ufer der Spree (80 Kilometer von Polen) ebenso natürlich wie die Wiederherstellung der deutschen Einheit, deren Symbol und Konkretisierung dieser Umzug ist. Außerdem trägt er der neuen Wirklichkeit und dem neuen Gleichgewicht Rechnung, das Europa in den letzten zehn Jahren wiedergefunden hat. Das hat nichts mit einem Geographismus zu tun, der übrigens ebenso unangebracht ist wie der historische Determinismus, zu dem manche das deutsche Volk früher verurteilen wollten. Berlin war das Symbol eines gespaltenen Kontinents, jetzt ist es das Emblem eines neuen Europa auf der Suche nach sich selbst.

Berlin, Du Zerrissene...

Die Verlegung der Hauptstadt stellt weder die Verankerung Deutschlands im Westen in Frage noch sein entschiedenes Eintreten für ein europäisches Haus. Die Befürchtungen – oder sollte ich lieber sagen Wahnvorstellungen? – einiger meiner Mitbürger (aber auch der Deutschen) bezüglich der Wiedergeburt eines zentralistischen Nationalismus teile ich nicht. Die föderalistisch strukturierte deutsche Demokratie hat ihre Stabilität ebenso bewiesen wie ihre Transparenz, zwei Charakteristika, die sie mit dem neuen Reichstag gemein hat, bei dem das massive Gerüst Paul Wallots von der glänzenden, durchsichtigen Kuppel Norman Fosters gekrönt wird.

Berlin, Du Europäische...

Berlin wird das Bild Deutschlands und das Denken seiner Regierenden verändern. Das Leben in der Metropole wird ein anderes Weltbild entstehen lassen als Bonn, das gemütliche Bundesdorf. In Berlin werden Deutschlands Politiker „nationalistischer" und „internationalistischer" werden. Sie werden den täglichen Sorgen der Deutschen, besonders in den neuen Ländern, näher sein und gleichzeitig die weltweiten Probleme besser verstehen. Sie werden sich eine „Hauptstadtkultur" aneignen, die offener, kosmopolitischer, moderner ist, einer Kulturhauptstadt würdig, die Turgenjew als einen Hort des europäischen Lebens pries. Eine der großen aktuellen Aufgaben ist die Integration der jungen Demokratien des Ostens in den europäischen Kulturraum. Berlin hat dafür ein paar entscheidende Trümpfe zu bieten: drei große Opern, 47 Theater, weit über 100 Museen, 208 Kinos, 200 Galerien, 400 freie Gruppen, abgesehen von ideensprühenden Bilderstürmern vom Schlage Frank Castorfs an der Volksbühne, Thomas Langhoffs am Deutschen Theater oder des jungen Thomas Ostermeier, der die Baracke zum Wackeln bringt. Die auffallende Häufung von Talenten in Berlin scheint zu bestätigen, daß das, was Heinrich Heine 1822 behauptete, auch heute noch seine Gültigkeit hat: Berlin ist keine Stadt, sondern ein Ort, an dem Leute von Geist sich treffen.

Die Wahl Berlins zur Hauptstadt ist, um eine Bemerkung des Historikers Fritz Stern aufzugreifen, „ein neuer Anfang". Aber sie ist auch Herausforderung und Verheißung: Herausforderung der Integration eines disparaten Ganzen und Verheißung eines einigen, solidarischen, blühenden und friedlichen Europa. Die Anziehungskraft Berlins wird zu einem Pol der Stabilisierung unseres Kontinents werden. Berlin und Europa brauchen einander. Die deutsche Hauptstadt ist eines der Nervenzentren eines erfinderischen, schöpferischen, offenen, eigenwilligen Europa. Hier werden die jungen Generationen Europa als einen natürlichen, sinnlichen, anregenden Raum gegenseitiger Entdeckung erleben, in dem sie sich kennen und schätzen lernen. Berlin ist der richtige Ort, um die Vielschichtigkeit und den Reichtum der europäischen Kultur zu begreifen; dieser unschätzbaren Kultur, „seit mehreren tausend Jahren entsprungen, gewachsen, ausgebreitet, gedämpft, gedrückt, nie ganz erdrückt, wiederaufatmend, sich neu belebend und nach wie vor in unendlichen Tätigkeiten hervortretend", die schon Goethes Wilhelm Meister „ganz andere Begriffe (gaben), wohin die Menschheit gelangen kann".

Jack Lang, 59, Vorsitzender des Auswärtigen Ausschusses der französischen Nationalversammlung, war in den sechziger Jahren häufig in Berlin, weil er „verrückt nach Theater" war. So oft es geht, besucht der ehemalige französische Kulturminister noch heute die Stadt. **Brigitte Grosse** hat seine Liebeserklärung an Berlin übersetzt.

Ihre Abo-Vorteile

- Als Geschenk erhalten Sie 1 GEO SPECIAL-Heft Ihrer Wahl, das Sie auf jeden Fall behalten dürfen!
- Sie sparen im Abo rund 14%. Sie zahlen pro Ausgabe nur DM 12,80 statt DM 14,80 im Einzelkauf.
- Sie bekommen jedes Heft frei Haus geliefert – ohne Extrakosten für Porto und Verpackung.
- Sie erhalten GEO SPECIAL nur solange Sie wollen und können jederzeit kündigen – mit Geld-Zurück-Garantie für noch nicht gelieferte Hefte.

Thema des nächsten Heftes:
Amerikas Nordwesten

Nutzen Sie dieses Angebot!

Neu! GEO-Shop

GEO Epoche – „Millennium": 1000 Jahre Geschichte

Zum Jahrtausendwechsel ein Sonderheft von GEO über das ausgehende Millennium: Wie ist diese Welt von einst zu der von heute geworden? Was waren die wichtigsten Entwicklungssprünge, die folgenreichsten Ereignisse, Entdeckungen, Erfindungen? In 150 Kurzessays präsentiert GEO-Epoche „Millennium" die prägenden Persönlichkeiten der vergangenen zehn Jahrhunderte.

Bitte mit DM 1,- / S 6,50 freimachen oder faxen an: 07132 / 96 91 91

Antwort

GEO SPECIAL
Versandservice
Postfach 600

74170 Neckarsulm

GEO SPECIAL als Geschenk

Unser Dankeschön fürs Verschenken:
Ein Heft Ihrer Wahl – gleich so ☒ ankreuzen!

London

Türkei

Ostsee

Vietnam

Kanarische Inseln

Canyonlands

Bestellung per Fax? Diese Seite nicht vergessen!

Bitte mit DM 1,- / S 6,50 freimachen oder faxen an: 040 / 37 03 56 57

Antwort

GEO SPECIAL
Leserservice

20080 Hamburg

GEO SPECIAL für mich

Ein Heft Ihrer Wahl – gleich so ☒ ankreuzen!

London

Türkei

Ostsee

Vietnam

Kanarische Inseln

Canyonlands

Bestellung per Fax? Diese Seite nicht vergessen!

Bitte mit DM 1,- / S 6,50 freimachen oder faxen an: 040 / 37 03 56 57

Antwort

GEO SPECIAL
Leserservice

20080 Hamburg

DAS BESTE VON GEO

Die amerikanische Reise
Alexander von Humboldt (1769 - 1859) war Entdecker und Naturforscher. Seine aufwendigste Expedition begann 1799 in Südamerika und dauerte fünf Jahre. GEO-Autor Loren A. McIntyre ist Humboldts Spuren gefolgt - und hatte gegenüber dem preußischen Baron einen Vorteil: Er konnte die spektakuläre Vielfalt des Regenwaldes mit der Kamera festhalten.

Format 23,7 x 28,5 cm, 368 Seiten
377 farbige Abbildungen
Preis DM 98,– / öS 715,– / sFr 89.–
Best.-Nr.: G 0514

Lieferung ab Anfang März

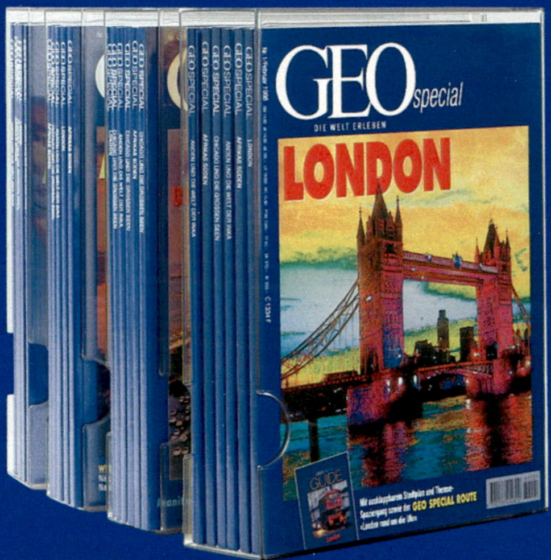

Die GEO SPECIAL-Schuber
Die strapazierfähigen GEO-Schuber schützen Ihre GEO-Sammlung zuverlässig vor Beschädigungen und werden exklusiv für GEO in modernem Design hergestellt. Sie fassen bis zu 7 Ausgaben.

GEO SPECIAL-Schuber Acryl
(28 x 22 x 6,5 cm)
Preis: 18,50 DM / öS 135,– / sFr 17.50
Best.-Nr.: G 0430

NEU

Nach der Titanic – ein neuer Abenteuer-mythos?

Die Endurance – Shackletons legendäre Expedition in die Antarktis
1914 machte sich der Brite Ernest Shackleton mit 27 Männern auf, als erster die Antarktis zu durchqueren - doch dann wurde sein Schiff „Endurance" vom Packeis zerstört. Wie es der Crew gelang, fast zwei Jahre in der Kältewüste zu überleben, ist eine der spektakulärsten Expeditionsgeschichten des Jahrhunderts.

Format 21 x 24 cm, 223 Seiten
Preis DM 49,80 / öS 364,– / sFr 48.–
Best.-Nr.: G 0512

NEU

DAS GEO MILLENNIUM BUCH

Millennium
Die Weltgeschichte unseres Jahrtausends

Ein Jahrtausend erzählte Weltgeschichte(n) – voller Wissen, Phantasie und Sinnlichkeit. In einem fast 900 Seiten starken, präzise recherchierten Werk holt der mehrfach ausgezeichnete Oxford-Historiker Felipe Fernandez-Armesto ungewöhnliche Kulturen, Menschen und Alltagsgeschichten ans Licht: eine Chronologie des unbekannten Jahrtausends, ein Gemälde der Weltkulturen in ganz neuen Farben.

Format 16 x 24 cm, ca. 880 Seiten
mit Über 300 s/w-Abbildungen
Preis DM 69,90 / öS 510,– / sFr 63.–
Best.-Nr.: G 0509

NEU

Die Einheit des Wissens
Seit der Antike träumt die Menschheit den Traum von der absoluten Erkenntnis. Der amerikanische Ameisenforscher und Evolutionsbiologe Edward O. Wilson hat ein ganzes Forscherleben in diesen Traum investiert. In seinem neuesten Buch, in den USA längst ein Bestseller, versucht er zu erklären, wie sich alle biologischen, physikalischen und sozialen Phänomene dieser Welt mittels weniger Grundgesetze deuten lassen.

Format: 13,5 x 21,5 cm, ca. 448 Seiten
Preis DM 49,90 / öS 364,– / sFr 46.–
Best.-Nr.: G 0510

NEU

New York Ein Porträt in Luftbildern
Ansichten von New York, wie sie selbst alt eingesessene New Yorker verblüffen dürften. Der Fotograf Yann Arthus-Bertrand, Spezialist für Luftaufnahmen, hat die faszinierende Wolkenkratzer-Landschaft Manhattans aus der Vogelperspektive porträtiert. Ein Buch für Architekturbegeisterte, Fotofreunde – und natürlich für alle Fans des „Big Apple".

Format 27,5 x 37 cm, 155 Seiten
Preis DM 78,– / öS 569,– / sFr 71.–
Best.-Nr.: G 0753

BESTELLEN SIE JETZT MIT DER KARTE AUF DER LINKEN SEITE

GEO -*Shop*

www.geo.de

Theater

DIE STÖRRISCHE QUADRIGA

Das Berliner Ensemble, die Schaubühne, die Volksbühne und das Deutsche Theater – jahrelang waren sie müde Schindmähren, halbtot, die vier Schlachtrösser des Theaters in Berlin. Große Namen, alte Traditionen – aber in Pose erstarrt. Nun schlagen sie wieder aus, die Gäule, sie gewinnen Tempo, sie bocken – und sie locken. Eine Bestandsaufnahme von Rüdiger Schaper mit Fotos von Sybille Bergemann

I. Ganz Berlin ist ein Ensemble

Alle wollen nach Berlin. Selbst Alter schützt vor Umzug nicht. George Tabori, Jahrgang 1914, Regisseur, Autor, Ungar, Jude, packt jetzt in Wien die Koffer. Für Berlin, zum vierten Mal. Anfang der dreißiger Jahre absolvierte er in der deutschen Hauptstadt eine Ausbildung im Hotelfach, vierzig Jahre später inszenierte er hier sein Auschwitz-Stück „Kannibalen", in den Achtzigern war er wieder mal da und jetzt – für immer?

„Ich will im Jahr 2000 sterben", sagt Tabori, denn das sei eine schöne, runde Zahl. Aber er läßt sich gern belehren über die Millenniums-Konfusion, wann das neue Jahrtausend nun wirklich beginnt. Im übrigen kann der 84jährige Theatermagier den Ehrentitel „Altmeister" gar nicht ausstehen. Und er glaubt an die belebende Wirkung Berlins, des Berliner Theaters.

Tabori zieht nach Berlin, wie all die jungen Kollegen. Sie wissen, warum. Wenn in Berlin sonst nichts mehr geht – die Theater spielen. Die vergänglichste Kunst ist hier die Konstante. Wenn es in der Hauptstadt einen schönen Krach gibt, steht das Theater im Rampenlicht. Berlins Skandal-Spielplan in Auszügen: Schließung des Schiller-Theaters; Konkurs der Operettenbühne Metropol; Millionenloch an der Deutschen Oper. Und immer so weiter: Streit um das Maxim Gorki Theater, das Rainer Werner Fassbinders angeblich antisemitisches Melodram „Der Müll, die Stadt und der Tod" aufführen wollte; Dauerfehde um die Alternativ-Arenen Tempodrom und Tacheles, die dem neuen Berlin weichen sollen; Zoff mit dem Hausbesitzer und Dramatiker Rolf Hochhuth, der das Berliner Ensemble (BE) traktiert. Das ist der Stoff, aus dem hier die Vorhänge sind.

Und das hat Tradition. „Das einzige, was in diesem Winter gedeiht, ist das Theater." Ein typischer Satz über Berlin, und ein typischer Satz für Alfred Kerr, der diese Feststellung vor genau 100 Jahren traf und später noch zum berühmtesten (und gehässigsten) deutschsprachigen Theaterkritiker avancieren sollte. Eine andere Berliner Bühnenweisheit stammt von dem damaligen Oberbürgermeister Ernst Reuter, der in seiner legendären Blockade-Rede vor 50 Jahren ausrief: „Völker der Welt, schaut auf diese Stadt!" So spricht ein Großstadt-Intendant, oder? Auf das Berliner Theater trifft die alte Becher-Hymne wirklich zu: *Auferstanden aus Ruinen.* 1944 waren sämtliche Bühnen geschlossen worden und ein Jahr später, bei Kriegsende, über die Hälfte der Häuser zerstört. Doch zählte man bis Ende Dezember 1945 schon wieder zweihundert Premieren. Eine unglaubliche Zahl.

Hier kommt gleich, hoppla, Bertolt Brecht: Er liefert den besten Beweis dafür, wie zäh das Berliner Theaterleben ist; wie eisern seine Lunge, wie unerschütterlich seine Verwurzelung in der Geschichte. Hier sind wir auch schon am Berliner Ensemble angelangt, dem ersten der vier Schlachtrösser, welche die Berliner Theater-Quadriga bilden; der Wagen oben auf dem Brandenburger Tor ist also ein Thespiskarren, eine Wanderbühne – und ganz Berlin ein Ensemble. Die Abkürzung für Berliner Ensemble – *BE* – hat wechselnde Bedeutungen: *Böses Erwachen* manchmal oder *Bald erledigt* oder auch *Beispielhafte Einstellung.* Man sieht, daß die Begriffe Berlin und Ensemble eine Tautologie darstellen.

B. B. und das BE: Brechts 100. Geburtstag hat man 1998 am Berliner Ensemble wie eine Staatsgründung gefeiert, auch wenn, um mit Shakespeares Hamlet zu sprechen, etwas faul war in diesem Staat. 1998 war zugleich das Jubiläumsjahr der „Dreigroschenoper", sieben Jahrzehnte nach der Uraufführung im Theater am Schiffbauerdamm, wie das Berliner Ensemble damals hieß. Und Brecht war 1998 schon beinahe ein halbes Jahrhundert tot. Gestorben am 14. August 1956 in Berlin.

Zu viele Todesnachrichten? Zu stark, dieser morbide Duft der Berliner Bühnenluft?

So geht es dem Berliner Theaterbesucher oft. Er wird ungeduldig, wartet auf das Neue, der Reminiszenzen überdrüssig. Aber so war das Theater in den letzten Jahren: fixiert auf die Vergangenheit, befangen in einer Bunkermentalität, aufs bloße Überleben gerichtet, in Erwartung des Hauptstadtumzugs – und besserer Zeiten. Die Theater waren Orte, an denen die jüngste Geschichte tatsächlich bearbeitet und sortiert wurde.

Der Dramatiker und Regisseur Heiner Müller hat das BE bis zu seinem Tode im Jahre 1995 geleitet; ein Brecht-Schüler, der sich auch von der Pop-Kultur beeinflussen ließ. Müllers späte Theaterarbeit am BE war geprägt vom Verlust der sozialistischen Utopie – und dem Trauma Nationalsozialismus. „Der aufhaltsame Aufstieg des Arturo Ui", Müllers letzte Regie, kreierte ein anderes Brecht-Verständnis. Martin Wuttke, diabolischer Hitler-Darsteller, beerdigte die Legende der reinen antifaschistischen Lehre. Ui führte einen faszinierenden Jahrhundert-

Das Berliner Ensemble? BE, mein Gott!, was heißt denn das? Böses Erwachen? Oder einfach: Bald Erledigt? Von wegen. Der Theater-Provo Claus Peymann tritt nun an, und kurz vor dem »biologischen Ende« (Frank Castorf) will er sie wegspielen: die Friedhofskälte in seinem Haus

Mächtig berühmt ist er, der Intendant der Volksbühne, Frank Castorf. Der frühere »Easy Rider« des DDR-Theaters – vor einem Bühnenbild von Tim Staffels »Terrordrom« – ist nun erwachsen und will keine Leichen mehr sezieren, nein, nein, sondern richtige Geschichten erzählen

Schmierenkomödianten vor; nicht zu fassen, die Bestie.

Das BE – als Sinnbild für Berlin – strahlte in den Übergangsjahren Friedhofskälte aus. Und produzierte denkwürdige Abende: neben dem „Arturo Ui" die martialischen Einar-Schleef-Inszenierungen von Hochhuths „Wessis in Weimar" und Brechts „Puntila", Klaus Emmerichs strenge Brecht-Übungen und Robert Wilsons magische Flugstunden mit Brecht und Büchner.

Jetzt löst sich die geisterhafte Erstarrung. Eine neue Zeit beginnt, und diesmal ist es kein Gerücht. Selbst am Berliner Ensemble wird die Uhr umgestellt. Claus Peymann soll von der Spielzeit 1999/2000 an wieder ein zeitgenössisches hauptstädtisches Theater begründen. Peymann kommt vom Wiener Burgtheater. Er gilt als einer der erfahrensten Theaterintendanten überhaupt. Gäbe es in Deutschland die Position eines Theater-Bundestrainers, dann käme nur Claus Peymann dafür in Frage. Auch er blickt mit seinen 61 Jahren auf ein bewegtes Theaterleben zurück. Vor seiner Wiener Zeit, die von etlichen Krächen und Skandalen geprägt war, jedenfalls zu Anfang, wirbelte Peymann in Bochum und Stuttgart, errichtete mit seinen Leuten autonome Theaterrepubliken. In Peymanns Inszenierungen hat sich der aggressive Drive längst abgeschliffen, doch als Theaterpolitiker sucht er seinesgleichen. Bei seiner öffentlichen Antrittsrede am Berliner Ensemble las er gleich mal dem Berliner Kultursenator Peter Radunski von der CDU die Leviten – die Provinzpolitiker der Hauptstadt müßten erst wieder lernen, wie bedeutend das Theater für die Gesellschaft sei.

Peymann paßt in die neue Republik, in den künftigen Berliner Regierungszirkus.

II. Wir sind die Volksbühne

Daran darf man nochmal erinnern, wenn sich künftig Herrscher und Theater gegenüberstehen, unter demokratischen Bedingungen: Zu DDR-Zeiten spielte das Theater zwar nicht offen Opposition, doch es war der entscheidende künstlerische und gesellschaftliche Freiraum. Auf Ostberliner Bühnen hatte sich die Wende bereits seit Mitte der achtziger Jahre angekündigt, und in der heißen Angst- und Euphoriephase unmittelbar nach dem Fall der Mauer und der Vereinigung spielten sich die wildesten Ost-West-Schaukämpfe in den Theatern ab. Das Theater war weithin der einzige Bereich, in dem der Osten sich durchsetzen konnte – bis heute. Wo sich Ost und West sehr schnell vermischten.

OST steht oben auf dem Dach, und innen drin lautete die Parole einmal: In ein paar Jahren berühmt oder tot. So redete man 1992 am Rosa-Luxemburg-Platz, als der Regisseur Frank Castorf den maroden Riesendampfer Volksbühne übernahm. Heute sind dieses Theater und sein Intendant mächtig berühmt und auch ein bißchen müde. Tot nicht. Aber lange sah es so aus, als müßten Castorf & Co. allein die störrische Theater-Quadriga ziehen; denn der Volksbühne-Gaul konnte alles, auch kotzen.

Castorf, einst der „Easy Rider" in der DDR-Provinz, öffnete sein Haus für alles, was laut und lebendig war in Berlin-Mitte und Prenzlauer Berg. Das Theater als Rock-Konzert oder Vernissage: Premieren an der Volksbühne machen mehr Spaß als anderswo. Hier treffen sich die Schönen und Phantasiereichen. Castorf, eine Art Gregor Gysi unter den Berliner Theaterleuten, jedenfalls ein brillanter PR-Mann, hat die DDR unendlich oft exhumiert und mit ihr gleich das Dritte Reich, ob er Schillers „Räuber" inszenierte oder Shakespeare oder „Die Nibelungen" oder „Des Teufels General" – Zuckmayer als Travestie, Corinna Harfouch als General Harras.

Das waren dann auch wieder chaotisch organisierte, tief-komische Beerdigungsparties. Und wilde Geburten. Der Bastard Volksbühne, ein DDR-Kind, das in westliche Verhältnisse hineingeschleudert wurde, wußte sich zu behaupten, mit Henry Hübchen, Castorfs artistischem Alter, mit Sophie Rois, die der Berliner Göre das Österreichisch-Salonhafte dazugibt, und mit der neuen Schauspielergeneration: Kathi Angerer, Matthias Matschke.

Aber auch an der Volksbühne geht jetzt eine Ära unwiderruflich zu Ende. Castorfs alte Kampfgenossen verabschieden sich. Christoph Marthaler übernimmt eine Intendanz in Zürich, Hans Kresnik, der linkische Weltverbesserer, wirkt erschöpft, und Christoph Schlingensief scheint ein Lehrling seiner multimedialen

Er ist 30 Jahre alt, ein Wirbelwind und hat etwas Merkwürdiges geschafft: In Thomas Ostermeiers Haus, der »Baracke«, drängt die Jugend in Scharen. Ihr gefällt, was auf der Bühne passiert: Da spritzt das Blut aus nacktem Fleisch – und noch Schlimmeres

Thomas Langhoff ist ein Mann, der Skandale nicht mag. Er ist ein bedächtiger Theatervater und muß heftig aufpassen mit seinem Deutschen Theater: Es ist ein bißchen langsam für die neue Zeit. Wer wird Langhoff beerben ?

Zauberkunststückchen zu werden. Und Castorf selbst? Ihn treibt eine Art Midlife-Krise um. Jetzt will er schon nicht mehr (sozialistische) Klassiker zerhacken und Leichen sezieren, sondern Geschichten erzählen. Endlich erwachsen, o Graus?

Castorf muß noch ein paar Jahre Volksbühne spielen. Dabei kommt ihm zweierlei zugute – der Umzug der Bundesregierung und die Inthronisierung von Claus Peymann. Den künftigen BE-Kollegen begrüßte Castorf standesgemäß als einen alten Knacker. *Gebt mir ein Leitbild*, forderte ein Volksbühnen-Werbespruch gleich nach der Wende. Geleitet (und gelitten) haben wir genug, mag sich Frank Castorf denken. Jetzt kommen endlich wieder Feinde.

III. Deutsches Theater: vom Tempel zur Baracke

Ein schwieriger Fall an der Schumannstraße, unweit der Charité, das Deutsche Theater, kurz DT. Unter den Staatstheatern in Berlin ist es theoretisch die Nummer eins, eine Art Berliner Burg- und Hoftheater, und das war es in der DDR ja auch schon – das Zugpferd. Intendant Thomas Langhoff, selbst Sproß einer ehrwürdigen Theaterfamilie, ist ein Mann des Ausgleichs. Er hat sich immer als Hausvater gefühlt. Bei ihm gibt es keine Skandale. Er spielt den Part des Bewahrers und behutsamen Neuinterpreten klassischer Dramen solide und behutsam. Langhoff, ein inszenierender Intendant, setzt auch mit seinen Hausregisseuren Alexander Lang und Jürgen Gosch massiv auf Kontinuität und Tradition. Das Schauspielensemble, einst gefeiert als bestes der Stadt, erstarrt gelegentlich in Routine und eingefleischtem Manierismus. Hier trabt die Quadriga auf der Stelle.

Und nun erwächst dem DT in unmittelbarer Nachbarschaft mit Peymanns Berliner Ensemble mächtige Konkurrenz.

Langhoff hatte mit der Neugründung der DT-Baracke, einer dritten – experimentellen – Spielstätte, obendrein Unglück im Glück. Denn dieser winzige Werkraum hat sich unter der Regie des 30jährigen Thomas Ostermeier innerhalb zweier Spielzeiten zu einem Wallfahrtsort entwickelt. Ostermeiers junge Truppe reüssierte mit neuen angloamerikanischen Stücken, die das Lebensgefühl einer Generation ansprechen, die schon fast als verloren galt für das Theater, und die auch jenes ältere Publikum in die Baracke lockten, das nach einem Jungbrunnen lechzt.

Ostermeiers Erfolgsbilanz ist – je nach Standpunkt – einzigartig oder bedenklich: zwei Einladungen zum Theatertreffen 1998, Wahl der Baracke zum „Theater des Jahres“. Das große Deutsche ging leer aus. Und auch noch dies: Thomas Ostermeier und sein Team werden das Deutsche Theater und die Baracke verlassen und im Januar 2000 die Schaubühne am Lehniner Platz übernehmen. Und wer beerbt Langhoff?

IV. Schaut auf diese Bühne

Das neue, alte Theaterzentrum Berlins wächst im Osten – im Bereich Mitte. Der Westen hat seit der Wende rapide an Bedeutung verloren. Es gibt Überlebende: Im Hebbel-Theater, vis-à-vis dem Willy-Brandt-Haus, behaupten sich experimentelle Theater- und Tanzformen; es ist das Haus mit der größten internationalen Bedeutung in Berlin. Das Grips-Theater, Volker Ludwigs Kinder- und Jugendbühne, hat schon immer auch die Erwachsenen besser unterhalten als die meisten großen Sprechbühnen. Das Teatr Kreatur des Polen Andrej Woron erinnert mit seinen visionären Arbeiten daran, daß Kreuzberg und Berlin ja ganz und gar im Osten liegen.

Weit im Berliner Westen, am unteren Kurfürstendamm, wartet die Schaubühne, das sensible Rennpferd der Berliner Theater-Quadriga. Lange Zeit hat dieses legendäre Theater der siebziger und achtziger auch neben sich selbst gestanden; orientierungslos geworden, aber noch immer weltberühmt, künstlerisch ausgeblutet, doch nach wie vor hochambitioniert, erdrückt von der Last einer strahlenden, verklärten Vergangenheit, als Peter Stein, Luc Bondy, Klaus Michael Grüber Inszenierungen schufen von unerhörter Schönheit und Dichte; als dieses brillante Ensemble mit Edith Clever, Jutta Lampe, Bruno Ganz, Otto Sander noch beisammen war.

Jetzt der notwendige, radikale Schnitt. Mehr als ein Neubeginn. Ein ganz neues

Der Job ist ganz in Ordnung.
Die Wohnung ist ganz nett.
Die Beziehung läuft ganz gut.
Ihr Leben ist ganz o. k.
Sind Sie ganz zufrieden?

Um**denken.**

Auto des Jahres 1999.

Der neue Ford**Focus.**

Der Ford Focus ist etwas ganz anderes. Sein New-Edge-Design sorgt für Aufsehen und Ansehen. Sein Raumangebot ist das beste der Klasse. Und wenn wir schon von Klasse reden: In seiner ist er der erste mit Multilink-Hinterachse. Und sein 1,6-Liter-16V-Zetec-SE-Benziner ist der sparsamste Motor (bezogen auf Vergleichswerte nach 93/116 EG). Wir glauben, Sie werden zufrieden sein. Infos unter Telefon 0 18 05 24 22 28 (48,4 Pf/Min.), www.ford.de oder bei Ihrem Ford-Händler.

FORD. DIE TUN WAS.

Y&R 260

Theater. Ostermeier kommt schon im Januar 2000, der junge Mann in Trainingsklamotten. Mit seinem Engagement hat die Schaubühnen-Direktion das Jahrzehnt des Übergangs, der Agonie, der Selbstzerfleischung beendet. Dahin geht jedenfalls die Hoffnung – daß Ostermeier, der die Choreographin Sasha Waltz aus der Off-Szene mitbringt, die Schaubühne wieder in den Mittelpunkt des Interesses katapultiert. Alte Schaubühnenverehrer wittern Verrat, endgültigen Niedergang, Kulturschande. Wie kann ein junger Krawallregisseur, der sich mit herben Stücken wie „Shoppen & Ficken" hervorgetan hat, in das Allerheiligste eindringen. So dynamisch, so verrückt ist der Theaterbetrieb. Und auch so eingeschlafen, daß ein Nobody mit Talent und drei, vier interessanten Inszenierungen gleich an die Spitze durchgereicht wird. Im letzten Herbst hat Thomas Ostermeier für Hamburg und Berlin die „Disco Pigs" inszeniert, ein neues Kultstück aus Irland. Er kann zupacken. Er arbeitet unkonventionell und schnell. Das Entscheidende ist aber, daß Ostermeier, wie vor ihm Frank Castorf, Theater und Pop-Kultur miteinander versöhnt. Da wächst nun auch endlich zusammen, was zusammengehört.

Ausgerechnet an der noblen Schaubühne. Aber hat nicht Peter Stein vor dreißig Jahren auch als Dreißigjähriger begonnen? Und ist nicht auch Thomas Ostermeier ein Regisseur, der auf die Schauspieler setzt und die Magie des Geschichten erzählenden Theaters? Zum Jahr 2000 realisiert Peter Stein für die Expo in Hannover seinen 19stündigen „Faust", Goethe komplett. Und wenn, wie geplant, Steins „Faust"-Marathon später in der Hauptstadt läuft, dann werden die alte und die neue Schaubühne, das alte und das neue Berlin aufeinandertreffen. Und Ost und West sowieso.

Im Sommer 1999 wird zum ersten Mal das Festival „Theater der Welt" in Berlin zu Gast sein. Das legendäre *Berliner Tempo* ist in die Stadt zurückgekehrt. Und weiter zieht auch die Theater-Quadriga. Sie steht so festgeschraubt und unveränderlich, da oben auf dem Brandenburger Tor. Der Eindruck täuscht. Sie bockt. Sie zieht in alle Richtungen. Sie galoppiert.

Wenn es Andrej Woron, der eine eigene Truppe hat und auch an der Volksbühne arbeitet, nicht gäbe, könnte man fast vergessen, daß Berlin tief im Osten liegt. Der Pole beunruhigt mit fremder Ästhetik und Theatersprache

Rüdiger Schaper ist Kulturkorrespondent der „Süddeutschen Zeitung" in Berlin. Wenn er nicht übers Theater stöhnt, jammert er über sein Alter: Er ist 40. **Sybille Bergemann**, 57, Gründungsmitglied der Fotoagentur OSTKREUZ, arbeitet seit knapp zwei Jahren mit Berliner Theatergruppen.

Bundeswertpapiere bringen auf Touren.

Mit dem Kanu den Amazonas runter oder per Jeep durch die Kalahari. Mit einer Geldanlage in Bundeswertpapieren können Sie später zu längeren Expeditionen in ferne Länder aufbrechen.

Während Sie noch die Route austüfteln, machen feste Zinsen aus Ihrem Ersparten ein strapazierfähiges Reisebudget. Auch die Laufzeiten machen alles mit: Bei Bundeswertpapieren können Sie von einem bis zu zehn Jahren wählen.

Außerdem lassen sich fast alle Bundeswertpapiere auch vor Ende der Laufzeit wieder zu Bargeld machen. Wenn Sie vor der großen Tour noch eine kleinere als Generalprobe einschieben wollen. Bundesschatzbriefe, Finanzierungsschätze, Bundesobligationen, Bundesanleihen und Bundesschatzanweisungen erhalten Sie bei Ihrem Kreditinstitut und allen Landeszentralbanken. Neu herausgegebene Papiere erwerben Sie gebührenfrei, ausgenommen Anleihen und Schatzanweisungen. Mehr Informationen darüber, wie Bundeswertpapiere Ihnen helfen können, auf längere Entdeckungsreisen zu gehen, schicken wir Ihnen gern kostenlos.

Bitte schicken Sie mir kostenlos Informationen. Informationsdienst für Bundeswertpapiere, Postfach 10 12 50, 60012 Frankfurt/Main, Telefon 069/74 77 11, Fax 069/74 77 70, Faxabruf 069/2 57 02 00 10.

Name: ....

Straße: ....

PLZ/Ort: ....

BUNDESWERTPAPIERE

Fünf Papiere, tausend Möglichkeiten. Bundeswertpapiere.

FA

FOTOS: OLAF MARTENS

Im Quartier 206: Schauspielerin

NTASIEN

Sophie Rois im Löcherkleid von Weusi Weupe

MODE SZENE TALENTE

Hier, in den Glaspalästen der Friedrichstraße, sieht man sie selten, diese jungen Musiker, Schauspieler, Tänzer und Literaten, die in Kreuzberg wohnen oder am Prenzlauer Berg. Und auch was sie für die Begegnung mit dem Fotografen Olaf Martens am Körper tragen oder um sich drapiert haben, stammt von Leuten, die auf der Prachtmeile nicht recht zu Hause sind: von Künstlern und Mode-Designern aus dem Berliner Underground. Gemeinsam haben sie Konsumpassagen von Berlins neuer Mitte mit Leben gefüllt. Und mit Tagträumen – durch ein Spiel mit Formen und Farben; und mit dem Feuer, so wie Sophie Rois, die Schauspielerin von der Volksbühne, die hier das Mädchen mit den Schwefelhölzern gibt, eine verlorene Gestalt in teuren Lumpen. Eine Uraufführung. Ein Stück anderes Berlin

Margarita Broich
Jo Fabian • Uwe Mann
Petra Hartung • Jale Kustologlu
Alexa Henning von Lange
Miß Megatrance • Till Müller-Klug
Sophie Rois • Ina Rudolph
Till M. Fuhrmann • Susanne Sachße
Stefanie Stappenbeck
Peter Welz • Bert Wrede
Martin Wuttke

ORGANISATION: SABINE REINHARD

FILM-CREW

Die drei Brillenmenschen produzieren im Hauptberuf Filme, Uwe Mann an der Kamera, Peter Welz als Regisseur, Bert Wrede komponiert. Welz arbeitet an einem neuen Streifen. Das Thema: Arbeitslose Nordsee-Fischer, die aus Rache an der Welt zu Piraten mutieren. Die drei rotlippigen Damen sind das Posieren gewohnt: Stefanie Stappenbeck spielte in einem »Tatort« mit, Susanne Sachße steht auf der Bühne und Ina Rudolph hat eine Hauptrolle in der ARD-Serie »In aller Freundschaft«. Für das Leben auf dem roten Teppich üben sie in der Tiefgarage des Kontorhauses Mitte.

»Auf die wirklich guten Ideen kommst du nur im Untergrund«
(Peter Welz)

Uwe Mann filmt in Klamotten von Coration. Peter Welz sitzt die Firma aus, Susanne Sachße kniet im Flatterfummel von Claudia Skoda auf einer Rüstung von Till M. Fuhrmann. Stefanie Stappenbeck lehnt sich im Mantel von Weusi Weupe zurück, Bert Wrede trägt Coration, und Ina Rudolph streckt sich in einem Ensemble von Weusi Weupe

OUTFIT

Im Bett auf dem Hoteldach tragen Margarita Broich und Martin Wuttke Kleid und Hose von Christian Mau Partner. Im Atrium mit der Bahnhofsuhr: Margarita Broich in einem Glanz-Kleid von quasi moda, den Hut auf dem Wuschelhaar entwarf Fiona Bennett

KLAMOTTEN

THEATER-LIEBE

»Ein Indianer muß alles kennen«

(Margarita Broich)

Ein Schauspieler-Paar und der Himmel über dem Hotel Unter den Linden und eine Hommage an die Vergangenheit, an den verstorbenen Heiner Müller nämlich, mit dem Margarita Broich einst zusammen war – er schrieb »Der Mann im Fahrstuhl«, das Stück über einen Menschen, der zwischen den Stockwerken steckenbleibt, die Orientierung verliert und dabei Raum und Zeit verläßt. Raum und Zeit gibt es noch, und es gibt auch noch das Berliner Ensemble, an dem Margarita Broich und Martin Wuttke gemeinsam spielen.

VORWÄRTS
VERGESSEN

FREI-TÄNZER

»Existentielle Körperlichkeit in festgefrorenen Positionen«

(Jo Fabian)

Ein Stilleben aus Körpern im Büropalast Quartier 206; rot wie die Revolution und blau wie die FDJ und dazu der Spruch, der früher schon paßte und heute erst recht: Jo Fabian, der Mann mit Baseball-Mütze und Brille, scharte bereits zu DDR-Zeiten Tänzer um sich und läßt nun deutsch-deutsche Themen tanzen im Hebbel-Theater, in Stücken wie »Alzheimer Light« – ein Zustand, in den er Deutschland verfallen sieht, wenn es um die Vergangenheit geht.

HÜLLEN

Die Tänzer im Quartier 206 tragen Modelle von Respectmen und Flex, die Tänzerinnen kleidete Claudia Skoda ein. Die Hüte von Rosa Enskat, Martina Esser und Anna E. Paul haben »edle wilde« entworfen

TRAUM-DIVEN

»Zieht's euch schon mal aus und legt Hunde-Halsbänder an«

(Sophie Rois)

Wie ein verschreckter Vogel kauert sie da in ihren Federn, aber das Zittern und Zagen ist ihre Sache sonst nicht: Die Schauspielerin Petra Hartung, ausgebildet an der Berliner Ernst-Busch-Hochschule, spielt am Deutschen Theater und in der Baracke. Und wenn sie Kleists »Penthesilea« darstellt oder die Elektra in Sartres »Fliegen«, dann sind dies bodenständige, herbe, standfeste Frauen. Auch Sophie Rois, die Dame im Schuh-Meer, ist so eine Widerspenstige, ein Kobold an der Volksbühne, rotzfrech mit rauchiger Stimme – und seit vergangenem Sommer weltberühmt: Da war sie die Buhlschaft im Salzburger »Jedermann«.

FUMMEL

Den grauen Knitterlook mit Turnschuhen entwarf die Firma für Petra Hartung. Sie sitzt im Kontorhaus Mitte. Sophie Rois sortiert Schuhe im Quartier 206. Der bauschige Rock und das Oberteil mit Flausch-Dekolleté sind von Claudia Mücke

»She is so cool, she is the best. But if you look inside that girl she is a complete mess«

(Miß Megatrance)

Blondes Weib im Lotterbett am Lindenkorso über den Dächern von Berlin – »Madonna HipHop Massaker« heißt das Ganze und ist eine schräge Band, die zur Zeit mit ihrer zweiten CD »Radical Romance« durch Deutschland tourt. Legt Madame, Miß Megatrance nennt sie sich, die Perücke ab, dann zeigt sie rotes Strubbelhaar und noch mehr Gefühl. Als Mädchencombo »Tschaikusis« zieht sie mit zwei Freundinnen durch Berliner Clubs und parodiert das Macho-Gehabe arrivierter Rockbands.

DESIGN

Im Lindenkorso: Cyber-Kombis und Helme der »Tschaikusis« schuf Till M. Fuhrmann. Die Männer vom »Madonna HipHop Massaker« tragen Next G+U. R+U Now; Miß Megatrance posiert in Thatchers

SLAM-POETRY

»Friß das siebte Huhn und dir wachsen Flügel! Friß und Flieg! Friß das siebte Huhn!«

(Till Müller-Klug)

Alexa Henning von Lange: sucht den Sinn des Lebens, dichtete Soap-Drehbücher (»Gute Zeiten, schlechte Zeiten«), machte ein Theaterstück für die Volksbühne (»Flashback«), schrieb einen Roman (»Relax«) über Sex und Partys und junge Menschen und bringt einen »Zeit«-Autoren in Wallung: »Diese Locken! Dieses Marlene-Gesicht!« Verwirrt hat der »ältere Herr« den Wunsch, »den leichten Babyspeck rund um ihren schönen Bauchnabel zu berühren.« Der Engel an ihrer Seite ist Till Müller-Klug, mit dem sie gemeinsam auftritt, und er dichtet, Slam-Poetry nämlich, einen rhythmischen Sprechgesang mit absonderlichem Tiefgang.

Zwischen Papierschlangen im Atrium sitzen Alexa Henning von Lange und Till Müller-Klug. Sie steckt in Modellen von Thatchers und er in Kreationen von Coration. Die riesigen Flügel hat ihm Jale Kustologlu verschafft (Strümpfe und Body immer Wolford)

DESSOUS

Bezugsadressen der Kleider im Special Guide Seite 214

AUTOFAHRER LEGT RADLERIN ÜBERS KNIE +++ BERLINER WINTER SIND FIESE RUNTERZIEHER UND DOCH

Potsdamer Platz: Im Schnee hat man die Stadt so, wie man sie liebt – ganz allein für sich

Eine Kälte, die Wärme schafft

Ich kenne keine andere deutsche Stadt, in der man so schön für sich, auf gute Weise traurig und melancholisch sein kann wie in dieser. Besonders der arg gescholtene Berliner Winter ist zu diesem Zwecke sehr geeignet: Die zwanghaft der Chimäre des sozialen Lebens hinterherjagende Masse sitzt beleidigt zu Hause, weil es draußen kalt ist und eisig der Wind weht – direkt aus den sibirischen Lagern, hieß es noch in den Achtzigern, aber mit solch lustigen Schuldzuweisungen ist es seit 1989 leider vorbei. Matschig und dreckig ist es, Reste von schmutzigem Schnee und Köterkacke zerfließen auf dem Trottoir – nein, schön ist das nicht.

Die Depression kriecht durch die Stadt: Erst reden alle drüber, und dann haben sie ihn am Hals, den Berliner Winter, diesen fiesen Runterzieher. Trübselig feldgrau werden die Gesichter, alles wappnet und panzert sich und verströmt das Pathos von Leuten, die sich im Krieg befinden. Ach, es ist ja auch hart, aber das Gemaule und Gemurre darüber ist sogar noch dümmer, und nicht selten ist eine saftige Depression die nicht ganz ungerechte Strafe für solch unerleuchtete Art der Welt- und Selbstbetrachtung. Ein schöner Effekt des Berliner Winters ist, daß man die Stadt bald ziemlich für sich hat. Spät steht man auf, wird in Ruhe frisch, stärkt sich, und abends stromert man wachen Geistes los – selbstverständlich allein, sonst hat die Sache keinen Taug: Existentialismus ist nichts für Leute, die drüber reden wollen. Gemächlich arbeitet man sich vor, immer schön zu Fuß, kehrt hier und da auf ein Glas ein, hört komischen Menschen dabei zu, wie sie komische Sachen reden oder starrt minutenlang durch die Scheiben eines Nachtlokals auf eine Ampelanlage.

Ab und an wechselt man ein paar flüchtige Worte mit flüchtigen Bekannten, läuft wieder allein weiter, und wenn einem die Puste nicht ausgeht, hat man früh morgens die Stadt endlich wirklich so, wie man sie will und liebt: ganz allein für sich.

Die Berliner aber schlafen den großen Schlaf, und wenn sie erwachen zu ihren meist doch äußerst verzichtbaren Werken, gleitet man in die Kissen und träumt sich weit weg – dahin, wo sie einen nie kriegen können. *Wiglaf Droste*

Die Polizei und die Schafe

Das Berliner Schaf wird seltener. 1996 gab es nur noch 517 Exemplare in der Stadt, was einen dramatischen Rückgang um zwei Drittel zu 1994 bedeutet. Ähnlich arm dran sind nur noch die Milchkühe, von denen ganze 590 der Stadt die Treue hielten. Möglich, daß die Tiere verunsichert sind durch 137 bekanntgewordene Fälle von Wilderei. Schaf und Milchkuh sollten darüber aber nicht in Panik verfallen, denn erstens sind sie nicht davon betroffen (es ging um Wild) und zweitens gibt es die Berliner Polizei. Und die klärt fast die Hälfte aller Fälle. Gibt ja auch immer viel zu tun, nicht nur mit den Wilderern. Immerfort klingelt auf der Wache das Telefon: Rund 881 000mal mußten die Polizisten mit dem Funkwagen raus – um 445 exhibitionistische Handlungen, 6373 Urkundenfälschungen, 1450 Fälle von Zechbetrug und sogar noch schlimmere Verfehlungen zu klären. *Andreas Wenderoth*

Kampf um Parkplatz und Pole-position

Warte, warte noch ein Weilchen, dann komm ich mit dem Hackebeilchen. Dachte der Autofahrer. Weil er sich an der Ampel behindert fühlte, holte er die Axt aus dem Kofferraum, spaltete die Fahrertür des Kontrahenten und hackte den Außenspiegel ab. Ein anderer, offenbar Mitglied im Reiterverein, nahm statt der Axt die Peitsche von der Hutablage. Weil ihm eine Radfahrerin dumm kam, packte er sie, legte sie übers Knie und peitschte sie aus.

Der Berliner Verkehrsrichter a.D. Peter Fahlenkamp spricht gern vom „Todeskampf um die Parklücke". Aus nichtigem Anlaß wird gepöbelt, gehauen, gestochen, gespuckt, mit Keulen geschlagen, Säure ins Fahrzeug gesprüht, mit Pistolen geschossen. Die Aggressionsdelikte im Straßenverkehr sind seit Beginn der 90er Jahre in der Hauptstadt auf der Überholspur. Der besondere Berliner Charme. Hier eskaliert die Gewalt auf Rädern wie in keiner anderen Stadt. Dichtestress, Parkplatznot, Zeitdruck,

ständige Staus, der Tacho pendelt gegen null, der Blutdruck springt auf 200, und der Fahrer sitzt fest – das geht an dic Nerven.

Als erste Stadt in Deutschland hat die Berliner Polizei seit 1996 eine eigene Statistik für ausgewählte Aggressionsdelikte. In der Rambokartei sind sie alle versammelt: Watschenmänner und Vogelzeiger, durchgedrehte Kamikazefahrer und prügelnde Parkplatzsucher. Immer öfter gehen sie mit dem Wagenheber aufeinander los.

Vor Gericht sieht man sich wieder. Die Tarife sind bekannt: Zunge rausstrecken, bei Frauen beliebt, kostet meist fünf Tagessätze, Stinkefinger und Vogelzeichen 15 Tagessätze. Sexuell gefärbte Beleidigungen („Nutte", „Flachwichser") sind mit 20 Tagessätzen etwas teurer. Anspucken kann schon mal 40 Tagessätze kosten, vor allem wenn sich das Opfer hinterher erbricht – weil zur Beleidigung Körperverletzung dazukommt. Türe eintreten, Scheibe zertrümmern bedeutet immer Fahrverbot. *Manfred Kriener*

HONORÉ DE BALZAC:

»Eine Idee von Berlin«

Stellen Sie sich ein Genf vor, das in einer Sandwüste verloren ist, und Sie haben eine Idee von Berlin. Es wird vielleicht eines Tages die Hauptstadt von Deutschland werden, aber immer wird es die Hauptstadt der Langeweile sein.

Briefe an die Fremde, 1843

Die schwangere Auster oder: »Sehnse, det is Berlin!«

Der Berliner an sich gilt draußen in der Welt als eine Art harmloser Hooligan. Große Klappe, immer pampig – aber eigentlich steckt hinter der schroffen, durch die Zeitläufte gehärteten Fassade ein goldenes Herz. Und erst der Humor! „Schwangere Auster" nennt er die Kongreßhalle, „Langer Lulatsch" heißt der Funkturm und „Telespargel" der Fernsehturm, haha... Glauben Sie davon kein Wort. Noch nie hat ein Berliner die Kongreßhalle „Schwangere Auster" genannt, es sei denn, um die dämlichen Einfälle von Boulevardzeitungsredakteuren und Ansichtskartentextern zu verhöhnen. Und dann die Gerüchte über die Eßgewohnheiten, – als würden die Dauer-Berliner permanent über fettes Eisbein und saure Gurken, Bratkartoffeln und Buletten herfallen. Richtig ist jedoch, daß wir fürs Essen wie alle anderen zivilisierten Menschen Pizzeria und China-Restaurant haben und mit Schaudern durch die Scheibe betrachten, wie die Touristen muffig sogenannte Alt-Berliner Kneipen bis auf den letzten Platz füllen. Noch schlimmer: Wenn der Neu-Berliner einmal so richtig alt-berlinisch sein will, dann nennt er die Stadt „Balin", vorzugsweise in der Wendung „Sehnse, det is Balin." Isset aba nich! Bernd Matthies

Tourist! Nenn' die Kongreßhalle nie schwangere Auster! Das ärgert den Baliner sehr

VON CAY RADEMACHER

Der Schnee der Zwanziger

In Emailledöschen versteckten die besseren Damen den weißen Staub – damals, als Berlin einmal schon Welthauptstadt war: Weltmetropole des Kokains. Als es wild war, frivol und großkotzig. Als es pompös war, glänzend und rasant. Eine Geschichte über die zwanziger Jahre. Über Aufstieg und Fall der Anita Berber

Zssigarren, Zssigaretten", zischt der junge Mann, der nachts vor dem Kaufhaus des Westens die Tauentzienstraße abschreitet. Tatsächlich hat er ein paar Päckchen mit Rauchwaren dabei, doch das ist Tarnung: In Wahrheit wartet er auf Kunden, die ihm Kokain abkaufen sollen.

„Zssigarren, Zssigaretten." Plötzlich ist der Dealer nicht mehr unbeobachtet. Ein großer, breitschultriger Mann löst sich aus dem Schatten des KaDeWe und schlendert ihm hinterher. Der junge Mann wird nervös, geht schneller – der Verfolger auch. Der Dealer bekommt Angst, überholt ein paar Passanten – der andere auch. Auf einmal ist eine junge polnische Prostituierte neben dem Dealer. „Tu so, als ob du mein Freier bist!" flüstert sie ihm zu. Arm in Arm, betont laut lachend, ziehen die beiden ab. Der großgewachsene Verfolger, ein Zivilfahnder, bleibt verwirrt und enttäuscht zurück.

Berlin 1922. Der stümperhafte Dealer, der von der Polizei observiert und von einem unbekannten Strichmädchen gerettet worden ist, heißt Carl Zuckmayer. Drei Jahre später wird er zum gefeierten und wohlhabenden Theaterautoren werden, doch an diesem kalten Tag ist er einsam, pleite und so verzweifelt, daß er sich breitschlagen ließ, „Schnee" zu verkaufen. Kunden dafür gibt es viele – Kokain ist die Modedroge im Berlin der „wilden Zwanziger".

Schon in den siebziger Jahren des letzten Jahrhunderts wird Berlin von Besuchern für das überall erhältliche Kokain gelobt. Radrennfahrer der ersten Sechstagerennen im Sportpalast schlucken Kokain als Dopingmittel – doch zunächst ist es nur eine kleine Szene. Sie explodiert nach dem Ersten Weltkrieg: Berlin wird nun die Welthauptstadt des Kokains.

Hier kommt alles zusammen: Berlin ist das Zentrum des wilhelminischen Reiches, das mit Kriegsende zusammenbricht. Pomp und Glanz und festgefügte Autoritäten verschwinden, ohne daß die schwache Republik in der Lage ist, politisch oder moralisch eine neue Ordnung durchzusetzen. Autoritäten gelten nichts mehr, aber auch Ideale nicht; Verantwortung ist nichts, Genuß alles. Die Expressionisten sind die ersten, die Kokain, Morphium und Heroin nehmen und in ihren Kunstwerken darstellen.

Der Zeichner Georg Grosz sieht das von links- und rechtsradikalen Aufständen zerrüttete Berlin des Winters 1918/19 überschwemmt von „Sünde, Pornographie, Prostitution, Gewalt auf den Straßen und Kokain-Schiebern".

Noch verrückter, noch schlimmer geht es zu, als in der Hyperinflation 1923 die Währung verfällt. Wenn man

Skandalumwitterter Star: Anita Berber schnupfte sich die Nase wund

1000-Reichsmark-Noten waschkörbeweise zum Händler schleppen muß, um ein paar Eier zu kaufen (und sich dabei beeilen muß, denn der Kurs fällt fast von Minute zu Minute), dann sind die Folgen nicht nur für die Wirtschaft verheerend, sondern auch für die Moral. Wer denkt bei so etwas noch an die Zukunft?

Tanz auf dünnem Eis

Für eine Dame von Welt gehörte das Kokainbriefchen fast schon zum Accessoir. In Varietés wie dem »Wintergarten« amüsierte sich das Publikum mit »Schnee«, frivolen Darbietungen und lasterhaften Tänzen

Außerdem ist Berlin groß, jung, anonym. Ende der zwanziger Jahre wohnen hier 3,8 Millionen Menschen, nur London und New York sind größer. 1920 ist ein Drittel aller Berliner jünger als 30 Jahre. Viele Einwohner hat es aus allen Teilen Deutschlands, aus allen Teilen der Welt hierher verschlagen – allein rund 200 000 Russen leben in der Stadt. Die Adeligen und alten Eliten, die Neureichen und Inflationsgewinnler, die künstlerische Avantgarde, die Halb- und Unterwelt – alle tanzen auf sehr dünnem Eis. Jeder, der in Berlin Geld oder Ehrgeiz hat, ist irgendwie ständig vom Absturz bedroht. Diese Schicht hat der Geiger Yehudi Menuhin, der in den zwanziger Jahren sein Debüt gibt, später „neurotisch“ genannt: „Alles wurde möglich. Ständig andere Sensationen – darauf allein kam es an.“

„Das ‚Koksen‘ war... in manchen Berliner Kreisen am Rande der Künstlerwelt große Mode, man hielt das Laster für interessant oder geniehaft... Rauschgiftler sind Missionare ihrer Neigung, immer auf Seelenfang aus, ... man mußte sich ihrer erwehren. Ich selbst habe mich, obwohl in meiner Umgebung zeitweise das Kokain eimer- und mehlsackweise verschnupft wurde, nie damit eingelassen. Mir war das ekelhaft, schon wegen der entzündeten Nasenlöcher“, berichtet Carl Zuckmayer – der aber in seiner Autobiographie ehrlich genug ist zuzugeben, daß er den Schnee vor dem KaDeWe zwar nicht mehlsack-, doch immerhin briefchenweise verkaufen wollte.

Sigmund Freud nimmt Kokain und beschreibt ausführlich seinen „Selbstversuch“; so unterschiedliche Autoren wie Johannes R. Becher und Ernst Jünger sind der Droge nicht abgeneigt. Gottfried Benn dichtet: „O Nacht! Ich nahm schon Kokain ...“ Keiner aber treibt es so toll wie die Nackttänzerin und Filmschauspielerin Anita Berber, der skandalumwittertste Star der zwanziger Jahre.

„Als Anita am Kurfürstendamm aus dem Auto stieg – Zobelpelz, Monokel im grell bemalten Gesicht unter rotem Haarschopf –, blieben Passanten stehen, Huren liefen herbei, bildeten beinahe ehrfürchtig eine Gasse, durch die Anita ins Lokal stürmte", berichtete ein Zeitgenosse. „AB", 1899 geboren, ist eine begabte Tänzerin, die es 1918 leid ist, als „Zephir" oder „Harlekin" über die Bühne zu schweben – sie tritt statt dessen im „Wintergarten" auf, im „Apollo" oder in der „Weißen Maus" an der Jägerstraße.

Otto Dix: »Großstadt«, 1927/1928

Sie agiert in Stummfilmen und in skurrilen Aufklärungsfilmen wie „Die Prostitution" und „Das Tagebuch einer Verlorenen", aber auch in Spielfilmen. An der Seite von Hans Albers dreht sie „Falschspieler", in der Schmonzette „Der Schädel der Pharaonentochter" agiert sie neben Emil Jannings und Fritz Kortner, in „Lucrezia Borgia" ist Heinrich George dabei, für Fritz Langs Klassiker „Dr. Mabuse, der Spieler" doubelt sie die Hauptdarstellerin in den Tanzszenen.

Sie ist die erste, die mit Smoking und Monokel ausgeht. Anita Berber findet es lustig, ein Äffchen spazierenzuführen (das sie in einer kalten Winternacht so fest einwickelt, daß es erstickt), sie trägt goldene Fußketten und läßt sich den Nabel rot schminken. Sie ist mit dem Maler Otto Dix befreundet, lernt Klaus Mann kennen. Der findet sie zunächst „faszinierend, aber abscheulich... Ihr Gesicht war eine düstere und böse Maske." Sie bringt es auf drei Ehemänner und Dutzende von männlichen und weiblichen Geliebten, nebenbei läßt sie sich manchmal von Freiern für

»In meiner Umgebung wurde Kokain eimer- und mehlsackweise verschnupft«

Carl Zuckmayer

George Grosz: »Schönheit, dich will ich preisen!«, 1919

200 Reichsmark für eine Nacht kaufen. Und sie nimmt Kokain.

Anfang der zwanziger Jahre, in der „Weißen Maus“: Es ist weit nach Mitternacht, der spießig-wilhelminisch eingerichtete Raum ist voll. Zigarrenqualm wabert durch die stickige Luft, auf und neben den kleinen runden Cafétischen stehen Sektkühler und Weinflaschen. Es riecht nach Alkohol und billigem Parfüm. 98 Plätze, ausverkauftes Haus: die Herren im dunklen Anzug, dickliche Vertreter, Spesenritter, Provinzler auf Berlin-Trip; die Frauen im Kleid, meist jung, viele Friedrichstraßen-Huren, die ihre Freier mitgeschleppt oder sich bei ihren Luden untergehakt haben. Viele haben an der Garderobe weiße oder schwarze Gesichtsmasken gekauft, wie Gäste auf einem absurden venezianischen Karneval.

Wem Zigarren und Sekt nicht reichen, der hat sich schon auf der Straße Kokain besorgt, vielleicht von einem Freudenmädchen, vielleicht auch von einem Händler im Kabarett oder einem diskreten Kellner. Geschnupft wird mit Röhrchen oder Löffelchen auf den Toiletten.

Es ist laut, die Männer singen und brüllen. Auf der winzigen Bühne der „Weißen Maus“ winden sich ein paar Tänzerinnen – nackt. Die Gäste johlen, einer fragt laut nach dem Preis für die Nacht. Die Mädchen der Truppe sind zu haben, nur ihre Chefin nicht, nicht so zumindest, nicht auf Zuruf während des Tanzes. Anita Berber nimmt ihr Programm ernst, will eine expressionistische Darbietung geben, nicht nur einen Striptease.

Als wieder ein maskierter Spesenkavalier etwas Obszönes schreit, flippt die Tänzerin aus. Anita Berber springt splitternackt von der Bühne, greift sich die nächste Sektflasche und knallt sie dem Gast auf den Schädel. Stühle fliegen, Tische krachen zu Boden, Tumult. Der Geschäftsführer, ein ehemaliger Mittelgewichtsboxer, reißt die Tänzerin zurück, Kellner

»Ich weiss, was mit mir los ist. Ich bin verkommen«

Anita Berber

räumen hastig auf. Das Programm geht weiter, die Stimmung changiert zwischen Hysterie und Rausch.

In einer Pause schickt der Besitzer der „Weißen Maus“ einen befreundeten Journalisten in die Garderobe. Er soll Anita Berber beruhigen, ihr klarmachen, daß sie Publikumsattraktion nur so lange ist, wie sie das Publikum nicht verprügelt.

„Ich weiß genau, was mit mir los ist“, gesteht sie ihm, während sie sich, noch immer nackt, eine neue, geisterhaft bleiche Gesichtsmaske aufschminkt. „Ich bin verkommen. Ich schnupfe Kokain. Ich habe schon entzündete Nasenflügel davon.“

„Schnupfe ruhig“, antwortet der Journalist, „aber laß dir die Vorführung nicht verderben.“

Wahrscheinlich ist Berbers zweiter Ehemann, der nicht weniger exzentrische Tänzer Sebastian Droste, mit dem sie von 1920 bis 1922 verheiratet ist, für ihre Drogensucht verantwortlich. Der bisexuelle, früher in einem Nacktballett agierende Droste ist auch Choreograph für Tänze mit Titeln wie „Selbstmord“ (nach Musik von Beethoven), „Haus der Irren“ oder „Die Leiche am Seziertisch“.

Für seine Frau entwirft er – nach der Musik von Saint-Saëns – KOKAIN. Dazu eine schwülstig-expressionistische Tanzkonzeption („Oh – Der Sprung über den Schatten / Er quält dieser Schatten / Er martert dieser Schatten / Er frißt mich dieser Schatten / Was will dieser Schatten / Kokain“).

Es ist ein Nackttanz, Anita Berber ist eine Frau im krampfartigen, ekstatischen Drogenrausch. Sie weiß, was sie da tanzt. Die Kritiker sind hingerissen.

„Nicht nur die Kreise der Halbwelt und die Degenerierten“, notiert im selben Jahr ein Beamter des Reichsinnenministeriums, „sondern Leute aus fast allen Schichten der Bevölkerung (frönen) heute dem Kokainismus.“

Kokain gibt es fast überall: in illegalen Nachtclubs, den in Kellerwohnungen eingerichteten Spelunken, in denen im schummrigen Licht drittklassige Nackttänze aufgeführt werden. „Schlepper“ – heute würde man sie „Kleindealer“ nennen – patrouillieren auf den Straßen. Zuckmayer ist nur einer von mehreren, die im Auftrag des „Kessen Gustav“ arbeiten, eines ehemaligen Offiziers, der es zum Kokain-Großhändler und Besitzer mehrerer illegaler

Laster und Sühne

Der Tänzer Sebastian Droste, Anita Berbers zweiter Ehemann, zelebrierte ganz öffentlich auf der Bühne den Genuß des weißen Stoffs. Doch bei Razzien griff sich die Polizei nicht die Stars, sondern meist nur die kleinen »Schlepper«

Im Hutfutter Schnee

Kokainhändler und Straßenmädchen fanden ihre Kunden auf Hinterhöfen und Boulevards. Diskreter und sicherer ließen sich die Geschäfte in den Varietés anbahnen, wo ein bißchen Verruchtheit zum guten Ton gehörte

Nachtclubs gebracht hat. Die Tauentzienstraße ist eines der Hauptabsatzgebiete – der in Berlin lebende russische Dichter Andrej Belyj feiert den Ort so: „Nacht! Tauentzien! Kokain! Das ist Berlin!"

Das Publikum kann sich aber auch bei einem als Würstchenbudenbesitzer getarnten Schlepper auf dem Kudamm versorgen, bei den Huren und Strichjungen der Friedrichstraße, am Potsdamer Platz oder in der Eichhornstraße. Andere Umschlagplätze sind große Kabaretts wie das „Femina" oder Lokale wie die „Goldelfe" an der Besselstraße. Letzteres ist der Polizei aber schon als „Versammlungslokal für Kokainisten und Kokainhändler" bekannt – Pech für den Filmschauspieler Erich Gustav Hofmann, der hier im Sommer 1926 mit drei Kokainbriefchen festgenommen wird.

Die vielgestaltige Drogenszene kann nur existieren, weil es süchtige, geldgierige oder einfach nur gewissenlose Ärzte und Apotheker gibt. Kokain kann in diesen Jahren in größeren Mengen nur von wenigen Pharmafirmen hergestellt werden, von Merck etwa oder Hoechst und Bayer. Von dort gelangt es über Apotheken und Ärzte auf den medizinischen Markt. Auch der mächtigste Dealer braucht deshalb einen Arzt oder Apotheker, um an seinen Stoff zu kommen.

Offiziell bekommen nur wenige Kranke Kokain in Reinform vom Arzt verschrieben – und wenn, dann in geringen Mengen (0,05 Gramm). Jeder Apotheker ist verpflichtet, alle auf gefährliche Drogen lautenden Rezepte in seinem „Kokainbuch" zu registrieren.

Gelegentlich holen sich Süchtige deshalb die Droge auf primitive Weise, indem sie einfach eine Apotheke ausplündern, doch meistens gibt es willige Gehilfen: Bei einer Berliner Apotheke sind eingehende und bereitwillig bediente Kokain-Rezepte in „über 95 v. H. grobe Fälschungen . . ., die von einem Fachmann sofort als solche erkannt werden mußten", wie ein Referent im Innenministerium 1924 empört feststellt.

Der Polizei fallen aber oft auch „echte", also von Ärzten tatsächlich ausgestellte Rezepte auf. Da verschreibt ein Arzt 100 Gramm reines Kokain, ein anderer 300 Gramm (mehr als der Jahresbedarf einer mittleren Apotheke), ein dritter erhält binnen weniger Tage auf zwei Rezepte kolossale 1,5 Kilogramm Heroin – mehr als das 90 000fache der pro Rezept offiziell erlaubten täglichen Maximaldosis zu Behandlungszwecken.

George Grosz: »Metropolis«, 1916/1917

Besonders dreist ist der Apotheker Horst Hahn aus Tempelhof, der für die Polizei als vereidigter Gerichtssachverständiger Drogen untersucht. Er gibt den Beamten wertloses weißes Pulver zurück, behält das beschlagnahmte Kokain ein und verkauft es en gros (200 bis 500 Gramm je Lieferung) an die Szene. Die meisten seiner 14 Helfer sind Exil-Russen, darunter zwei Barone und ein ehemaliger Generalstabsoffizier. Das Kokain wird nicht nur nach Berlin geliefert, Schmuggelwege gibt es auch nach Paris und Riga. Im Herbst 1926 fliegt die Bande auf.

Doch trotz dieser spektakulären Fälle haben die Behörden der Weimarer Republik nie einen wirklichen Überblick über das Geschehen. Das einzige statistische Indiz für die weitverbreitete Drogensucht: Die Berliner Kripo bearbeitet Mitte der zwanziger Jahre täglich drei bis vier Fälle von „Betäubungsmittelvergehen". (Zum Vergleich: 1997 waren es 447 Fälle von Kokainbesitz – 1,2 täglich.)

Doch allenfalls halbherzig gehen die Behörden gegen die Kokainsucht vor, und das hat Gründe. Ein Regierungs-

»NACHT!
TAUENTZIEN! KOKAIN!
DAS IST BERLIN!«
Andrej Belyj

»Auf die Industrie muss Rücksicht genommen werden. Sie verdient viel an Kokain«

Ministerium für Volkswohlfahrt

Nimm mich doch einfach

Eine Paraderolle für die Nackttänzerin: Anita Berber warb als Hure für einen Aufklärungsfilm. Maskierte Gäste posierten in der »Weißen Maus« für den Fotografen, gepflegt, diskret und unanständig zugleich

rat des Preußischen Ministeriums für Volkswohlfahrt notiert 1928: „Die deutsche chemische Industrie verdient im Ausfuhrhandel viel Geld für Deutschland. Es muß daher volkswirtschaftlich die größte Rücksicht auf die chemische Industrie genommen werden. Deutschland hat unzweifelhaft einen sehr hohen Export an Morphin, Kokain und Heroin, an dem recht viel verdient wird."

Um 1930, also schon vor Hitlers Machtantritt und der Nazi-Barbarei gegen Avantgarde und Exzentriker, ist es jedoch mit dem „Kokainismus" vorbei. Die Stimmung ist anders geworden, Drogen sind nicht länger chic. Wo 1920 demonstrativ zur Schau gestellte Libertinage Mode war, ist es jetzt die „Kameradschaftsehe"; der grell geschminkte, ausgezehrte Körper ist nicht mehr das Ideal, sondern der sportlich-durchtrainierte; Naturerlebnis statt Nachtleben, Neue Sachlichkeit statt wildem Expressionismus und Dada.

Und schließlich geht den Leuten das Geld aus. Kokain ist eine teure, eine „Champagnerdroge". Die Weltwirtschaftskrise läßt die Zahl der kaufkräftigen Kunden zusammenschmelzen.

Anita Berber, die koksende, prügelnde, begeisternde Nackttänzerin erlebt das schon nicht mehr. Nach einigen gewaltigen Skandalen in Berlin macht sie sich mit ihrem dritten Ehemann 1927 auf zu einer langen Orienttournee, die sie überfordert. Im Sommer 1928 bricht sie auf der Bühne eines Nachtclubs in Bagdad zusammen. Diagnose: Galoppierende Lungenschwindsucht. Die Sterbende gelangt nach einer wochenlangen, qualvollen Reise wieder nach Berlin, wo sie am 10. November 1928 in einem Kreuzberger Krankenhaus stirbt, 29 Jahre alt.

Vier Tage später ist die Beerdigung auf dem Friedhof der St.-Thomas-Gemeinde in Neukölln. Am Sarg des berühmt-berüchtigten Stars stehen Filmregisseure und Friedrichstraßen-Huren, Maler und Strichjungen, Unternehmer, Transvestiten, Barmixer und Hermaphroditen aus dem Kabarett „Eldorado" und viele Gäste aus der „Weißen Maus". Es ist das größte und letzte Defilee des schrillen, des exzentrischen, des hemmungslosen, des Kokain schnupfenden Berlins der „Wilden Zwanziger".

Cay Rademacher, 33, ist kein Drogenfreund, Zigaretten hat er zwar ein paarmal geraucht, aber nicht inhaliert. Seine Spezialität sind historische Reportagen, für die kein Archiv vor ihm sicher ist.

Das Neue Berlin N° 1: *Nachtaufnahme Reichstag mit Quadriga.*

© Ullstein Bilderdienst / Soeren Stache

Berlin, klassisch

ZWISCHEN NA

Kraftvoll trabt die kupferne Quadriga mit der Siegesgöttin auf dem Brandenburger Tor. Berlin inszeniert sich als Stadt im Rausch, im Aufbruch, manchmal auch im Größenwahn. Sie lockt mit Geschichte, spielt mit ihren Reizen und sprüht vor Lust auf die Zukunft. Nur am frühen Morgen kommt diese Stadt kurz zur Ruhe, und in solchen Momenten, zwischen Nacht und Tag, hat der Fotograf André Rival klassische Orte der Kapitale besucht – die meisten von ihnen waren zerstört, sind liebevoll herausgeputzt worden und bereit für das Neue, das da kommt

CHT UND TAG

»Berlin hat sich in einen Magneten für Leute aus der ganzen Welt verwandelt«

Mario Vargas Llosa, Schriftsteller

Im fahlen Licht des Morgens versöhnen sich die architektonischen Gegensätze im Bezirk Mitte in verblüffender Harmonie. Hinter der Kuppel der Hedwigs-Kathedrale zeigt sich der wuchtige Dom, 1905 als Zeugnis kaiserlicher Herrlichkeit in Anwesenheit von Wilhelm II. eingeweiht. Ein noch ehrgeizigeres Denkmal ist der Fernsehturm am Alex, und auch seine sozialistischen Erbauer hat die Geschichte längst abgelöst

»Warum ist es für Berlin gut, wenn es Weltstadt wird? Weil es ihm dann leichter fallen wird, sich zu mögen«

György Konrád, Präsident der Berliner Akademie der Künste

Bis zum Fall der Mauer war der Breitscheidplatz mit Kudamm und Gedächtniskirche das Zentrum Westberlins. Die Touristen drängt es längst mehr nach Mitte und Potsdamer Platz. Doch die Westberliner kommen immer noch gern zum Einkauf ins Europa-Center, zu Mauerzeiten ihr einziger Wolkenkratzer

»Berlin, Abbild Deutschlands, wird von Monat zu Monat schöner und lebendiger«

Hubert Védrine, französischer Außenminister

Nur Frühaufsteher erleben die imperiale Prachtentfaltung des Gendarmenmarkts in so unstädtischer Ruhe. Mittelpunkt des klassizistischen Ensembles, umrahmt vom Französischen und vom Deutschen Dom (li.), ist das 1818 bis 1821 von Karl Friedrich Schinkel gebaute Schauspielhaus, seit den letzten Jahren der DDR als Konzerthaus genutzt

»Berlin ist heute das Symbol für alles, was Europa werden möchte«

Bill Clinton, US-Präsident

U-Bahnhof Französische Strasse, auf halbem Weg zwischen Checkpoint Charlie und Bahnhof Friedrichstrasse: Rechts hat das Haus der sowjetischen Kultur überlebt, links prunkt das Quartier 206, ein Prachtbau des New Yorker Architekten Pei. Weltbekannte Designer und wagemutige Newcomer bieten Haute Couture für die Dame, Edles für den Herrn und alles für den Hund. Erstklassig flaniert man hier auf der Friedrichstrasse – die Hauptkunden sind neureiche Russen; gäbe es sie nicht, hätten schon viele Edelläden schliessen müssen

U
Französische Straße

»Die Stadt ist da. Sie ist lebendig, nervös, streitbar – und einzigartig«

Michael Naumann, Staatsminister für Kultur und Medien

Das Rote Rathaus, 1861 bis 1869 nach dem Vorbild der italienischen Hochrenaissance errichtet, ist seit 1991 Sitz des Regierenden Bürgermeisters. Hier wurde stets auch Frohsinn gepflegt: So genossen Kaiser Wilhelm I. wie auch die Sozialisten August Bebel und Karl Liebknecht in den Gewölben des Ratskellers ihre Molle

»Die Bewohner wirklicher Metropolen loben nie selber ihre Stadt, die Berliner dagegen tun es ständig«

Wolfgang Menge, Autor

Bis 1885 kamen in diesem klassizistischen Gebäude an der Invalidenstrasse, Berlins erstem Fernbahnhof, die Züge aus dem Westen an. Seit 1996 ist der Hamburger Bahnhof, rekonstruiert von Josef Paul Kleihues, ein dekorativer Ort für die Kunst des 20. Jahrhunderts. Schwerpunkt der dortigen Sammlungen sind Werke von Beuys, Kiefer, Rauschenberg und Warhol

KM WOLFF
www.welt.de
BERLIN
OFF
DIE WELT
DIE WELT LESEN, DIE WELT VERSTEHEN
WILLKOMMEN IN DER WELT-STADT
Die größte überregionale Tageszeitung aus Berlin wünscht Ihnen viel Vergnügen beim Entdecken der Hauptstadt.
Kostenloses 14tägiges Probeabo unter 0180/22 88 0

GEOspecial

GUIDE

Wilde Tage, heiße Nächte – alle Tips

berlin

Preußische Romantik: Die Pfaueninsel, von der Havel umflossen, mit künstlicher Schloßruine

170 Flüchten oder standhalten?

Aufbruch ins Ungewisse: Literatursalons kommen in Mode. Aber man weiß nie, was einen erwartet: große Prosa oder gereimte Katastrophen?

172 Schön schlafen

Die großen Hotels locken mit Tradition und Opulenz, die neuen in der Mitte mit unschlagbarer Lage, die kleinen feinen verführen mit Behaglichkeit – Einladungen zum Träumen

176 Berlin um Mitternacht

Wo's tönt und dröhnt, wo gerührt wird und geschüttelt, wo der moderne Mensch seine Nächte verbringt: die besten Bars, die coolsten Clubs, die tollsten Tanzschuppen – alles für die Partysanen der Nacht

181 Das Mega-Poster

GEO Special Route: Ein Bummel durch die Filmstadt Berlin, auf den Spuren von Billy Wilder und Detlev Buck, von Marlene und der spurtenden Lola. Außerdem: die wichtigsten Gebäude und die schönsten Plätze der Stadt - 74,4 x 52 Zentimeter, die es in sich haben

197 Gutes für den Gaumen …

Dem Magen gefällt's in der Hauptstadt, ehrlich; es gibt nicht nur Buletten, sogar Gourmets können überleben – und genießerisch durch den Menümarathon schmatzeln. Wir verraten auch existentiell Wichtiges: wo es zum Beispiel die beste Currywurst gibt

199 … von Berliner Meisterköchen

Die Errungenschaften der Berliner Küche lasen sich unlängst noch wie eine herzliche Einladung zur Gallenkolik. Heldenhafte Köche zerkochen dieses Vorurteil

202 Kreatives für den Kopf

Kultur im Überfluß: Dutzende von Theatern, Hunderte von Off-Bühnen, Kabarett und Varieté, Museen, hochkarätige Sammlungen – was will man mehr? Ein Monsterkabinett!

212 Kaufrausch

Bye-bye London, ciao Mailand, sorry New York. Berlin ist das Hedonisten-Paradies für Konsumfreunde aller Art – bis der Geldbeutel heult

Attraktion: Lichtzylinder im Lafayette

216 Spaziergänge

Kaiser und Könige waren hier mal die Chefs, Sozialisten herrschten, ein Diktator wütete – und sie alle hinterließen Bauten, gelegentlich wahrhaft ansehnliche Architektur. Und heute – in der Berliner Republik – bosseln Baumeister aus aller Welt am neuen Gesicht der Metropole

224 Raus aus der Stadt

Alles gesehen? Dann rein ins Boot, Füße auf die Reling – und los geht die Spreefahrt, zum Beispiel um die Müggelberge

Schöne Kulisse für Konzerte: Gendarmenmarkt mit Französischem Dom und Schauspielhaus

INHALT

Auskunft · Berliner Bezirke 161

Berlin Online · Stadtmagazine 162

S- und U-Bahn-Netzplan 162

Ankunft · Veranstaltungskalender · Nahverkehr 164

Wetter · Berliner Zeit · Für Notfälle 166

Mit der Rikscha durch die Stadt 166

Hits für Kids: Tips für kleine Berlin-Besucher 168

Hotel Adlon: Eine Nacht im Luxus 174

Seitensprung 1: ... zum Tacheles 179

Essen & Trinken: Hummer statt Hackepeter 199

Die Lange Nacht der Museen 204

Seitensprung 2: ... ins Monsterkabinett 210

Seitensprung 3: ... in den Tagebau 214

Seitensprung 4: ... in den Spreewald 226

Berlin-Stadtplan 230/231

Titelfoto von André Rival

(Angaben wie Adressen und Telefonnummern, Preise und Öffnungszeiten unterliegen Veränderungen, GEO übernimmt dafür keine Gewähr)

Die Autoren des Special Guide:
Carsten Jasner, Martina Hinz, Dirk Lehmann, Jörg Meyerhof, Martina Wimmer (Journalistenbüro »schön & gut«, Berlin); Manfred Kriener, Carola Rönneburg, Johannes Waechter

Was Sie wissen sollten

BERLIN KOMPAKT

3,42 Millionen Einwohner hat die größte Stadt der Bundesrepublik. Inklusive Speckgürtel – der sogenannten Agglomeration – leben im Ballungsraum Berlin knapp fünf Millionen Menschen. Jahr für Jahr kommen mehr als drei Millionen Besucher in die Metropole mit ihren 413 Hotels, Pensionen und anderen Unterkünften, weit über 200 Theatern und über 100 Museen sowie 2700 Restaurants und fast 2000 Kneipen. Man braucht viel Zeit für Berlin – und wird dennoch nie genug haben. Auch wenn man sie optimal nutzen kann: In Berlin gibt es keine Polizeistunde.

Auskunft

Berlin Tourismus Marketing GmbH, *Am Karlsbad 11, 10785 Berlin, Fax 030/25 00 24 24, Hotline 030/25 00 25.* Das offizielle Fremdenverkehrsamt der Stadt, wichtigste Informationsquelle für Besucher, vermittelt auch Hotelzimmer, ist bei der Reservierung von Theaterkarten behilflich und gibt viermal jährlich das zweisprachige (Deutsch/Englisch) „Berlin Magazin" heraus. Darin finden Sie u. a. ein Veranstaltungsprogramm und Tips für den Aufenthalt. **Touristen-Informations-Center** im *Europa-Center* (Eingang Budapester Straße; Mo–Sa 8–22, So 9–21 Uhr) und am *Brandenburger Tor* (tgl. 9.30–18 Uhr), außerdem „Infopoints" am *Flughafen Tegel* (tgl. 5–22.30 Uhr) und im *KaDeWe* (Erdgeschoß; Mo–Fr 8.30–20, Sa 9–16 Uhr).

Tourismusverband Land Brandenburg e. V., *Schlaatzweg 1, 14473 Potsdam, Tel. 0331/275 28-0, Fax 275 28 10.* Die Anlaufstelle für Auskünfte über das Ferienland Brandenburg.

Potsdam Information, *Postfach 60 12 20, 14412 Potsdam, Tel. 0331/275 58-0, Fax 275 58 99.* Ansprechpartner für Besucher in Berlins bekanntester Nachbarstadt. Mit zwei Geschäftsstellen im Stadtzentrum: *Kartenservice Fußgängerzone*, *Brandenburger Str. 18; Mo–Fr 10–19, Sa 10–14 Uhr*; *Touristenzentrum am Alten Markt*, *Friedrich-Ebert-Str. 5; April–Okt. Mo–Fr 9–20, Sa 9–18, So*

Noch ist Berlin in 23 Bezirke aufgeteilt, aber bald werden es nur noch zwölf sein, so will es der Senat. Wedding, Tiergarten und Mitte gehen unter im »Hauptstadtbezirk«

Zugegeben, er macht nicht mehr viel her, der Bär. Aber so abgeschlafft ist man eben, wenn man viel erlebt hat: Kneipen, Bars, Hotels, Nachttheater – alles halt, was Berlin bieten kann. So hat Michael Sowas Bär, dieser Zausel, es zum GEO-Special-Gütesiegel gebracht. Wenn er auf den folgenden Seiten auftaucht, dann ist das ein ganz besonderer Tip, dem man folgen sollte. Denn: Auf diesen Bären ist Verlaß. Bärenwort.

9–16 Uhr; Nov.–März Mo–Fr 10–18, Sa/So 10–14 Uhr.

Berlin Online

• *www.berlin.de* – umfassendes „Stadtinformationssystem“, ständig aktualisiert, mit einer Menge Links zu anderen Berlin-Seiten • *www.berlinonline.de* – Riesenangebot an Berlin-Infos, vom Tagesgeschehen bis zu Archivdaten Berliner Zeitungen – und mit dem größten Restaurantführer • *www.d-berlin.de* – Hauptstadt-Informationen zu vielen Themen: Kultur und Tourismus, Wirtschaft und Veranstaltungen und, und, und... • *www.berlin-info.de* – Hotels, Bezirke, Sightseeing • *www.brandenburg.de* – sehr ordentlich: „Deutschlands Hauptstadt-Region“ online • *www.potsdam.de* – ansprechend gestaltet und sehr informativ • *www.kreuzberg.de* – alles über die Stadt in der Stadt; eine Spitzen-Website des „Kultur- und Tourismusvereins Kreuzberg e. V.“ • *www.snafu.de/˜verkehr/berlin/* – die gebündelten Verkehrsinfos, vom Bus-Fahrplan bis zur Staumeldung, mit vielen, vielen Links • *http://grobi.met.fu-berlin.de/index_wetterkarte/* – aktueller Wetterbericht des Meteorol. Instituts •*www.kulturbox.de/berlininfo* – interaktiver Stadtplan • *www.icf.de/koka36/* – Kartenreservierung für Konzerte, Musicals, Sportveranstaltungen.

Zukünftiger Lehrter Bahnhof: Eine Glas-Kathedrale, 430 Meter lang, für 800 Millionen Mark

Zeitungen & Stadtmagazine

Berlin ist ein hart umkämpfter Zeitungsmarkt; überregional bekannt: Berliner Zeitung, Die Welt, Tagesspiegel, TAZ. Gut für Berlin-Besucher: Alle Hauptstadt-Blätter werben mit reichlich „Nutzwert-News“ um Leser. So erscheint beispielsweise im „Tagesspiegel“ mittwochs das Veranstaltungsmagazin Ticket, in der „Berliner Zeitung“ donnerstags ein erweiterter Veranstaltungsteil.

Info-Profis sitzen in den Redaktionen des Tip-Magazin (4,50 DM) und von Zitty (4 DM); diese Stadtzeitschriften erscheinen alle 14 Tage und sind voller Veranstaltungshinweise, Restaurant-Tips, Stadtreportagen und Kulturnachrichten. An die lesbisch-schwule Gemeinde wendet sich die Zeitschrift Sergej (monatlich, kostenlos). Noch mehr Infos zu Nightlife und Terminen finden Sie in den Blättern 030 und Flyer – kostenlos und alle 14 Tage neu in Restaurants, Kneipen, Bars –, die

McCANN-ERICKSON

Drei Stunden beim Friseur: DM 180

Kontaktlinsen, himmelblau: DM 80

Neues Kleid: DM 199

Jemand, der es bemerkt:

Es gibt Dinge, die kann man nicht kaufen.
Für alles andere gibt es EUROCARD.

EUROCARD MasterCard

Erscheint alle 14 Tage: »tip« voller Tips

mit schräger Optik vor allem junges Publikum ansprechen wollen.

Ankunft

Flugreisende landen meist in Tegel, seltener in Tempelhof oder Schönefeld, dessen Flughafen zum Luftkreuz für Berlin und Brandenburg ausgebaut wird. Von *Tegel* geht es per Bus (Linien 109 und X9) in die Stadt, von *Tempelhof* mit der U-Bahn (Linie U6, Station „Platz der Luftbrücke“), von *Schönefeld* mit der S-Bahn (Linien S9 und S45, Station „Berlin-Schönefeld“). *Flugauskunft*: 0180/500 01 86.
Bahnfahrer können an fünf Bahnhöfen aussteigen: Zoologischer Garten (für Reisende mit dem Ziel City-West), Ostbahnhof und Friedrichstraße (City-Ost), Spandau, Wannsee. Spätestens vom Jahr 2006 an sollen alle Züge am Lehrter Bahnhof halten, dem neuen Zentralbahnhof. *Deutsche Bahn*, Reiseauskunft: Tel. 030/194 19.
Für **Busreisende** ist am Funkturm (Messegelände) Endstation. Vom Busbahnhof gelangen Sie per U-Bahn (Linie U2, Station „Kaiserdamm“) oder S-Bahn (S4, „Witzleben“) in die Stadt. *Busbahnhof*, Auskunft: Tel.030/ 301 80 28.

Öffentlicher Nahverkehr

Das Verkehrsnetz ist sehr dicht: fast 900 Kilometer U-, S- und Straßenbahn-Gleise, dazu 2000 Straßenkilometer Bus-Linien. Eine Fahrt in der City (Zonen A und B; damit kommt man z. B. bis zum Wannsee oder nach Schönefeld) kostet 3,90 DM (Tageskarte 7,80 DM); für eine Kurzstrecke (bis zu drei Bahn- bzw. sechs Bus- oder Tram-Stationen) sind nur 2,50 DM zu zahlen. Besuchern ist die *WelcomeCard* für 29 DM besonders zu empfehlen: Mit ihr können ein Erwachsener und bis zu drei Kinder drei Tage lang im gesamten Tarifgebiet fahren; sie verhilft außerdem zu Preisermäßigungen in vielen

TERMINE TERMINE TERMINE

10.–21. Februar 1999: *49. Internationale Filmfestspiele*; Info: 030/25 48 90
23. Februar–1. Juni 1999: *„Die Zeit fährt Auto“*, Ausstellung zum 100. Geburtstag Erich Kästners im Kronprinzenpalais; Info: 20 30 40
5. März–30. Mai 1999: *Max Ernst – die Retrospektive*, Ausstellung in der Neuen Nationalgalerie; Info: 20 90 55 55
1.–24. Mai 1999: *36. Theatertreffen Berlin*, herausragende Inszenierungen auf etlichen Bühnen; Info: 25 48 90
8. Mai 1999: *Ein Fest der Demokratie* in der Philharmonie zum 50. Jahrestag des Grundgesetzes; Info: 25 48 91 00
23./24. Mai 1999: *Karneval der Kulturen*. Umzug mit Musik und Tanz aller Nationalitäten in Berlin; Info: 622 20 24
23. Mai–3. Oktober 1999: *Einigkeit und Recht und Freiheit – Wege der Deutschen 1949-1999*. Ausstellung 50 Jahre Bundesrepublik im Martin-Gropius-Bau; Info: 20 30 40

184 Nationalitäten leben in Berlin, und sie feiern sich ausgelassen im Karneval der Kulturen; fröhliche Stimmung auch am Christopher Street Day, bei Deutschlands größter Schwulen- und Lesbenparty

5. Juni–31. August 1999: *Alexander von Humboldt*, Ausstellung im Haus der Kulturen der Welt; Info: 39 78 70
26. Juni 1999: *Christopher Street Day*, Deutschlands größte Lesben- und Schwulen-Parade; Info: 216 80 08
10. Juli 1999 (voraussichtlich): *Love Parade*, Mega-Tanz auf der Straße des 17. Juni; Info: 390 66 60
28. August–5. September 1999: *Internationale Funkausstellung* auf dem Messegelände; Info: 30 38-0
3.–9. September 1999: *49. Berliner Festwochen* in der Philharmonie. Bilanzierender Rückblick auf das 20. Jahrhundert, im Mittelpunkt steht das Gesamtwerk Gustav Mahlers; Info: 25 48 90
30. September–3. Oktober 1999: *art forum berlin*, internationaler Kunstmarkt auf dem Messegelände; Info: 30 38-0
4.–7. November 1999: *JazzFest Berlin* im Haus der Kulturen der Welt. Der derzeitige Leiter, Posaunist Albert Mangelsdorff, setzt auf europäische Emanzipation und Experimente. Info: 25 48 90
30. Dezember 1999–2. Januar 2000: *Kunstfest am Kulturforum*. Ausstellungen, Konzerte, Lesungen, Theater, Film, Licht- und Klanginstallationen; Info: 25 48 90
31. Dezember 1999: *Welcome 2000, Berlin Open End*. Silvesterfeiern und Feuerwerk rund ums Brandenburger Tor; Info: 24 60 32 52

Museen, Theatern, bei Rundfahrten und im Zoo. <u>*BVG*</u>, Kundentelefon: 030/194 49. **Tip** für eine Stadtrundfahrt im Linienbus: **BUS 100**. Die Route führt vom Bahnhof Zoologischer Garten via Gedächtniskirche durch den Tiergarten zum Schloß Bellevue, vorbei an der ehemaligen Kongreßhalle, an Reichstag und Brandenburger Tor, weiter über die Prachtstraße Unter den Linden, Staatsoper, Museumsinsel, Rotes Rathaus und Alexanderplatz; Endstation ist Michelangelostraße, tief im Bezirk Prenzlauer Berg.

Taxi

Rund 7500 Taxen sind in Berlin unterwegs. Die Fahrt vom Flughafen Tegel in die City kostet etwa 25 DM, vom Flughafen Schönefeld gar 50 DM (die S-Bahn ist billiger und schneller). Wer einen Wagen anhält, kann – nach vorheriger Ansage – eine Kurzstrecke (ungefähr zwei Kilometer) innerhalb von fünf Minuten für fünf Mark zurücklegen: zum sogenannten <u>*Winke-Tarif*</u>. **Taxi-Rufe**: Funk-Taxi Berlin: 26 10 26, Spree-Funk: 44 33 22, Taxi-Funk: 69 0 22, City Funk: 21 02 02 und – gebührenfrei – Cabcall: 0800/222 22 55.

Mal Kaiserdamm, mal Unter den Linden, mal Bismarck-, mal Karl-Liebknecht-Straße: Berlins Prachtboulevard quer durch die Stadt

Wetter/Reisezeit

Das Berliner Klima mit heißen Sommern und kalten Wintern ist kontinental geprägt; der ozeanische Einfluß zeigt sich in den vorwiegend westlichen Winden und relativ hohen Niederschlagsmengen. 1997 etwa wurden 144 Tage mit Niederschlag gezählt, 87 Frosttage mit Temperaturen unter 0 Grad und immerhin 61 Sommertage mit 25 Grad und mehr. Am wärmsten war der 29. Juni: 32,6 Grad, am kältesten der 2. Januar mit -18,2 Grad.

Keine Frage: Von Mai bis September, also zur Zeit der Straßenfeste und -cafés, macht Berlin am meisten Spaß.

Zeitunterschied

Aufgrund seiner geographischen Lage – der Stadtmittelpunkt, das Berliner Rathaus, befindet sich auf 52°31'12" nördlicher Breite und 13°24'36" östlicher Länge – hinkt Berlin der Mitteleuropäischen Zeit MEZ um sechs Minuten und 22 Sekunden hinterher. Allerdings zeigen die Berliner Uhren diesen Unterschied nicht an.

Für alle Fälle

Zahnärztlicher Notdienst: 8900-4333

Ärztlicher Bereitschaftsdienst: 31 00 31

Pannenhilfe: 0180/222 22 22 (ADAC), 0180/234 35 36 (ACE)

MIT DER RIKSCHA DURCHS ZENTRUM

„Wo soll's hingehen?" ruft der Typ mit den Dreadlocks und der blau verspiegelten Sonnenbrille. „Zum Alex", sage ich und lasse mich auf die Plastik-Sitzbank plumpsen. Langsam setzt sich das Gefährt in Bewegung. Durchs Brandenburger Tor schleichen wir, vor dem Hotel Adlon kommen wir langsam in Fahrt. Ein Kind zeigt mit dem Finger auf uns, ein paar japanische Touristen zücken ihre Kameras. Würde ihnen sonst zu Hause wohl niemand glauben, daß sie in Berlin eine Fahrrad-Rikscha gesehen haben.

Modernes Service-Unternehmen oder Sklavenarbeit? Rikschas vor dem Kaufhaus Lafayette

Die Rikscha, ein Wagen, der durch die Kraft eines Menschen gezogen wird, wurde im vergangenen Jahrhundert in Japan erfunden – und schnell in Ostasien populär. Heute feiern die Berliner Tourismus-Manager das Tretmobil als „umweltfreundliche Ergänzung zu den bestehenden Nahverkehrsmitteln". Und für den Senat ist „das eine Attraktion wie die Fiaker in Wien".

Ausgebeutet fühlen sich die modernen Rikscha-Fahrer jedenfalls nicht. Zwar wird keiner mit seinem Gefährt reich, doch viele mögen ihren Job, weil er sie fit hält und leidlich abwechslungsreich ist. Und die Anstrengung? „Gewöhnt man sich dran", sagt mein Chauffeur, als wir am Alex angekommen sind, und verrät, daß die Hälfte der Fahrgäste Einheimische sind. Das paßt, denke ich: Endlich haben sie einen gefunden, der sich für sie abstrampelt.

Die 40 Berliner Velotaxis verkehren auf vier Routen: auf dem Kurfürstendamm, zwischen Adenauer- und Wittenbergplatz; Unter den Linden, zwischen Brandenburger Tor und Alexanderplatz; im Tiergarten, zwischen Brandenburger Tor und dem Elefantentor vor dem Zoo und von der Friedrichstraße zum Hackeschen Markt. Fahrpreise: zwei bis fünf Mark; eine halbstündige, individuelle Velotour kostet 15 Mark. Info: **Velotaxi GmbH Berlin**, *Tel. 44 35 89 91, Fax 44 35 89 99.*

80 JAHRE CITROËN
Wer ausgeglichen ist,
hat einfach mehr vom Leben.
Was wäre das Leben ohne die legendären technischen Errungenschaften der Franzosen? Es gäbe keinen Eiffelturm. Keine Hydropneumatik. So führt im CITROËN XANTIA die berühmte Fahrwerk-Abstimmung aus Hydrauliköl und Gas zu dem verblüffenden Gefühl, der Wagen würde schweben – selbst auf den schlechtesten Strassen der Welt. Testen Sie es selbst. Erleben Sie, dass ein robustes Auto so schnell nichts erschüttern kann. Noch Fragen? Infoline 0 18 05/87 78 (DM 0,48/Min.) Der CITROËN XANTIA: schon ab DM 32.700,–*/€ 16.719,24*
*unverbindliche Preisempfehlung zzgl. Fracht
★ EURO RSCG THOMSEN
CITROËN empfiehlt TOTAL
Xantia
CITROËN XANTIA
NICHTS BEWEGT SIE WIE EIN CITROËN

HITS FÜR KIDS

Was Ausgewachsene spannend finden, ist für Zwerge meist sterbenslangweilig. Umgekehrt aber gilt: Wo Kinder jauchzen, finden Eltern keine Zeit zum Gähnen. Altersübergreifende Mega-Freizeitparadiese sind:

Spreepark
am Rathaus Treptow, Neue Krugallee, Treptow, Tel. 53 33 52 60; März–Okt. Mo–Fr 9–18, Wochenende und während der Ferien 10–19 Uhr; Erwachsene 29 DM, Kinder bis 12 Jahre 27 DM inkl. aller Fahrgeschäfte und Veranstaltungen S Treptower Park, Plänterwald
Kirmes übers ganze Jahr. Am Ufer der Spree, umgeben von reichlich Grün, liegt dieser brüllend-laute Rummelplatz mit Klassikern wie Autoscooter, Achterbahnen und Riesenrad. Heiß gefragt sind auch die Kinderreitbahn, Kanalfahrten in Schwanenbooten und die Wildwasserbahn, der ultimative Hammer. In andere Welten entführen Dinosaurier in Originalgröße und das glitzernde „Las Vegas Country" mit Papageien-Show.

120 Kindertheater gibt es in der Stadt, und das carrousel ist eines der besten – seine Aufführungen machen Kinder froh und Erwachsene ebenso

Zoologischer Garten Berlin
Eingänge: Hardenbergplatz 8 und Budapester Str. 34, Tiergarten, Tel. 25 40 10; tgl. 9–18.30, im Winter bis 17 Uhr; Erwachsene 13 DM für Zoo, 13 DM fürs Aquarium, Kombikarte 21 DM, Kinder zahlen die Hälfte, Kombikarte 10 DM S+U Zoologischer Garten
Seit 150 Jahren mitten in Berlin – der älteste Tierpark Deutschlands. Exotische Architektur, exotische Kreaturen: Die Rücken zweier Elefanten tragen das asiatisch anmutende Eingangstor, auf dem Gelände selbst leben insgesamt 14 000 Tiere. Im Keller des Raubtierhauses streunen nachtaktive Wesen durchs Zwielicht. Krokodile, Haifische, Schlangen und Insekten bevölkern das dreistöckige Aquarium.

blub
Buschkrugallee 64, Neukölln, Tel. 606 60 60; tgl. 10–23 Uhr, vier Std. für Erwachsene 21 DM, für Jugendliche 18 DM, für Kinder 16 DM U 7 Grenzallee
Eine gigantische Wasserlandschaft mit Wellenbad, Wildwasserkanal, Wasserfall, Außenbecken, Freibad, Whirlpool; ein Hit: die 120 Meter lange Rutsche. Für die ganz kleinen Zwerge gibt's ein Extra-Becken und Wickeltische, für die Eltern eine Sauna und Liegestühle.

carrousel Theater an der Parkaue
An der Parkaue 29, Lichtenberg, Tel. 55 77 52 52/53; Kasse: Mo–Fr 10–17 Uhr und eine Stunde vor Beginn der Vorstellung S+U Frankfurter Allee
Die Nummer eins unter den etwa 120 Berliner Kinder- und Puppentheatern. Gespielt werden adaptierte Klassiker von Shakespeare bis Goethe, außerdem Märchen, Mythen und Sagen, aber auch Ur- und deutsche Erstaufführungen von zeitgenössischen Stücken für die Jugend.

Grips Theater
Altonaer Str. 22, am Hansaplatz, Tiergarten, Tel. 391 40 04; Kasse: Mo–Fr 12–18, Sa/So und Feiertage 11–17 Uhr S Bellevue U 9 Hansaplatz
Mit intelligenten und politisch aufklärerischen Kinder- und Jugendstücken hat das „Grips" in den siebziger Jahren deutschlandweit Maßstäbe gesetzt. Und es ist seitdem jung und frech geblieben.

Die Schaubude
Greifswalder Str. 81–84, Prenzlauer Berg, Tel. 423 43 14 S Greifswalder Straße
Eines der renommiertesten Puppen- und Figurentheater Deutschlands. Berliner und internationale Ensembles spielen Modernes wie „Der kleine König Dezember" von Axel Hacke neben traditionellen Märchen von H. C. Andersen und den Brüdern Grimm.

Noch mehr Tips ...
... finden Sie in zwei Berlin-Reiseführern, die speziell für Kinder bzw. deren Eltern geschrieben wurden: *Kinder entdecken die Stadt. Berlin und Umland für kleine Leute* von Arnt Cobbers (Jaron Verlag, Berlin 1997, 16,80 DM) und *Berlin & Brandenburg mit Kindern. Freizeit, Natur & Abenteuer für die ganze Familie* von Ina Kalanpé (Peter Meyer Reiseführer, Frankfurt 1998, 19,80 DM).

Berliner Glanzlichter

informieren + schmökern

»Berlin ist das Allerletzte« heißt eine Kollektion exquisiter Gemeinheiten, mit denen bekannte Autoren – Fontane, Lessing, Dostojewski – Berlin aufs Köstlichste abwatschen. Nach der Lektüre liebt man die Stadt – und versteht sie.
Detlef Bluhm, Rainer Nitsche (Hrsg.): Berlin ist das Allerletzte. Absagen in höchsten Tönen, Transit, Berlin 1998.

Zeitlos

- Alfred Döblin: *Berlin Alexanderplatz, dtv, München 1998.*
- Alfred Kerr: *Wo liegt Berlin? Briefe aus der Reichshauptstadt 1895–1900, Aufbau, Berlin 1998.* Kerr blickt auf Gestrauchelte und Hochstapler.
- Moritz Rinke (Hrsg.): *An die Berlinerin, Fannei & Walz, Berlin 1998.* Große Autoren stellen fest: Die Berlinerin ist dufte.

Prickelnd

- Pieke Biermann: *Violetta, Rotbuch, Hamburg 1998.* Bevor die Ungarn die ersten Löcher in den eisernen Vorhang reißen, wird in der Stadt kräftig gemordet.
- Thea Dorn: *Berliner Aufklärung, Rotbuch, Hamburg 1996.* Ein Professor der FU wird zerstückelt.
- Friedrich Emde: *Der Terrorist und seine Brüder, Elefanten Press, Berlin 1998.* Rebellion à la Generation X in der Hauptstadt.
- Dorle Gelbhaar: *Der Fremde am Telefon, Elefanten Press, Berlin 1998.* Und noch ein Krimi: Er spielt im Norden Berlins.

Menschelnd

- Sven Arnold/Ulrich Janetzki (Hrsg.): *Berlin zum Beispiel. Geschichten aus der Stadt, btb bei Goldmann, München 1997.* Erzählungen von Autoren wie Jurek Becker, Ingo Schulze oder Monika Maron.
- Wolfgang Büscher: *Drei Stunden Null. Deutsche Abenteuer, Alexander Fest, Berlin 1998.* Anrührende Geschichten, zum Beispiel über einen Jungen im Luftschutzkeller, der berühmt wird: Rudi Dutschke.
- Irene Dische: *Die intimen Geständnisse des Oliver Weinstock. Wahre und erfundene Geschichten, Rowohlt Tb, Reinbek 1996.* Kühl erzählte Stories über Erich Honecker oder den Kudamm-Brandstifter John Wheeler.
- Volker Braun: *Der Wendehals, Suhrkamp, Frankfurt 1995.* Zwei Menschen laufen durch Berlin, der eine skeptisch, der andere angepaßt.
- Thomas Brussig: *Helden wie wir, Fischer Taschenbuch, Frankfurt 1998.* Groteske Geschichtsparodie zum Thema Stasi & Wende.

Spannend

- Jakob Arjouni: *Magic Hoffmann, Diogenes, Zürich 1997.* Hauptstadt-Portrait, das Berlin so zeigt: versifft, zerfallen, kriminell.
- Thomas Findeiß: *Holy Days, Volk und Welt, Berlin 1997.* Die Dreißigjährigen und ihre Verlorenheit im Berlin der neunziger Jahre.
- Rainald Goetz: *Rave, Suhrkamp, Frankfurt 1998.* Abfeiern, ausrasten – das Buch zur Love Parade.
- Annett Gröschner: *Jeder hat sein Stück Berlin gekriegt, Rowohlt Tb, Reinbek 1998.* Geschichten vom Prenzlauer Berg.
- Ulrich Janetzki/Jürgen Jakob Becker (Hrsg.): *Die Stadt nach der Mauer. Junge Autoren schreiben über ihr Berlin, Ullstein Tb, Berlin 1998.* 17 Autoren erzählen eine Liebesgeschichte über ihre Stadt.
- Cees Nooteboom: *Rückkehr nach Berlin, Suhrkamp, Frankfurt 1998.* Gedanken über das Berlin der Vor- und Nachwendezeit.
- Rüdiger Schaper: *Berlin um Mitternacht, Argon, Berlin 1998.* 13 Autoren beschreiben ihr Berlin.
- Wolf Jobst Siedler: *Phoenix im Sand. Glanz und Elend der Hauptstadt, Propyläen, Berlin 1998.* Kritische Bilanz über den Neubau der Hauptstadt.

Führend

- Martin Betz: *Der Berliner pauschal, Fischer Tb, Frankfurt 1998.* Kleine Typenstudie für die Alltagsbegegnungen.
- Horst Bosetzky/Jan Eik (Hrsg.): *Das Berlin-Lexikon. Was man wirklich über die Hauptstadt wissen muß, Jaron, Berlin 1998.* Informativer Marsch durch die Stadt in Stichworten.
- Fred Oberhauser und Nicole Henneberg: *Literarischer Führer Berlin, Insel Tb, Frankfurt 1998.* Auf den Spuren von über 700 Autoren.
- Ingrid Nowel: *Berlin Kunst-Reiseführer, DuMont, Köln 1998.* Architektur und Kunst, Geschichte und Literatur.
- *Berlin für junge Leute, Herden Studienreisen, Berlin 1998.* 1000 Tips für Berlin bei Tag und bei Nacht.
- *Berlin: Kunst und Kneipen an Spree und Havel, Droemer Knaur, München 1997.* Ausgewählte Spaziergänge und Radtouren durch die Metropole.
- *Curry Wurst. Ein anderer Führer durch Berlin, be.bra, Berlin 1995.* Da erfährt man alles über die Hauptstadtwürstchen.
- Micha Schulze (Hrsg.) *Homopolis. Das schwule Berlin, Jackwerth Verlag, Köln 1997.* Tips für die besondere Stadterkundung.

PFUND-SCHWERE MANU-SKRIPTE

In Berlin, erzählt man sich, sei eine Kulturinstitution wieder lebendig, die einer anderen Zeit angehört: der Literarische Salon. Was geht da vor? Zum Beispiel im „Podewil"?
Bevor man sich dort einen Platz aussuchen kann, rauscht Britta Gansebohm heran, in eine bodenlange schwarze Robe gewandet, und gibt ihren Gästen die Hand. Ein Drittel von ihnen ist mit der Gastgeberin bekannt. Die anderen sind Fremde wie Sie und ich, ängstlich und auf den hinteren Teil des Saals verteilt. Wird der Abend mit den Möchtegern-Literaten sehr schlimm werden? Und falls ja, wie kommen wir hier wieder heraus? Dann verstummt die Musik. Britta Gansebohm freut sich, an diesem Abend Jörg Paulus, David Wagner und Rainer Merkel ankündigen zu dürfen. Die Gastautoren rücken mit ernster Miene ihre pfundschweren Manuskriptstapel zurecht. Rainer Merkel macht den Anfang mit einer seltsamen Zahlenkombination, David Wagner übernimmt, liest aber so schnell, daß ihn niemand verstehen kann. Ratlosigkeit macht sich breit, bis der Dritte im Bunde das Prinzip der Lesung erkennen läßt: Die jungen Männer haben ihre alten Telefonverzeichnisse durchgesehen und rekonstruiert, welche Geschichten sich hinter längst vergessenen Nummern verbergen. In erster Linie bösartige und komische, und so fällt mit dem ersten Gekicher die Anspannung von allen Beteiligten des Abends ab – und Britta Gansebohm, die Mutter aller Lesezirkel, lächelt wohlwollend. *Carola Rönneburg*

Lesung im »Podewil«: Kerzen, Knabberzeug und nervöse Dichter

• Literarischer Salon Britta Gansebohm im „Podewil", Klosterstr. 68–70, Mitte, Tel. 24 74 97 77 • Berliner Salon in der Volksbühne am Rosa-Luxemburg-Platz, Mitte, Tel. 24 06 58 07 • Rubired Velvet im „Schoko-Café" (nur für Frauen), Mariannenstr. 6, Kreuzberg, Tel. 615 15 61 • Literaturabende in der Schwartzschen Villa, Grunewaldstr. 55, Steglitz, Tel. 693 73 51 • Literarischer Salon Anja Kraus, Am Koppenplatz 6, Mitte, Tel. 285 82 30

Ins Bett mit Kunst und Spaß

Einen Georg Baselitz überm Kissen, eine Elvira Bach an der Rezeption, Skulpturen im Flur – Berlins Hotels poussieren mit Kunst. Das ist angenehm für die Augen, manchmal strapaziös für den Geldbeutel. Aber es gibt auch Herbergen für 25 Mark die Nacht – sogar im Zentrum

Hotel Bleibtreu
Herbert Jacob Weinand, Berliner Galerist und Designer, hat das Alt-Berliner Stadthaus freundlich und ausschließlich mit umweltverträglichen Materialien umgestaltet. ***Bleibtreustr. 31, 10707 Charlottenburg, Tel. 88 47 40, Fax 88 47 44 44; DZ ab 341 DM mit Frühstück U 15 Uhlandstraße***

Preußens Glanz

Hotel Brandenburger Hof
Eislebener Str. 14, 10789 Wilmersdorf, Tel. 214 05-0, Fax 214 05-100; DZ ab 340 DM mit Frühstück **U1** *Augsburger Straße*
In einem wilhelminischen Stadtpalast mit großzügigen Dimensionen residiert seit 1991 ein Luxushotel, dessen 86 Zimmer sich wohltuend zurückhaltend im Bauhaus-Design präsentieren.

Four Seasons Hotel Berlin
Charlottenstr. 49, 10117 Mitte, Tel. 203 38, Fax 20 33 61 19; DZ ab 445 DM **U 6** *Französische Straße*
Die Schlichtheit des Kleihues-Baus am Gendarmenmarkt täuscht: Das Innere des 1996 eröffneten Hauses prunkt klassizistisch mit Marmor im Überfluß und üppigen Kronleuchtern. Und es verzückt mit der preislich moderatesten First-Class-Küche der Stadt.

Grand Hotel Esplanade Berlin
Lützowufer 15, 10785 Tiergarten, Tel. 25 47 80, Fax 265 11 71; DZ ab 395 DM **U** *Nollendorfplatz*
Allein die Auffahrt! Da fühlt sich der Gast wie ein Pop-Star. Kein Wunder, daß diese bevorzugt in dem modernen Großbau mit viel Glas logieren. Doch das Haus hat noch mehr zu bieten: etwa Harry's New York Bar, eine der besten Tränken der Stadt.

The Westin Grand Berlin
Friedrichstr. 158–164, 10117 Mitte, Tel. 202 70, Fax 20 27 33 62; DZ ab 375 DM **U 6** *Französische Straße*
Zu DDR-Zeiten ließen es sich Staatsoberhäupter und Prominente aus aller Welt in dem Prestige-Prunkbau richtig gut gehen. Die Gäste von heute genießen die Lage an der ehrgeizig aufpolierten Ost-Shopping-Meile.

Grand Hyatt Berlin
Marlene-Dietrich-Platz 2, 10785 Tiergarten, Tel. 25 53 12 34, Fax 25 53 12 35; DZ ab 490 DM **U+S** *Potsdamer Platz*
Das jüngste Fünf-Sterne-Hotel steht in Berlins neuer Mitte. Von der Dachterrasse des 340-Zimmer-Baus sieht man, wie aus der größten Baustelle Europas ein glanzvoller Fassadenwald wird.

Kempinski Hotel Bristol Berlin
Kurfürstendamm 27, 10719 Charlottenburg, Tel. 88 43 40, Fax 883 60 75; DZ ab 410 DM **U 15** *Uhlandstraße*
Klassiker am Kurfürstendamm für Betuchte, die im Westen nichts Neues suchen. Zur langen Liste der prominenten Gäste gehört auch Luciano Pavarotti, der in der Küche der Präsidentensuite im 11. Stock seine Spaghetti selber kochte.

Hotel Palace Berlin
Im Europa-Center, 10789 Charlottenburg, Tel. 25 02-0, Fax 25 02-11 60 und 26 26 577; DZ ab 365 DM **S+U** *Zoologischer Garten*
Nach Ausbau und Modernisierung sind nun alle 282 Zimmer überdurchschnittlich groß und luxuriös eingerichtet. Dafür wurde das „Palace" zum „beliebtesten deutschen Hotel 1998" in der Fünf-Sterne-Kategorie gekürt. Im Haus: Das Gourmet-Restaurant First Floor unter Küchenchef Mathias Buchholz.

The Ritz-Carlton Schloßhotel, Berlin
Brahmsstr. 10, 14193 Wilmersdorf, Tel. 89 58 40, Fax 89 58 48 00; DZ ab 595 DM **S 7** *Grunewald*
Das 1914 erbaute Palais wurde in den neunziger Jahren unter der künstlerischen Leitung von Karl Lagerfeld luxuriös umgestaltet: von der in purpurrot gehaltenen Eingangshalle über die 54 Zimmer bis hin zum kleinsten Schnörkel der Speisekarte.

Renoviert und luxuriös: Oriental Suite im Hotel Palace

Klein und fein

Hotel Hackescher Markt
Große Präsidentenstr. 8, 10178 Mitte, Tel. 28 00 30, Fax 28 00 31 11; DZ ab 220 DM mit Frühstück **S** *Hackescher Markt*
Neu erbautes, schlicht-schönes Haus zwischen Oranienburger und Rosenthaler Straße, vis-à-vis der Hackeschen Höfe.

Hotel Riehmers Hofgarten
Yorckstr. 83, 10965 Kreuzberg, Tel. 78 09 88 00, Fax 78 09 88 08; DZ ab 220 DM mit Frühstück **U 6+7** *Mehringdamm*
Seit Kreuzbergs Wandlung vom Szene- zum Wohnviertel schläft es sich in der Gründerzeitanlage mit dem schönsten Innenhof der Stadt noch geruhsamer.

Savoy Hotel
Fasanenstr. 9–10, 10623 Charlottenburg, Tel. 311 03-0, Fax 311 03-333; DZ ab 289 DM **S+U** *Zoologischer Garten*
Ein Platz für Nostalgiker. Die gediegene Eleganz wirkt nicht prätentiös, sondern wie die Kulisse in einem schönen Schwarzweißfilm. Die Times-Bar mit der Zigarren-Lounge „Casa del Habano" perfektioniert das Bild.

Demnächst …

Das Hotel Am Gendarmenmarkt
Charlottenstr. 50–52, 10117 Mitte, Tel. 203 75-0, Fax 203 75-100; DZ ab 325 DM **U 2+6** *Stadtmitte*
Historisches mit modernem Design in Einklang bringen – nach dieser Idee entstand das Boutiquehotel, das in Kürze eröffnet wird. Ein ganz besonderer Blickfang: das Restaurant mit der Originaleinrichtung des le-

gendären Wiener Cafés Aigner.

Dorint Hotel Schweizerhof Berlin
Budapester Str. 21–29, 10787 Tiergarten, Tel. 26 96-0, Fax 26 96-1000 S + U *Zoologischer Garten*
Von August 1999 an steht der Schweizerhof wieder Gästen offen: im neuen Gewand, mit modernster Technik, der größten Badelandschaft Berliner Hotels und der erklärten Absicht, wie eh und je zu verwöhnen.

Moderne Zeiten

Art'otel Ermelerhaus Berlin
Wallstr. 70–73, 10179 Mitte, Tel. 24 06 20, Fax 24 06 22 22; DZ ab 315 DM mit Frühstück **U 2** *Märkisches Museum*
Im Neubau neben dem historischen Ermelerhaus, harmonisch-sachlich vom Berliner Architekten- und Designerpaar Nalbach und Nalbach gestaltet, steht Kunst von Georg Baselitz kopf.

Frühstücken im lichten Ambiente des Art'otel Ermelerhaus: Könnte der Kaffee, bitte, bitte, einen Hauch stärker sein? Danke

Sorat Hotel Spree-Bogen Berlin
Alt-Moabit 99, 10559 Tiergarten, Tel. 39 92 00, Fax 39 92 09 99; DZ ab 300 DM mit Frühstück **U 9** *Turmstraße* S *Bellevue*
In die Backsteinhallen der alten Bolle-Meierei am Spreeufer ist modernes Design mit Stahl und Ledermöbeln eingezogen.

Einfach gut

Hotel Belvedere
Seebergsteig 4, 14193 Wilmersdorf, Tel. 826 00 10, Fax 82 60 01 63; DZ ab 150 DM **S 7** *Grunewald* **BUS 119 +186**
Grunewald-Villa mit altmodisch-liebenswertem Mobiliar. Mit etwas Glück erwischen Sie ein Zimmer mit Brokat-Tapete.

Hotel Kolumbus
Genslerstr. 18, 13055 Hohenschönhausen, Tel. 986 58 01, Fax 986 45 12; DZ ab 90 DM mit Frühstück S + U *Lichtenberg* **BUS 256**
Schlafen im Plattenbau, in funktionell-schlichten, hellen Zimmern. Wer authentisches Ostgefühl im Außenbezirk mag, lernt so ein Stück Berlin kennen, das die wenigsten Einheimischen gesehen haben.

Hotel Pension Wittelsbach
Wittelsbacherstr. 22, 10707 Wilmersdorf, Tel. 873 63 45, Fax 862 15 32; DZ ab 160 DM mit Frühstück **U 7** *Konstanzer Str.*
Das für seine Kinderfreundlichkeit ausgezeichnete Haus hat eine ganze Etage für Familien reserviert – und so umsichtig wie liebevoll ausgestattet.

Hotel Schöneberg
Hauptstr. 135, 10827 Schöneberg, Tel. 781 88 30, Fax 788 10 20; DZ ab 170 DM mit Frühstück **U 7** *Kleistpark*
Eine solide Herberge an Schönebergs Hauptverkehrsader; nur Minuten von Bars und Restaurants des Westberliner Szeneviertels entfernt.

Anders schlafen

Frauenhotel Artemisia
Brandenburgische Str. 18, 10707 Wilmersdorf, Tel. 873 89 05, Fax 861 86 53; DZ ab 200 DM mit Frühstück **U 7** *Konstanzer Str.*
Zwei Etagen eines Alt-Berliner Mietshauses, einschließlich der Dachterrasse, sind ausschließlich für Frauen reserviert. Und die können sich in persönlicher Atmosphäre wahrlich wohl fühlen.

Künstlerheim Luise
Luisenstr. 19, 10117 Mitte, Tel. 280 69 41, Fax 280 69 42; Übernachtung ab 45 DM, DZ ab 200 DM; bis

EINE NACHT IM LUXUS, DER ZUR LEGENDE WURDE

Das Hotel Adlon, 1907 am Pariser Platz im Schatten des Brandenburger Tors eröffnet, galt als eines der schönsten Hotels der Welt. Albert Einstein war dort zu Gast, Charlie Chaplin, Thomas Mann und Greta Garbo waren es auch. 1945 brannte das „Adlon" ab. Seit 1997 ist es wieder da. Die blaßgelbe Reanimation eines Mythos. Im Foyer wölbt sich eine fulminante Glaskuppel über dem Springbrunnen mit der schwarzglänzenden Figur, eine opulente Marmortreppe führt in den ersten Stock – das war auch früher so. Die glamouröse Vergangenheit verfolgt den Gast im klimatisierten Neubau auf Schritt und Tritt. Das Zimmer ist großzügig, stilvoll eingerichtet, dezentes Art deco. Doch was versteckt sich unter der wahrhaft königlichen Damastdecke? Eine Ritze im Doppelbett. Soviel Nostalgie muß sein.

Im Foyer liegt neben jedem Aschenbecher eine Zündholzschachtel mit dem Konterfei eines berühmten Adlon-Gastes. Unter dem lächelnden Foto Marlene Dietrichs steht: „Hatte stets einen Koffer im Adlon." Das ist gut siebzig Jahre her. Die Zeiten damals müssen günstiger für Legenden gewesen sein.

Hotel Adlon Berlin Kempinski,
Unter den Linden 77, 10117 Mitte, Tel. 22 61-0, Fax 22 61-22 22; DZ ab 460 DM **S 1 +2** *Unter den Linden*

Auf Tradition gestyltes Adlon: das prunkvolle Foyer

Sommer 1999: Künstlerheim Luise im Exil, Friedrichstr. 106 a S+U *Friedrichstraße*
Das Konzept, individuell als Kunstwerke gestaltete Zimmer preiswert zu vermieten, machte gleich Furore. Nun wird renoviert. Im Sommer 1999, zu seinem fünfjährigen Bestehen, wird das Hotel wiedereröffnet. Neben den einfachen Unterkünften mit Etagenbad wird es dann auch komfortable Zimmer mit eigenen Naßzellen geben und auf jedem Flur eine Gemeinschaftsküche.

Die Fabrik
Schlesische Str. 18, 10997 Kreuzberg, Tel. 611 71 16, Fax 618 29 74; DZ ab 94 DM, Bett im Schlafsaal 30 DM U **1+15** *Schlesisches Tor*
Gepflegtes Hostel in einem Fabrikgebäude der Jahrhundertwende – schlicht, funktionell, ansprechend und mit hauseigener Kneipe.

Studentenhotel Berlin
Meininger Str. 10, 10823 Schöneberg, Tel. 784 67 20, Fax 788 15 23; DZ 88 DM mit Frühstück, Nacht im Mehrbettzimmer 40 DM U **4** *Rathaus Schöneberg*

Nicht nur bei Künstlern beliebt: Hotel Die Fabrik in einem alten Kreuzberger Maschinenbaubetrieb

Pension Schall & Rauch
Gleimstr. 23, 10437 Prenzlauer Berg, Tel. 448 07 70, Fax 44 33 97 22; DZ ab 120 DM mit Frühstück S+U *Schönhauser Allee*
In der gleichnamigen Kneipe am Prenzlauer Berg holt sich den Schlüssel am Tresen, wer in einem der sieben modernen Zimmer im Hinterhof nächtigen möchte. Das sind vorwiegend Männer.

Schön billig

The Backpacker Hostel Berlin
Chausseestr. 102, 10115 Mitte, Tel. 28 39 09 65, Fax 28 39 09 35; DZ 76 DM, Nacht im Mehrbettzimmer 25 DM U **6** *Zinnowitzer Str.*
Beste Ausgangslage für Szene-Gänger. Schon das Heim selbst ist ein fröhlicher Anziehungspunkt. Viele vergnügungssüchtige Amerikaner und Australier stranden hier, und so manch einer ist als Rezeptionskraft einfach geblieben.

Im schicken Schöneberg so preiswert zu wohnen, ist ein Vorzug, der den meisten Berlinern versagt bleibt.

Ganz privat

Bed & Breakfast in Berlin
Tietjenstr. 36, 12309 Tempelhof, Tel. 44 05 05 82, Fax 44 05 05 83; DZ ab 86 DM, Ferienwohnungen ab 123 DM
Private Gästezimmer mit Familienanschluß, Ferienwohnungen und -häuser in allen Berliner Bezirken und im Umland.

Berliner Zimmer
Goethestr. 58, 10625 Charlottenburg, Tel. 312 50 03, Fax 312 50 13, Zimmer ab 40 DM
Vermittlung von Privatzimmern. Wer allerdings länger bleiben will oder muß, für den werden auch Apartments, Wohnungen und möblierte Häuser samt „Relocation-Service" (Tel. 30 81 00 00, Fax 30 81 00 01) organisiert.

special GUIDE

Keine Sperrstunde zähmt das Laster

Techno, Tango, Salsa, mein Gott, was denn noch? HipHop, Schlager, Drum' n' Bass, Crossover und so weiter, stets im Beat, zwodrei – die Hauptstadt tanzt, Berlin kennt keine Sperrstunde. Und das gilt besonders für die Bars und Clubs

Green Door
Hinterm Tresen stehen als Barkeeper maskierte Apotheker: Je nach Befinden verschreiben sie den passenden Cocktail. Eine Bar, die wirklich gut tut: Hier gibt es die besten Drinks der Stadt. Happy Hour täglich 18–21 Uhr. **Winterfeldtstr. 50, Schöneberg, Tel. 215 25 15; tgl. ab 18 Uhr U Nollendorfplatz**

Bars & Kneipen

Gerührt und geschüttelt: Die besten Bars

Bar am Lützowplatz
Lützowplatz 7, Tiergarten, Tel. 262 68 07; tgl. ab 17 Uhr **U** *Nollendorfplatz*
Eleganter Barschlauch mit dem vielleicht längsten Tresen der Stadt. Gepflegte Menschen nehmen hier gepflegte Getränke zu sich, die von hochprofessionellen Barkeepern gemixt und formvollendet serviert werden. Happy Hour täglich 17–21 Uhr.

Harry's New York Bar
im Grand Hotel Esplanade, Lützowufer 15, Tiergarten, Tel. 25 47 88 21; tgl. ab 12 Uhr **U** *Nollendorfplatz*
Renommiert, und im besten Business-Hotel der Stadt. Die Cocktails sind tadellos, man darf sich allerdings nicht daran stören, wenn am Nebentisch Börsenkurse diskutiert oder Vertragsabschlüsse begossen werden. Täglich (außer So) Live-Musik ab 22 Uhr.

Paris Bar
Kantstr. 152, Charlottenburg, Tel. 313 80 52; tgl. 12–2 Uhr **U 15** *Uhlandstraße*
Eigentlich ein Restaurant. Exquisiter als dessen Karte sind die Gäste. Otto Sanders Platz am Tresen ist mit einem Messingschild markiert, Wolfgang Joop läßt bei seinen Berlin-Besuchen alle anderen Lokale links liegen, und Gerhard Schröder sucht hier nach der Neuen Mitte. Zaungäste werden nur selten zugelassen.

Reingold
Novalisstr. 11, Mitte, Tel. 28 38 76 76; Di–Do u. So 17–2, Fr/Sa 17–4 Uhr **U 6** *Oranienburger Tor*
Neue, sehr schicke Cocktail- und Austernbar im Stil der dreißiger Jahre. „Klaus & Erika Mann" (ein Wandportrait von Rinaldo Hopf) blicken auf einen langgestreckten Tresen sowie Leder- und Samt-Fauteuils. Die Happy Hour dauert bis 21 Uhr: alle Cocktails 10 Mark.

»Pinguin«: Warten auf Elvis

Schnippen und Nippen: Trinken mit Musik

Ankerklause
Kottbusser Damm/Ecke Maybachufer, Kreuzberg, Tel. 693 56 49; tgl. ab 10; Mo ab 16 Uhr **U 8** *Schönleinstraße*
Auf der Kottbusser Brücke hat das Kreuzberger Jungvolk eine ehemalige Prolltränke übernommen und sie in Berlins schönste Hafenkneipe ohne Hafen verwandelt. Im Sommer betrachtet man von der Terrasse die Schiffe auf dem Landwehrkanal, im Winter wärmt man sich mit Alternative Rock, Easy Listening und Drum'n'Bass aus der gut bestückten Jukebox.

Blue Note
Courbièrestr. 13, Schöneberg, Tel. 218 72 48; Do–Sa ab 22, So ab 21 Uhr **U** *Nollendorfplatz*
Wohlhabende Schöneberger swingen in stilvollem Ambiente zu stilvollem Soul, Funk, Jazz.

Mitte Bar
Oranienburger Str. 46/47, Mitte, Tel. 283 38 37; tgl. ab 10 Uhr **U 6** *Oranienburger Tor*
Schicke DJ-Bar am Anfang der Oranienburger Straße, der Vergnügungsmeile des Ostens. Bei Drum'n'Bass, Funk und House-Beats stimmt man sich ein auf lange Nächte im Szene-Viertel.

Pinguin Club
Wartburgstr. 54, Schöneberg, Tel. 781 30 05; tgl. 21–4 Uhr **U 7** *Eisenacher Straße*
Dauerbrenner im Fifties-Stil. An den Wänden Reliquien der amerikanischen Popkultur, davor stehen angejahrte Westberliner und trinken auf das Wohl von obskuren Boxern und Rock 'n'Roll-Heroen.

Schnabelbar
Oranienstr. 31, Kreuzberg, Tel. 615 85 34; tgl. ab 20 Uhr **U 1+15** *Kottbusser Tor*
Traditionsreiche DJ-Bar im Herzen Alt-Kreuzbergs. Wer den Weg nach Mitte nicht findet, wird sich auch hier amüsieren.

Türsteherin in der Schnabelbar: Kommen Sie rein! Kommen Sie rein!

The Pip's
Auguststr. 84, Mitte, Tel. 282 45 12; So–Do 20–3, Fr/Sa 21–4 Uhr **U 6** *Oranienburger Tor* **S 1+2** *Oranienburger Straße*
Kunterbunte Siebziger-Bar. Wenn die Gäste zu kruder Disco- und Schlager-Musik oder zu Soul und Funk über die winzige Tanzfläche hotten, hüpft die Plattenspieler-Nadel mit.

Laut und stickig: Wo immer was los ist

Hackbarth's
Auguststr. 49a, Mitte, Tel. 282 77 06; tgl. ab 9 Uhr U 8 *Weinmeisterstraße, Rosenthaler Platz*
Eine enge, verrauchte Eckkneipe. Früher als Yuppie-Laden verschrien, inzwischen Stammlokal derer, die über den Ausverkauf der wahren Subkultur klagen.

Haifischbar
Arndtstr. 25, Kreuzberg, Tel. 691 13 52; tgl. 20–3, Fr/Sa 20–5 Uhr U 7 *Gneisenaustraße,* U 6 *Platz der Luftbrücke*
Junges Szenevolk schwitzt sich hier vor allem am Wochenende die Schminke aus dem Gesicht. Für den kleinen Bierhunger zwischendurch gibt es Sushi, für durstige Gäste eine Happy Hour von 20 bis 21 Uhr und eine nächtliche zwischen eins und zwei.

Mister Hu
Goltzstr. 39, Schöneberg, Tel. 217 21 11; tgl. 17–4, Sa ab 11 Uhr U *Nollendorfplatz*
Im Rotlicht der Bar entspannen sich müde Schöneberger bei karibischen Getränken. Erschlaffend sind allerdings auch die strapaziösen Lyrikvorträge, mit denen Herr Hu bisweilen seine Gäste zu beglücken versucht.

Obst und Gemüse
Oranienburger Str. 48, Mitte, Tel. 282 96 47; tgl. ab 9 Uhr U 6 *Oranienburger Tor* S1+2 *Oranienburger Straße*
Nach dem Mauerfall war dies eine der ersten Szene-Kneipen auf dem Abenteuerspielplatz Berlin-Mitte. Dank des anhaltenden Pioniergeists jener Tage herrscht hier weiter enormer Andrang. Jeden Abend.

Zoulou Bar
Hauptstr. 4, Schöneberg, Tel. 784 68 94; So–Do 20–4, Fr/Sa ab 20 Uhr U 7 *Kleistpark*
Glücklich ist, wer in den hinteren Ecken dieser klassischen Cocktail-Bar mit DJ-Programm einen Sitzplatz ergattert. Vornehmlich Studenten vergessen ihre Proseminare und versuchen wacker bis in die frühen Morgenstunden, schöne Kommilitoninnen zu erobern.

War mal 'ne Bäckerei, dann Yuppie-Kneipe, ist nun einfach »in« und meist rappelvoll: Hackbarth's im Bezirk Mitte

Sitzen und Reden: mit Freunden und Fremden

Cafe ici
Auguststr. 61, Mitte, Tel. 281 40 64; tgl. 15–3 Uhr S *Hackescher Markt, Oranienburger Straße*
Café mit kuscheliger Wohnzimmeratmosphäre. Unter selbstgemalten Bildern der Inhaber wird philosophiert und Gemüsesuppe gelöffelt, bis die Chefin das Licht ausmacht.

Die ständige Vertretung
Schiffbauerdamm 8, Mitte, Tel. 282 39 65; tgl. ab 11 Uhr S+U *Friedrichstraße*
Die Bonner können ruhig kommen, ihr Stammlokal ist schon da. Wirt Friedel Drautzburg ist als erster umgezogen und hat für heimwehkranke MdBs und Regierungsbeamte eine Trutzburg rheinischer Lebensart errichtet. Hier können sie nach Herzenslust Kölsch trinken und auf die muffeligen Berliner schimpfen → S. 32.

Galerie Bremer
Fasanenstr. 37, Wilmersdorf, Tel. 881 49 08; Mo–Sa ab 20 Uhr U 1+9 *Spichernstraße*
Ein Lokal mit zeitlosem Charme. Im Hinterzimmer der renommierten Galerie altern die Stammgäste mit dem Mobiliar um die Wette.

Weltrestaurant Markthalle
Pücklerstr. 34, Kreuzberg, Tel. 617 55 02; tgl. ab 9 Uhr U 1+15 *Görlitzer Bhf.*
An den großen Wirtshaustischen debattieren überzeugte Kreuzberger bis spät in die Nacht. Als Trinkunterlage werden Buletten (erst ab 24 Uhr!) und ähnlich Deftiges serviert. Einen Stock tiefer tanzt man im „Privat Club" zu Funk, House, Soul.

CLUBS

Techno/House: Der Beat der Hauptstadt

Discount
Gartenstr. 103, Mitte, Tel. 0177 295 70 51; Fr und Sa ab 23.30 Uhr S 1+2 *Nordbahnhof*
Ehemalige Supermarkt-Räume wurden zum Club umfunktioniert, in dem sich am Wochenende die besten Berliner DJs den Tonarm in die Hand geben.

Matrix
Warschauer Platz 18, Friedrichshain, Tel. 29 49 10 47; Fr, Sa ab 24 Uhr S+U *Warschauer Straße*
Riesenhalle für Nachwuchs-Raver und Techno-Fans aus dem Umland. Seit der Schließung des E-Werks ist das Matrix die beliebteste Großraumdisco der Stadt; Stars wie Westbam oder Marusha stehen hier regelmäßig hinter den Plattentellern.

Rotor
Dircksenstr. 99–100, Mitte, Tel. 24 72 18 38; Di, Fr, Sa ab 23 Uhr S+U *Alexanderplatz*
In den S-Bahnbögen zwischen den Stationen Jannowitzbrücke und Alexanderplatz feiern wechselnde Veranstalter rauschende Techno- und House-Partys.

Tresor
Leipziger Str. 126a, Mitte, Tel. 229 06 11; Mi, Fr, Sa 23–6 Uhr, Sa/So ab 7 Uhr After Hour S+U *Potsdamer Platz*
Legendär und weltbekannt. Und seit vielen Jahren die zentrale Kultstätte der deutschen Techno-Gemeinde, außerdem der bedeutendste Detroit-Techno-Club außerhalb von Detroit. Im ehemaligen Tresorraum des Kaufhauses Wertheim peitschen erbarmungslose Beats durch den Nebel, im Erdgeschoß kann man sich bei pulsierenden House-Klängen erholen, im Garten (im Sommer) an der „Tuna Bar".

Da zieht's den Techno-Freak hin – in die Arena

Rhythmus-Box: Zappeln nach Gusto

Cox Orange
Dircksenstr. 40, Mitte, Tel. 281 05 08; Di ab 21, Do ab 23, Fr/Sa ab 22.30 Uhr S+U *Alexanderplatz*
Im warmen Schummerlicht dieser Kellerdisco tanzt jeder mit jedem zu garantiert trendfreier Musik: Jazz, House, Soul, Funk oder Disco – Hauptsache, die Hüften wackeln.

Arena
Eichenstr. 4, Treptow, Tel. 533 73 33; ab 20 Uhr U **1+15** *Schlesisches Tor* S *Treptower Park*
Die Riesenhalle mit ihrem rüden Industriecharme wurde 1927/28 als Busdepot errichtet – die Techno-Freaks mögen's. Das benachbarte **Glashaus** (ab 23 Uhr) hat sich als Location für Elektro, Drum 'n' Bass und HipHop etabliert. Besonders spektakulär: die Chill-Out-Area mit Blick auf die nächtliche Spree.

Icon
Cantianstr. 15, Prenzlauer Berg; Mi ab 23, Fr/Sa ab 23.30 Uhr U **2** *Eberswalder Straße*
Die ultimative Adresse für Drum 'n' Bass-Anhänger. Außerdem Big Beat, HipHop, Reggae und House. In dem angenehm hohen Kellergewölbe haben schon alle Londoner Szenegrößen aufgelegt.

Insel
auf der Insel der Jugend, Alt-Treptow 6, Treptow, Tel. 533 71 69; Mi ab 20, Fr/Sa ab 22 Uhr S *Plänterwald*
Zu DDR-Zeiten war das auf einer Spree-Insel gelegene Schlößchen ein staatlicher Jugendclub. Heute treffen sich hier Dark-Waver, Ragga-Fans und Techno-Jünger – allerdings an unterschiedlichen Abenden. Besonders beliebt: die Dachterrasse mit Spreeblick.

Kalkscheune
Johannisstr. 2, Mitte, Tel. 28 39 00 65 U **6** *Oranienburger Tor*
Das Gebäude hinter dem Friedrichstadtpalast steht unter Denkmalschutz. Geboten wird ein Querschnitt der Berliner Gegenwartskultur, etwa Techno-Partys, Tango-Abende, Jazz-Konzerte, Varieté, Kabarett, Lesungen.

Kurvenstar
Kleine/Ecke Große Präsidentenstr. 3, Mitte, Tel. 28 59 97 10; tgl. außer Mo ab 19 Uhr S *Hackescher Markt*
Mischung aus Bar, Restaurant und Club, liebevoll eingerichtet. Deckenspiegel verdoppeln den Luftraum über der Bar, im Hinterzimmer legen DJs HipHop und Soul auf.

Oxymoron
Rosenthaler Str. 40/41, Mitte, Tel. 28 39 18 85; tgl. ab 11 Uhr S *Hackescher Markt*
Café, Salon, Bar und Club im ersten der Hackeschen Höfe. Im Salon herrscht der plüschige Pomp eines altmodischen Luxushotels, der angeschlossene Club ist im Stil der siebziger Jahre dekoriert und schwingt zu House, HipHop, Disco, Soul und Funk.

Sage Club
Köpenicker/Heinrich-Heine-Str., Mitte, Tel. 278 50 52; Do ab 22, Fr–So ab 23 Uhr U **8** *Heinrich-Heine-Straße*
Abenteuerspielplatz für große Jungen und Mädchen. Ein feuerspeiender Drache über der Tanzfläche und ähnlich dramatisches Dekor in den anderen Räumen sorgen ...

WMF
Viermal hat der Club sein Domizil gewechselt, als legendär gilt heute schon das zweite WMF, das sich in den öffentlichen Toiletten des S-Bahnhofs Potsdamer Platz befand — lange bevor dort Debis zu bauen begann. Das heutige WMF ist in einem vergammelten Altbau untergebracht. Die musikalische Bandbreite reicht von House bis Drum 'n' Bass und Elektro.
Johannisstr. 20–21, Mitte, Tel. 28 38 88 50; Fr–So ab 23 Uhr S+U Friedrichstraße

Kicks für große Kinder: Sage Club

Prächtiges Ambiente für Tango- oder Salsa-Nächte: der Rote Salon

gen für Kicks, die die Musik nicht immer bietet.

Tanzstunde: Schweißtreibende Schritte

El Barrio
Potsdamer Str. 84, Tiergarten, Tel. 262 18 53; tgl. außer Mo ab 21 Uhr **U 1+15** *Kurfürstenstraße*
Dicke Luft und heiße Rhythmen: bunt dekorierte Salsa-Disco mit hohem Latino-Anteil. Jeden Dienstag ist Tango-Abend.

Havanna
Hauptstr. 30, Schöneberg, Tel. 784 85 65; Fr/Sa ab 22 Uhr **U 7** *Eisenacher Straße*
Auf zwei Etagen schwitzen Salsa- und Merengue-Tänzer die Hemden durch, auf der dritten gibt's Black Music. Zuschauen gilt nicht: Wer sich hineinwagt, muß mitmachen – meistens bis der Morgen graut.

Roter Salon
in der Volksbühne, Rosa-Luxemburg-Platz, Mitte, Tel. 30 87 48 06 **U 2** *Rosa-Luxemburg-Platz*
Die roten Samtsofas und üppigen Kristalleuchter im linken Flügel der Volksbühne bilden eine perfekte Kulisse für Tango-Nächte (mittwochs) und Salsa-Abende (dienstags), bei denen sich auch Ungeübte aufs Parkett wagen können. Doch Vorsicht: Montags läuft hier Drum 'n' Bass.

Morgengrauen: After Hour und Totalabsturz

Ex 'n Pop
Mansteinstr. 14, Schöneberg, Tel. 216 51 21; tgl. außer Mo ab 22 Uhr **S + U** *Yorckstraße*
Legendäres Auffangbecken für das Treibgut der Nacht. Mancher Stammgast scheint hier Anfang der Achtziger festgeschraubt worden zu sein, andere warten einfach darauf, daß die U-Bahn wieder fährt.

Kumpelnest 3000
Lützowstr. 23, Tiergarten, Tel. 261 69 18; tgl. ab 17 Uhr **U 1+15** *Kurfürstenstraße*
Früheres Animierlokal mit unglaublich verkitschter Einrichtung nahe der Potsdamer Straße. In den Achtzigern wurde es von der Szene besetzt und erfreut sich seitdem gleichbleibend hoher Beliebtheit. In der Regel brechend voll und einmalig gut.

Live-Musik

Jazz

A-Trane
Bleibtreustr. 1, Charlottenburg, Tel. 313 25 50; tgl., Konzertbeginn 22 Uhr **S** *Savignyplatz*
Musikstudenten der nahegelegenen Hochschule der Künste dürfen sich hier gelegentlich ihre ersten Sporen verdienen. Meistens aber spielen kleine, international besetzte Bands in dem neuzeitlich kühlen Club, und zwar die ganze Palette der Jazz-Richtungen.

b-flat
Rosenthaler Str. 13, Mitte, Tel. 283 31 23; tgl., Konzertbeginn 22 Uhr **U 8** *Weinmeisterstraße*
Dieses kleine, feine Jazz-Lokal behauptet sich seit knapp drei Jahren zwischen all den hippen Clubs in Mitte. Hier zeigen Berliner Nachwuchsbands neben amerikanischen Jazz-Größen, was sie draufhaben.

Junction Bar
Gneisenaustr. 18, Kreuzberg, Tel. 694 66 02; tgl., Konzertbeginn 21.30, Fr u. Sa 23 Uhr **U 7** *Gneisenaustraße*
Der Kreuzberger Kellerclub ist Bühne für Lokalgrößen und Newcomer mit Hang zu Funk, Soul und modernen Beats. Nach den Konzerten darf der DJ ran.

Rock

Columbiahalle
Columbiadamm 13–21, Tempelhof, Tel. 698 09 80; Konzerte ab 20 Uhr **U 6** *Platz der Luftbrücke*
Neuer Veranstaltungsort für Stars mittleren Formats. Iggy Pop, Garbage und Willie Nelson beglückten ihre Fans in der ehemaligen Turnhalle der US-Streitkräfte am Flughafen Tempelhof schon mit ihrer Anwesenheit. Direkt daneben: das

Seitensprung ...

... zum Tacheles

Nach dem Mauer-Fall wurde in Berlin-Mitte getanzt und getrunken, wo es nur ging: in alten Kellern, Fabriken und Friseursalons, sogar in stillgelegten öffentlichen Klos. Ein paar Strahler, ein paar Bretter und ein DJ – fertig war der Trend-Laden. Bis dann eines Tages die Sanierer kamen, die den wüsten Charme der Nachwendetage wegpolierten. Berlin hat zwar immer noch mehr Bars und Clubs als alle anderen deutschen Städte, aber die meisten sehen genauso aus wie überall.
Allerdings, ein paar Etablissements gibt es noch, die zeigen, wie das damals war im wilden Osten ... Zu den überlebenden Kult-Läden gehört zum Beispiel das **Tacheles**, dessen zerlöcherte Fassade zum inoffiziellen Wahrzeichen des Szene-Bezirks wurde. In einem jahrelangen Kampf haben die Besetzer des Gebäudes die Investoren von der Fundus-Gruppe in die Knie gezwungen und ein „Kunsthaus" etabliert: mit Ateliersetagen, Kino und Theater, mit dem Café Zapata und dem Gartenhaus, mit Musikprogrammen und Partytagen. Sie werden auch nach der bevorstehenden Grundsanierung im Haus bleiben können – ob das Tacheles dann allerdings noch dasselbe sein wird?

Tacheles, *Oranienburger Str. 54–56a, Mitte, Tel. 282 61 85, www.tacheles.de* **U 6** *Oranienburger Tor*

Eine zähe Ruine im wilden Osten, in der Experimentelles passiert: das Tacheles

Kafka
Die mediterrane Küche zu unschlagbaren Preisen – Menüs bis 30 Mark – ist nur ein Grund für die Popularität des Kafka. Dazu kommen angenehme Atmosphäre, pfiffige Kellner und – im Sommer – der gepflegte Biergarten.
Oranienstr. 204, Kreuzberg, Tel. 612 24 29; tgl. 12–2, So ab 10 Uhr Brunch* U 1+15 *Görlitzer Bahnhof

Oren
Oranienburger Str. 28, Mitte, Tel. 282 82 28; Mo–Do 12–1, Fr 12–2, Sa 10–2, So 10–1 Uhr **U 6** *Oranienburger Tor* **S 1+2** *Oranienburger Straße*
Orientalische Spezialitäten; auf Fisch wird nicht verzichtet. Hauptgerichte zwischen 12 und 25 Mark.

Thürnagel
Gneisenaustr. 57, Kreuzberg, Tel. 691 48 00; tgl. 18–1, Küche bis 23.30 Uhr **U 7** *Südstern*
Eine Institution, was fleischlose Gerichte in pfiffigen Variationen betrifft. Preise: etwa 16,50 bis 26,50 Mark.

Einfach klasse

Al Contadino Sotto Le Stelle
Auguststr. 34, Mitte, Tel. 281 90 23; tgl. 17–2 Uhr **U 8** *Weinmeisterstraße, Rosenthaler Platz*
Die Gäste kommen aus der Nachbarschaft, Service und Speisekarte geben dem Gast ein Toskana-Feeling. Nicht billig – aber delikat.

blue goût
Anklamer Str. 38 (zweiter Hinterhof), Mitte, Tel. 448 58 40; Mo–Fr 12–15 und 19–1, Sa/So 19–1 Uhr **U 8** *Bernauer Straße* **S 1+2** *Nordbahnhof*
Zwischen Backsteinwänden und Industrie-Design kommen die Gerichte der „neuinternationalen Küche" auf den Tisch – im Sommer im Garten, was den Genuß noch erhöht. Hauptgerichte 20 bis 36 Mark.

Die Möwe
Am Festungsgraben 1, Mitte, Tel. 201 20 29; tgl. außer So ab 18, Küche bis 23 Uhr **S+U** *Friedrichstraße*
Der seit DDR-Zeiten legendäre Künstlerclub hat 1997 im gleichen Haus ein Restaurant eröffnet. Montags wird die Gemeinschaftsveranstaltung „Kunstgenuß" serviert: ein Drei-Gänge-Menü mit Kleinkunst-Programm (ab 19 Uhr, 60 DM).

Restaurant Französischer Hof
Jägerstraße 56, Mitte, Tel. 204 35 70; tgl. 10–24 Uhr **U 2** *Hausvogteiplatz* **U 6** *Französische Straße*
Am schönsten ist es hier morgens, im Café: Zeitung lesen, Kaffee trinken, hausgemachte Pralinen knabbern – und auf den Gendarmenmarkt gucken. Preiswerte Mittagsmenüs, abends Hauptspeisen zwischen 28 und 40 Mark.

Trenta Sei
Markgrafenstr. 36, Mitte, Tel. 20 45 26 30; tgl. 12–2 Uhr **U 2+6** *Stadtmitte* **U 6** *Französische Straße*
Die Küche ist anspruchsvoll (Hauptspeisen zwischen 20 und 40 Mark), der Service gemächlich. Macht nichts: So hat man Zeit, zwischen Antipasti und Espresso die klassizistische Architektur am Gendarmenmarkt zu bewundern.

Erlebnisgastronomie

Candle-Light-Dinner im Zoo-Aquarium
über Hotel Steigenberger, Los-Angeles-Platz 1, Charlottenburg, Tel. 212 77 06, Fax 212 77 97 **S+U** *Zoologischer Garten*
Haie glotzen kalt, Rochen fächeln lässig an Korallen vorbei, Salonmusik liegt in der Luft ... Wer in den Genuß eines Spezialitäten-Menüs (für 125 Mark) im Aquarium kommen möchte, muß sich frühzeitig anmelden: Die Dinner finden nur einmal im Monat statt und sind stets im Nu ausgebucht.

Pasta Opera
im Oxymoron, Rosenthaler Str. 40/41, Mitte, Tel. 28 39 18 85 **S** *Hackescher Markt*
An jedem ersten Dienstag im Monat tragen Jung-Tenöre im Oxymoron (➔ S. 178) italienische Arien vor. Ein bunt gemischtes Publikum hat für 50 Mark die Gelegenheit, dabei hemmungslos zu schlemmen. Einlaß 20 Uhr.

Manchmal servieren Tenöre zur Nudel Arien: Pasta Opera

Kultur und Kulinaria e.V.
c/o La Cantina, Kreuzbergstr. 76, Kreuzberg, Tel. 785 87 93, Fax 786 52 59 **U 6+7** *Mehringdamm*
Jeden Freitag und Samstag um 20 Uhr konstituiert sich der Verein neu. Wer dabei sein möchte, wenn über Literatur, Wein oder italienische Küche diskutiert wird, kann für 10 Mark sofort Mitglied werden. Fürs Wohlbefinden sorgt Vereinskoch Franco.

Fried Thai Rice
im Mysliwska, Schlesische Str. 35, Kreuzberg, Tel. 611 48 60 **U 1+15** *Schlesisches Tor*

HUMMER STATT HACKEPETER

Bürger, schaut auf diese Stadt und ihren fettigen Ruf. Soleier, Kasseler, Hackepeter, Eisbein, saure Gurken, Sülze, Klopse, Buletten, Currywurst und Kebab. Dazu die berühmten Plaste-Schrippen (Brötchen) mit dem charakteristischen Holzwolle-Aroma. Und dann noch grünes Bier! Mit Waldmeistergeschmack. Berlin kulinarisch, das ist Hohn und Spott von Engels bis Siebeck. Immer wieder feixen sie, daß ein kleines Schwarzwaldnest namens Baiersbronn von den feinschmeckenden Magenhütern mehr „Sterne", „Kochmützen" und „Löffel" verliehen bekommt als die gesamte deutsche Hauptstadt.

Genug!

Wir wissen: „Wo Gefahr ist, wächst das Rettende auch." Berlin will nicht länger die Frittenbude der Nation, der Currywurstzipfel der Republik sein. Einmal im Jahr werden jetzt alle Vorurteile zerkocht. Eine Fachjury aus Food-Journalisten und Feinschmeckern wählt die sechs besten „Meisterköche" der Stadt und läßt sie ein gemeinsames Festessen anrichten. Als Beilage gibt's Laudationes auf die Helden am Herd. Glänzende Idee. Und hier ist die Speisekarte der letzten Kür im November: Statt Buletten wurde lauwarm geräucherter Stör, Pot-au-Feu von Jakobs- und Bouchotmuscheln mit Schneckenravioli serviert; statt Pommes „rotweiß" gab's Bresse-Taubenbrüstchen auf Artischockenböden in Perigord-Trüffelsauce. Dazu noch ein Häppchen bretonischen Hummers auf Kalbszungenragout mit Stielmus, eine Roquefort-Terrine nebst süßen Impressionen auf dem Anthurienblatt. Das Bier war auch nicht richtig grün, sondern bitzelte schick, und die Brauerei hieß „Taittinger brut".

Manfred Kriener

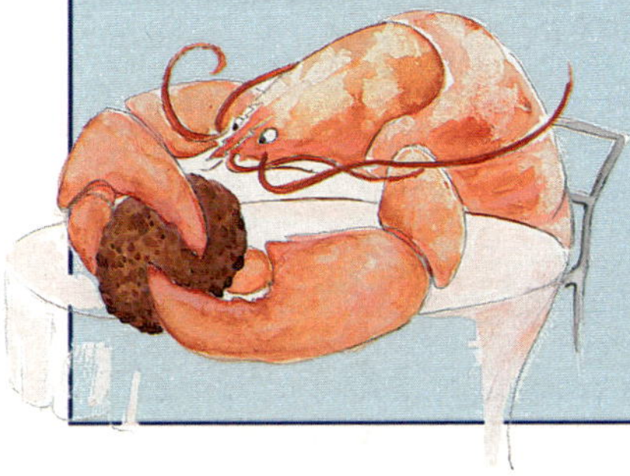

Altmeister der feinen Küche: Siegfried Rockendorf

Als „Berliner Meisterköche" wurden ausgezeichnet:
Jürgen Fehrenbach, **Restaurant Grand Slam**, *Gottfried-v.-Cramm-Weg 47–55, Wilmersdorf, Tel. 825 38 10; Di–Sa ab 18.30 Uhr* S 7 *Grunewald* oder BUS 119 ● Kurt Jäger, **Schloß Hubertushöhe**, *Robert-Koch-Str. 1, 15859 Storkow, Tel. 033678/430; Di–So 12–14 und 19–22 Uhr; etwa 60 km südöstlich von Berlin* ● Kolja Kleeberg, **Restaurant Vau** ➔ S. 197 ● Wolfgang Nagler, **Hotel Brandenburger Hof** ➔ S. 172 ● Siegfried Rockendorf, **Rockendorf's** ➔ S. 197 ● Markus Semmler, **The Ritz-Carlton Schloßhotel** ➔ S. 172

Jeden Mittwoch ab 19 Uhr brutzelt die Hobby-Köchin Ina in der Szene-Bierbar nur dieses eine köstlich-scharfe Gericht und serviert es, für acht Mark, solange die Teller reichen.

Exotik

Brazil
Gormannstr. 22, Mitte, Tel. 28 59 90 26; tgl. 18–2 Uhr U 8 *Weinmeisterstraße, Rosenthaler Platz* S *Hackescher Markt*
In der immer vollen und lauten ehemaligen Fabriketage wird brasilianisch getafelt. Empfehlenswert: die Fisch-, Fleisch- und Käsebällchen um 10 Mark.

Kid Creole
Lottumstr. 9/10 (Hinterhof), Prenzlauer Berg, Tel. 449 00 97; tgl. 18–1 Uhr U 2 *Rosa-Luxemburg-Platz* U 8 *Rosenthaler Platz*
Cajun-Küche aus dem tiefen Süden der USA: scharfe Gumbos, Jambalayas und Spareribs.

Raabe Diele
Ermelerhaus, Märkisches Ufer 10, Mitte, Tel. 24 06 29 01; tgl. 12–1 Uhr U 2 *Märkisches Museum* S *Jannowitzbrücke*
Nostalgisch-rustikales Tiefparterre auf der Fischerinsel – und im Sommer auf dem Lastenkahn davor. Große, deftige Portionen Alt-Berliner Küche für 15 bis 28 Mark.

Sachiko-Sushi
Grolmanstr. 47, Savigny-Passage, Charlottenburg, Tel. 313 22 82; Mo–Sa 12–24, So 16–24 Uhr S *Savignyplatz*
Auf einem Schiffchen kommen die japanischen Köstlichkeiten dahergesegelt, drehen ihre Runden auf dem kleinen Bach im Oval des Bartresens. Der Gast bedient sich selbst. 7 bis 10 Mark kostet ein Tellerchen, abgerechnet wird zum Schluß.

Frischluft

Café am Neuen See
Lichtensteinallee 2, Tiergarten, Tel. 254 49 30; im Sommer tgl. 10–23, im Winter nur So 10–20 Uhr S+U *Zoologischer Garten*

Barcomi's Kaffeerösterei
Ein Stück Amerika in Berlin. Die hauseigene Bäckerei fertigt am laufenden Band Muffins, Bagels und Brownies, außerdem Torten, bei denen jedes Stück zum Sündenfall wird. Dazu gibt's Kaffee mit Vanille-Aroma und die aktuelle Ausgabe des „New Yorker".
Bergmannstr. 21, Kreuzberg, Tel. 694 81 38; Mo–Sa 9–24, So 10–24 Uhr* U 7 *Gneisenaustraße

Der Biergarten mit rund 1000 Sitzplätzen kommt den Münchener Vorbildern schon recht nah. Das Bier wird als Halbe oder Maß gezapft, die Brezeln munden – nur Blasmusik gibt es keine.

Haus Zenner
Alt-Treptow 14–17, Treptow, Tel. 533 72 11; So–Do 9–2, Fr–Sa 9–4 Uhr S *Treptower Park*
Restauration im Dreierpack: ein riesiger, rustikaler Biergarten; ein Restaurant mit täglicher Live-Musik, die „Eierschale"; und ein amerikanischer Hamburger-Brater für jugendliche Mägen.

Prater Gaststätte und Prater Biergarten
Kastanienallee 7–9, Prenzlauer Berg, Tel. 448 56 88; Mo–Fr 18–2, Sa/So ab 14 Uhr U 2 *Eberswalder Straße*
Rustikale Hausmannskost – probieren Sie die Senfeier mit Quetschkartoffeln für 9,80 Mark. Im Sommer ist der zünftige Biergarten ein Ziel für die Familie. ➔ S. 202.

Cafés

Guten Morgen allerseits

Bergmann 103
Bergmannstr. 103, Kreuzberg, Tel. 694 83 23; tgl. 9.30–1 Uhr U 7 *Gneisenaustraße*
An Kreuzbergs belebtester Bummelmeile, zwischen Secondhand-Shops und türkischen Gemüseläden. Hier ertränken Einheimische den Kater in „Bionade", ihrem Lebensrhythmus entsprechend, wird Frühstück bis 16 Uhr serviert.

Café Anita Wronski
Knaackstr. 26–28, Prenzlauer Berg, Tel. 442 84 83; Mo–Fr 9–2, Sa/So 10–2 Uhr U 2 *Senefelderplatz*
Beliebter Trendsetter in der gastronomischen Boom-Region am Prenzlauer Berg. Tageslicht durchflutet die Café-Kneipe. Am Wochenende lockt für 12,50 DM ein üppiges Frühstücksbuffet.

Café Berio
Maaßenstr. 7, Schöneberg, Tel. 216 19 46; tgl. 8–1 Uhr U *Nollendorfplatz*
Im Wiener-Kaffeehaus-Stil eingerichteter Treffpunkt der Schöneberger Müßiggänger. Gutes internationales Zeitschriftensortiment.

Café M
Goltzstr. 33, Schöneberg, Tel. 216 70 92; Mo–Fr 8–3, Sa/So 9–3 Uhr U 7 *Eisenacher Straße*
Ein wenig in die Jahre ist die Szene-Institution gekommen.

Sicher, das Bier schmeckt, aber richtig üppig ist das Frühstück: im Morena

Seit den Achtzigern sind sowohl Einrichtung als auch Publikum dasselbe geblieben.

Gasthaus Dietrich Herz
Marheinekeplatz 15, Kreuzberg, Tel. 693 11 73; Mo–Sa 8–24, So 9–24 Uhr U **7** *Gneisenaustraße*
Frühmorgens stärken sich hier die Händler der Marheineke-Markthalle. Später folgen die Kunden dem Beispiel und frühstücken für sagenhafte 3,95 DM – bei gutem Wetter draußen.

Morena
Wiener Str. 60, Kreuzberg, Tel. 611 47 16; So–Do 9–4, Fr/Sa 9–5 Uhr U **1+15** *Görlitzer Bahnhof*
Pralles Leben in Kreuzberg: dunkle Holzmöbel, mediterran gekachelte Wände, ein bunt gemischtes Völkchen und überquellende Frühstücksteller.

Zucca
Am Zwirngraben, Mitte, Tel. 24 72 12 12; tgl. 8–3 Uhr, Wochenende länger S *Hackescher Markt*
Ein gediegenes Tag-und-Nacht-Café im S-Bahn-Viadukt. Das Lokal ist schön licht, die Atmosphäre mediterran – schlichtweg geschmackvoll. Es hebt sich angenehm ab von dem im Bezirk Mitte üblich gewordenen Neo-Protz.

Köstlicher Kuchen

Barcomi's Deli
Sophienstr. 21, II. Hof, Mitte, Tel. 28 59 83 63; Mo–Sa 9–22, So 10–22 Uhr S *Hackescher Markt* U **8** *Weinmeisterstraße*
Dependance des Kreuzberger Kultcafés in einer der schönsten Ecken von Mitte, einem alten Gewerbehof zwischen Sophien- und Gipsstraße.

Café Einstein
Kurfürstenstr. 58, Tiergarten, Tel. 261 50 96; tgl. 10–2 Uhr U *Nollendorfplatz*
Unter den Linden 42, Mitte, Tel. 204 36 32; tgl. 9–1 Uhr S+U *Friedrichstraße*

Deftig, zünftig, fast münchnerisch: das Café am Neuen See

Berliner Kaffeehaus-Klassiker mit Ost-Ableger. Die Speisekarte lockt hüben wie drüben mit österreichischen Schmankerln.

Café LebensArt
Unter den Linden 69a, Mitte, Tel. 229 00 18; So–Do 9–23, Fr/Sa 9–24 Uhr S **1+2** *Unter den Linden*
Die königliche Auswahl an Kuchen und Torten aus eigener Konditorei ist über jede Zeitlichkeit erhaben.

Plüschig, behaglich, beinahe wienerisch: das Operncafé Unter den Linden

Café Savigny
Grolmanstr. 53/Ecke Pestalozzistr., Charlottenburg, Tel. 312 81 95; tgl. 9–1 Uhr S *Savignyplatz*
Kleines Café neben dem Promi-Restaurant Florian, ein Treffpunkt der Charlottenburger Schickeria.

Operncafé im Opernpalais
Unter den Linden 5, Mitte, Tel. 20 26 83; tgl. 9–24 Uhr U **2** *Hausvogteiplatz* S+U *Friedrichstraße*
Touristen und Tortensüchtige kommen in Scharen. Die Kuchentheke ist mehrere Meter lang.

Pasticceria und Rosticceria Italiana
Leibnizstr. 45, Charlottenburg, Tel. 324 83 89; tgl. 10–21 Uhr U **7** *Adenauerplatz*
Jede Torte ist hier ein kleines Kunstwerk und wird auf Wunsch mit hausgemachten Fruchtsaucen serviert. Wer es herzhafter mag, greift zur ofenfrischen Pizza.

Draußen nur Kännchen

Café Kranzler
Kurfürstendamm 18/19, Charlottenburg, Tel. 885 77 20; tgl. 8–24 Uhr U **9+15** *Kurfürstendamm*
Wer draußen einen Platz ergattern kann, genießt das alte Westberlin-Feeling – als wäre die Zeit in den achtziger Jahren stehengeblieben. Einkäufer hasten vorbei, Abgase zwicken in der Nase, und die Kellnerin sagt „Is' aus". Unvergleichlich.

Cafe Übersee
Paul-Lincke-Ufer 44, Kreuzberg, Tel. 618 87 65; tgl. ab 10 Uhr U **1+8+15** *Kottbusser Tor*
Auf der Sonnenseite des Landwehrkanals reihen sich Terrassencafés – dieses ist seit Jahren das beliebteste. Frühstück bis 16 Uhr.

Und ewig locken die Künste

In den alten Zeiten, als es noch den Osten gab und den Westen, konkurrierten die Künstler künstlerisch. Jetzt, es gibt immer noch Ost und West, rangeln die Künstler ums Geld - und regen sich künstlich auf. Bald kommt auch noch Altprovo Peymann in die Stadt – dann wird's richtig lustig

Baracke am Deutschen Theater
Das Studio für zeitgenössische Dramatik, 1998 zum „Theater des Jahres" gekürt, stiehlt mit seiner Radikalität und Frische derzeit allen anderen Berliner Theatern die Schau. ➔ S. 110
Schumannstr. 10, Mitte, Tel. 28 44 12 22; Kasse: Mo-Sa 11-19.30, Sonn- und Feiertage 15-19.30 Uhr S+U Friedrichstraße U 6 Oranienburger Tor

THEATER

Klassisch

Berliner Ensemble
Bertolt-Brecht-Platz 1, Mitte, Tel. 282 31 60 und 28 40 81 55; Kasse: Mo–Sa 11–18, Sonn- und Feiertage 15–18 Uhr, Abendkasse eine Stunde vor Beginn der Vorstellung S+U Friedrichstraße U 6 Oranienburger Tor
Im November 1999 kommt Claus Peymann aus Wien, um Brechts und Heiner Müllers ehemaliges Theater durchzulüften. ➔ S. 110

Deutsches Theater
Schumannstr. 13 a, Mitte, Tel. 28 44 12 22; Kasse: Mo–Sa 11–19.30, Sonn- und Feiertage 15–19.30 Uhr S+U Friedrichstraße U 6 Oranienburger Tor
Auf den drei Bühnen der Kammerspiele betreibt Intendant Thomas Langhoff zum einen Klassikerpflege auf hohem Niveau und führt zudem die meisten Gegenwartsstücke in Berlin auf. ➔ S. 110

Maxim Gorki Theater
Am Festungsgraben, Mitte, Tel. 20 22 11 29; Kasse: Mo–Sa 13–18.30, So 15–18.30 Uhr S+U Friedrichstraße
Immer einen Tick frecher, einen Tick populärer und unterhaltsamer als andere Bühnen. Damit hat es sich ein treues Stammpublikum erobert.

Philosophisch

Schaubühne am Lehniner Platz
Kurfürstendamm 153, Wilmersdorf, Tel. 89 00 23; Kasse: Mo–Sa 11–18.30, Sonn- und Feiertage 15 bis 18.30 Uhr U 5 Adenauerplatz S Charlottenburg
Probebühne: *Cuvrystr. 7, Kreuzberg U 1+15 Schlesisches Tor*
In den siebziger Jahren unter Peter Stein war die Schaubühne das führende deutschsprachige Theater. Inzwischen hat sie viel Reputation verspielt. Die Inszenierungen sind bisweilen spröde und belehrend und verlangen viel intellektuelle Belastbarkeit. ➔ S. 110

Hebbel-Theater
Stresemannstr. 29, Kreuzberg, Tel. 25 90 04-27, -36; Kasse: Mo–So 16–19 Uhr U 1+15+6 Hallesches Tor S 1+2 Anhalter Bahnhof
Hat sich etabliert als die Spielstätte für ambitionierte Tanz- und Musiktheaterproduktionen aus aller Welt.

Provozierend

Volksbühne am Rosa-Luxemburg-Platz
Rosa-Luxemburg-Platz, Mitte, Tel. 247 76 94, 247 67 72; Kasse: tgl. 12–18 Uhr U 2 Rosa-Luxemburg-Platz
Prater: *Kastanienallee 7–9, Prenzlauer Berg U 2 Eberswalder Straße*
Wie ein steinerner Panzerkreuzer liegt die Volksbühne am Rosa-Luxemburg-Platz vor Anker. Drinnen geht es jedoch fröhlich und anarchisch zu: ➔ S. 110
Eine weitere Spielstätte, überdies für Performances und Konzerte genutzt, ist der Prater, einer der ältesten Biergärten Berlins, mit Theatergebäude und Freilichtbühne. ➔ S. 110

Musikalisch

Friedrichstadtpalast
Friedrichstr. 107, Mitte, Tel. 23 26 23 26; Kasse: Mo 10–18, Di–So 10–19 Uhr S+U Friedrichstraße U 6 Oranienburger Tor
Der ehemalige Amüsiertempel des Ostens setzt auf knappe Kostüme, lange Beine, wallende Federkronen und die unverwüstliche Showtreppe. Kurz: ein großartiges Revue-Theater!

Theater des Westens
Kantstr. 12, Charlottenburg, Tel. 882 28 88; Kasse: Di–Sa 11–19, So 15–17, tel. Vorverkauf tgl. 6–24 Uhr S+U Zoologischer Garten
In diesem wilhelminischen Prachtbau wird das Musical nicht neu erfunden. Warum auch, wenn schmissige Choreographien und Gesangsnummern das Publikum begeistern wie eh und je.

Genialer Name für ein Kabarett: Bar jeder Vernunft

Witzig

Bar jeder Vernunft
Schaperstr. 24, Wilmersdorf, Tel. 883 15 82; Kasse: tgl. 12–19 Uhr U 1+9 Spichernstraße
Das bezaubernde Spiegelzelt verwöhnt sein Publikum mit Kabarett und frechen Chanson-Programmen. Zum Künstlerstamm gehören die

Es sei gewagt, sagten die alles-besser-wissenden Bedenkenträger, eine Dietrich-Hommage auf die Bühne zu bringen. Die Berliner, hieß es, hätten ein gebrochenes Verhältnis zu Marlene. Von wegen, und einen Tusch für **Judy Winter**, die monatelang vor stets ausverkauftem Haus die Dietrich mimte. Mit rauh-rauchiger Stimme – wie's Original; vielleicht sogar besser. Schon jetzt darf vor der Kasse anstehen, wer das überprüfen will. **Renaissance-Theater, Hardenbergstraße 6, Tel. 312 42 02; wieder ab dem 17. März 1999 U 2 Ernst-Reuter-Platz**

Geschwister Pfister und Meret Becker.

Chamäleon Varieté
Rosenthaler Str. 40–41, Mitte, Tel. 282 71 18; Kasse: Mo–Do 12–21, Fr 12–24, Sa 16–24, So 16–21 Uhr S *Hackescher Markt* U 8 *Weinmeisterstraße*
Mit seinem bunt gemischten Programm verleiht es den Hackeschen Höfen ein wenig Flitterglanz. Besonders ausgelassen sind die Mitternachts-Shows freitags und samstags, bei denen Nachwuchsartisten und Überraschungsgäste auftreten.

Berliner Kabarett-Theater Distel
im Metropol-Theater, Friedrichstr. 101, Mitte, Tel. 204 47 04; Kasse: Mo–Fr 12–18, telef. 1-18 Uhr S+U *Friedrichstraße*
War schon zu DDR-Zeiten für Polit-Satire bekannt.

Wintergarten-Varieté
Potsdamer Str. 96, Tiergarten; Kasse: Mo–Fr 11–19, Sa 10–22, So 14–18 Uhr; Karten über Berlin Ticket, Tel. 23 08 82 30 U 1+15 *Kurfürstenstraße*
Die klassische Varieté-Show, die hier seit einigen Jahren läuft, verdankt ihren guten Ruf den brillanten Artisten, Zauberern und Conférenciers aus aller Welt.

Ufafabrik
Viktoriastr. 10–18, Tempelhof, Tel. 75 50 30; Kasse: tgl. 10–19 Uhr U 6 *Ullsteinstraße*
Auf dem zwei Hektar großen, leerstehenden Ufa-Studiogelände, 1979 von Alternativen und Aktionisten, Künstlern und Kommunarden besetzt, entwickelte sich allmählich eine Oase kulturellen Lebens: mit Kino- und Theatersälen, Café und Vollkornbäckerei, Kinderbauernhof und Gästehaus.

Aufmüpfig

Theater am Ufer
Tempelhofer Ufer 10, Kreuzberg, Tel. 251 31 16 U *Möckernbrücke, Hallesches Tor*
Der Theatermacher und Maler Andrej Woron hat sich für die Spielstätte der Truppe „Teatr Kreatur" eine eigenwillige Bildsprache ausgedacht. Die Schauspieler tragen Masken, seltsame Apparate rollen auf die Bühne, die Atmosphäre ist kafkaesk. Sehenswert.

Theater zum westlichen Stadthirschen
Kreuzbergstr. 37, Kreuzberg, Tel. 785 70 33 S+U *Yorckstraße*
Die Off-Bühne mit dem merkwürdigen Namen liegt neben einer Tankstelle. Die Inszenierungen sind bisweilen bleifrei oder ölig, manchmal schlicht super.

Oper

Deutsche Oper Berlin
Bismarckstr. 35, Charlottenburg, Tel. 343 84 01; Kasse: Mo–Sa ab 11, So 10–14 Uhr U 2 *Deutsche Oper* U 7 *Bismarckstraße*
Die Repertoire-Politik von Intendant Götz Friedrich ist solide, Liebhaber der klassischen Oper von Wagner bis Verdi schätzen das Haus in Charlottenburg.

Komische Oper Berlin
Behrenstr. 55–57, Mitte, Tel. 47 99 74 00; Kasse: Mo–Sa 11–19, So ab 13 Uhr S *Unter den Linden* U 6 *Französische Straße*
Die 1947 von Walter Felsenstein gegründete Bühne hat sich dem heiteren Musiktheater verschrieben. Chefregisseur Harry Kupfer sorgt dafür, daß dies ohne Zuckerguß geschieht. Einen besonders guten Ruf hat das Tanzensemble.

Neuköllner Oper
Karl-Marx-Str. 131–133, Neukölln, Tel. 68 89 07 77; Kasse: Di–Sa 15–19 Uhr U 7 *Karl-Marx-Straße*
Kleine Spielstätte für Musikerlebnisse abseits vom Mainstream: Die musikalische Bandbreite reicht von atonaler Avantgarde bis zu persiflierter Operettenseligkeit.

Heiteres Musiktheater, das ein bißchen vergangenem Weltruhm nachtrauert: Komische Oper

Staatsoper Unter den Linden
Unter den Linden 5–7, Mitte, Tel. 20 35 45 55; Kasse: Mo–Fr 10–18, Sa/So und Feiertage 14–18 Uhr U 6 *Französische Straße* S+U *Friedrichstraße*
Das prächtigste und älteste Opernhaus Berlins spielt Oper, Konzert und Ballett auf höchstem Niveau.

Boulevard

Hansa-Theater
Alt-Moabit 48, Tiergarten, Tel. 391 44 60; Kasse: Mo–Sa 11–18 Uhr U 9 *Turmstraße*
Eine gute Adresse für Tür-auf-Tür-zu-Volksstücke, in denen Situationskomik und Berliner Schnauze das Publikum todsicher zum Wiehern bringen.

Tingeltangel mit einer Tradition, die bis 1896 zurückreicht: Wintergarten-Varieté

Heine-Straße S+U *Jannowitzbrücke*
Eine Zeitreise durch 30 Jahre Computergeschichte, auf der Sie, zum Beispiel, dem guten alten Pac-Man wiederbegegnen.

Musikinstrumenten-Museum
Tiergartenstr. 1, Tiergarten, Tel. 25 48 11 78; Di–Fr 9–17, Sa–So 10–17 Uhr, Sonderführungen Sa 11 Uhr S+U *Potsdamer Platz*
Instrumente aus den letzten fünf Jahrhunderten, sortiert nach Themen wie „Wiener Klassik“ oder „Romantik“. Einer der Blickfänge: eine original Wurlitzer Kino-Orgel aus dem Jahr 1929, die jeden Samstag um 12 Uhr erklingt.

Sowjetisches Ehrenmal an der Straße des 17. Juni: 2500 russische Soldaten sind hier begraben; im Treptower Park, überragt von einem elf Meter hohen Sowjetsoldaten, liegen weitere 5000

Gedenkstätten

Gedenkstätte Deutscher Widerstand
Stauffenbergstr. 13–14, Tiergarten, Tel. 26 99 50 00; Mo–Fr 9–18, Sa/So 9–13 Uhr U 1 *Kurfürstenstraße* S+U *Potsdamer Platz*
Die Dokumentation des Widerstandes in Deutschland gegen den Nationalsozialismus wird an jedem ersten Sonntag im Monat durch Filmvorführungen ergänzt.

Gedenkstätte Plötzensee
Hüttigpfad, Charlottenburg, 344 32 26; März–Sept. tgl. 8.30–18 Uhr, sonst kürzere Öffnungszeiten BUS 123
Den Opfern der Hitlerdiktatur geweiht. Hier sind Urteile gegen Widerständler zu lesen, hier wurden einige Mitverschwörer Stauffenbergs hingerichtet.

Haus der Wannsee-Konferenz
Am Großen Wannsee 56–58, Zehlendorf, Tel. 805 00 10; Mo–Fr 10–18, Sa–So 14–18 Uhr S 1+7 *Wannsee* BUS 114
Ständige Ausstellung über den Völkermord an den europäischen Juden.

Forschungs- und Gedenkstätte Normannenstraße
Ruschestr. 103 (Haus 1), Lichtenberg, Tel. 553 68 54; Di–Fr 11–18, Sa–So 14–18 Uhr U 5 *Magdalenenstraße*
In der ehemaligen Zentrale des Ministeriums für Staatssicherheit erfahren Sie, mit welchen Methoden die DDR ihre Bürger überwachte.

Sowjetisches Ehrenmal
Am Treptower Park, Treptow S *Treptower Park*
Wuchtiges Denkmalensemble und Friedhof für 5000 gefallene Soldaten.

Topographie des Terrors
Stresemannstr. 110, Kreuzberg, Tel. 25 48 67 03; tgl. 10–18 Uhr S 1+2 *Anhalter Bahnhof* S+U *Potsdamer Platz*
Open-air-Ausstellung auf dem Prinz-Albrecht-Gelände, wo bis 1945 Gestapo, SS und Reichssicherheitshauptamt residierten und folterten.

GALERIEN

Die Mitte boomt, und vor allem Kunstliebhaber finden das wunderbar. Rund um die frisch restaurierten Sophie-Gips-Höfe haben sich „Galerien-Meilen“ entwickelt, Kenner schwärmen euphorisch vom Aufbruch besonders junger Kunst. Und nur ein paar alteingesessene Galerien in Charlottenburg sehen dem Treiben eher skeptisch zu.

Chic im Westen

Architekturforum und Galerie Aedes West
Savignyplatz, S-Bahnbogen 600, Charlottenburg, tgl. 10–24 Uhr S *Savignyplatz*

Aedes East
Rosenthaler Str. 40/41, Mitte, Tel. 282 70 15 S *Hackescher Markt*
Deutschlands erste private Architekturgalerie, mittlerweile mit einer Dependance in Mitte. Gezeigt werden, im monatlichen Wechsel, Skizzen, Pläne und Modelle zu neuen Ansätzen der Baukunst und Städteplanung. Beide Filialen mit Café.

Galerie Brusberg Berlin
Kurfürstendamm 213, Charlottenburg, Tel. 882 76 82; Di–Fr 10–18.30, Sa 10–14 Uhr U 15 *Uhlandstr.* S *Savignyplatz*
Kunsthändler Dieter Brusbergs Spezialgebiete sind Surrealismus und Dada, außerdem hat er die Kunst aus der ehemaligen DDR gefördert.

Galerie Volker Diehl
Niebuhrstr. 2, Charlottenburg, Tel. 881 82 80 S *Savignyplatz*
Ein bis zwei Ausstellungen im Jahr, an wechselnden, außergewöhnlichen Orten, präsentieren große Namen wie Andy Warhol, Donald Judd, Markus Lüpertz oder Georg Baselitz. Aber Volker Diehl hat auch ein Faible für eine Reihe junger Künstler.

Mühen sich redlich, zu provozieren: Contemporary Fine Arts

Galerie Anselm Dreher
Pfalzburger Str. 80, Wilmersdorf, Tel. 883 52 49; Di–Fr 14–18.30, Sa 11–14 Uhr U 15 *Uhlandstraße* U 1+9 *Spichernstraße*
Einen Ort „künstlerisch-geistiger Auseinandersetzung“ schaffen – das ist das Ziel des Nestors zeitgenössischer Kunst in Berlin. Seit über 30 Jahren leistet Anselm Dreher Kulturarbeit, pflegt in seiner Programmgalerie vor allem konzeptuelle und minimalistische Kunst.

Galerie Franck + Schulte
Mommsenstr. 56, Charlottenburg, Tel. 324 00 44; Mo–Fr 11–18, Sa 11–15 Uhr S *Savignyplatz* U 7 *Adenauerplatz*
Die Namensgeber brachten die Hauptstadt als Nährboden der Kunst wieder ins Gespräch, mit Einzelausstellungen großer Namen wie Rebecca Horn und Katharina Sieverding.

Galerie Pels-Leusden
Fasanenstr. 25, Charlottenburg, Tel. 885 91 50, Mo–Fr 11–18.30, Sa 11–14 Uhr U 15 *Uhlandstr.*
Seit knapp 50 Jahren gilt das Hauptaugenmerk Impressionisten, Expressionisten und Künstlern der neuen Sachlichkeit.

Aufbruch im Osten

Contemporary Fine Arts
Sophienstr. 21, Mitte, Tel. 283 65 80; Di–Sa 11–18 Uhr U 8 *Weinmeisterstraße*
Den Zeichen der Zeit folgend ist die Galerie vom Westen in den Osten der Stadt gezogen und präsentiert hier in großen Räumen provokante internationale Kunst, Installationen und Aktionen.

Galerie Deschler
Auguststr. 61, Mitte, Tel. 283 32 88; Di–Fr 14–19, Sa 13–17 Uhr S 1+2 *Oranienburger Str.*
In großzügigen Räumen stellt Marcus Deschler Objekte, Skulpturen, Installationen und Gemälde vorwiegend junger Künstler vor.

www.wirtschaftswoche.de Donnerstags im Handel.
Kostenlose Probehefte unter Tel. 09 11/53 25-173 und -175.
Jede Fusion hat ihre Verlierer.

Radio Berlin
Die innovative Truppe um den Berliner Maler Jim Avignon hat einen Kunstraum geschaffen, der als Galerie, Club und Happening-Bühne in einem funktioniert. Im Kunstladen gibt es, der Philosophie Avignons sei Dank, Originale zu demokratisch niedrigen Preisen.
Veteranenstr. 22, Mitte, Tel. 44 05 29 39; Do–Sa 16–22 Uhr U 8 Rosenthaler Platz

EIGEN + ART
Auguststr. 26, Mitte, Tel. 280 66 05; Di–Fr 14–19, Sa 11–17 Uhr S 1+2 Oranienburger Str.
Das Haupthaus in Leipzig war eine der wenigen Privatgalerien der DDR, Dreh- und Angelpunkt für die unangepaßte Kunst des Ostens. In Berlin zeigt Galerist Gerd Harry Lybke verstärkt Arbeiten internationaler junger Künstler, die in Berlin leben und arbeiten.

Galerie Bodo Niemann
Rosenthaler Str. 40–41, Mitte, Tel. 28 39 19 28; Di–Fr 13–19, Sa 12–18 Uhr S Hackescher Markt
Eine Galerie mit beweglichen Wänden, damit jede Ausstellung den Raum bekommt, den sie braucht. Schwerpunkt der Arbeit ist zeitgenössische Fotografie der Sechziger Jahre bis heute.

Wohnmaschine
Tucholskystr. 35, Mitte, Tel. 30 87 20 15; Di–So 12–18 Uhr U 6 Oranienburger Tor S 1+2 Oranienburger Straße
Der Betreiber Friedrich Loock, im jungen Kunstviertel geboren, hat schon zu Vorwendezeiten mit kreativen Freunden Lesungen und Ausstellungen in seinem Wohnzimmer veranstaltet und 1988 sein Domizil kurzerhand zur Galerie erklärt. Mittlerweile ist diese in neue Räume umgezogen, in denen Loock auch Exotika wie junge japanische Kunst präsentiert.

Ein Ort für Berlins junge Wilde, und die hoffen auf Käufer: Wohnmaschine

Klein im Preis

S. S. K.
Linienstr. 158, Mitte, Tel. 28 38 64 64; Mi–Sa 14–20 Uhr U 6 Oranienburger Tor S 1+2 Oranienburger Straße
„Sammeln Sie Kunst"! bedeutet das Kürzel S. S. K. – und der Imperativ ist ernstgemeint! Die Galerie präsentiert Kunst zu Preisen zwischen einer und tausend Mark: schöne, böse, humorvolle und respektlose Werke vorwiegend Berliner Künstler.

Privatsammler

Privatsammlung Herbert Volkmann
Tauroggener Str. 15, Charlottenburg, Karten über Contemporary Fine Arts, s. oben U 7 Mierendorffplatz
In drei Räumen, Parterre zum Hinterhof, zeigt Herbert Volkmann junge Briten wie Damien Hirst, Tracey Emin und Sarah Lucas und hoffnungsvolle Deutsche wie Jonathan Meese. Einzeltermine nach telefonischer Vereinbarung.

Sammlung Hoffmann
Sophienstr. 21, Mitte, Tel. 28 49 91 21; Führung Sa 13–18 Uhr nach Voranmeldung; 10 DM U 8 Weinmeisterstraße
Die Dachgaleriewohnung des Ehepaars Erika und Rolf Hoffmann in den Sophie-Gips-Höfen, bestückt mit zeitgenössischer Kunst aus ihrer kostbaren Sammlung, wird einmal pro Woche für Besucher freigegeben: ein Ereignis, das Kunstsinn und Voyeurismus gleichermaßen befriedigt.

Seitensprung…
…ins Monsterkabinett

Sie suchen Abenteuer? Auf zur kleinen Mutti

Schrottplatz goes Geisterbahn: Metall-Medusen verschlingen fette Matronen, die wiederum Kinderköpfe gebären; ein Drache spuckt Feuer, und Kreaturen zucken, die aussehen, als wären sie Hieronymus Boschs „Der Garten der Lüste" entsprungen. Dazu zischt, brennt und dröhnt es unablässig. Mit solchen metallisch-mechanischen Monstermaschinen hat die Künstlergruppe **Dead Chickens** eine phantastische, eine begehbare Erlebniswelt geschaffen. Besucher des „Bernsteinzimmer" betitelten Monsterkabinetts rekrutieren sich überwiegend aus jungen Nachtschwärmern, die rings um die Hackeschen Höfe nach Abenteuern suchen. Und suchen müssen auch Sie buchstäblich, ehe Sie das spärlich beleuchtete Kellerverließ gefunden haben, in dem die bizarren Chickens-Monster leben. Aber wer sie einmal sah, wird sie für immer lieben.
Monsterkabinett im Bernsteinzimmer, *Haus Schwarzenberg, Rosenthaler Str. 39, Mitte, Tel. 30 87 25 73, ; Fr 20–24, Sa 16–24, So 16–22 Uhr, Eintritt 5 DM S Hackescher Markt*

Junge Kunst im Hinterhof: Privatsammlung Herbert Volkmann

Boss-Anzug? Nee, Gartenklappeier, aber sofort

Wollen mal ein bißchen übertreiben: Im Westen sind die Läden wohlgeordnet, die Marken wohlbekannt; im Osten, manche reden noch von Dunkelland, ist Einkaufen Abenteuer. Dort findet sich auch so etwas: Gartenklappeier. Wat iss' n ditte?

Whisky & Cigars
Unter Deckenmalereien, die in den Dreißigern einen Rauchsalon zierten, kann man eine atemraubende Auswahl an Scotch, Irish Whiskey, Bourbon und Zigarren verkosten – und sitzt dabei ganz stilgerecht in Lederfauteuils. **Sophienstr. 23, Mitte; Di–Fr 12–19, Sa 11–16 Uhr S Hackescher Markt U 8 Weinmeisterstraße**

Erste Wahl

Quartier 206
Friedrichstr. 71, Mitte; Mo–Fr 10–20, Sa 10–16 Uhr **U 6** *Stadtmitte, Französische Straße*
Gucci, Strenesse und Donna Karan sind drei Gründe, warum Kenner das Quartier 206 für Berlins edelste Einkaufspassage halten. Ein vierter ist der *Departmentstore* für Kosmetik und Klamotten.

Tools & Gallery
Rosenthaler Str. 34/35, Mitte; Mo–Fr 10–20, Sa 10–18 Uhr **S** *Hackescher Markt* **U 8** *Weinmeisterstraße*
Die Auswahl an szenekompatibler Mode hängt in einem Ambiente, das voll durchgestylt ist. Wie es die Anzüge von Kenzo und Givenchy sind, die hier auf zahlungskräftige Kundschaft warten.

Zweite Hand

Calypso
Münzstr. 16, Mitte; Mo–Fr 12–20, Sa 12–16 Uhr **U 8** *Weinmeisterstraße*
Mutters Wort, von gebrauchten Schuhen bekäme man Plattfüße, zählt hier nicht; verkauft werden Treter jeder Art, ob Stilettos oder Plateauschuhe, Wanderstiefel oder Clogs.

Colours
Bergmannstr. 102 (Hinterhof), Kreuzberg; Mo–Fr 11–20, Sa 10–16 Uhr **U 6+7** *Mehringdamm*
Riesige Secondhand-Etage voller Klamotten jeden Stils und Alters. Die Preise liegen zwischen 2 und 59 Mark – da findet man immer etwas.

Schönhauser
Neue Schönhauser Str. 18, Mitte; Mo–Fr 12–20, Sa 11–16 Uhr **S** *Hackescher Markt* **U 8** *Weinmeisterstraße*
Gut erhaltene Plaste-Möbel, Bogenleuchten und Accessoires aus den siebziger Jahren, darunter auch die legendären DDR-Gartenklappeier (für Wessis: kleine Sessel in der Form von Straußeneiern zum Aufklappen).

Flohmärkte
Der größte, beliebteste und teuerste Trödelmarkt Berlins ist die *Straße des 17. Juni*: ein Riesenbasar voller Gerümpel, Kunsthandwerk und Antiquitäten. *Tiergarten; Sa/So 10–17 Uhr* **S** *Tiergarten* **U 2** *Ernst-Reuter-Platz* • Bescheidener und beschaulicher geht es zu auf dem *Arkonaplatz*, wo zwischen Ramsch so manches Liebhaberstück auf seinen Entdecker wartet. *Mitte; So 10–16 Uhr* **U 8** *Bernauer Straße* • Im *Kunst und-Trödelmarkt „Graf von Hacke"* unter S-Bahn-Bögen türmen sich jede Menge aufpolierter Möbel. *Dircksen/Ecke Rochstraße, Mitte; Mo–Fr 10–18, Sa 10–13 Uhr* **S** *Hackescher Markt* **S+U** *Alexanderplatz* • Die Ausbeute Tausender Entrümpelungen füllt im *Treptower Art Center* zwei Hallen einer ehemaligen Maschinenbaufabrik. *Eichenstr. 4, Eingang Puschkinallee, Treptow; Sa/So 10–18 Uhr* **U 1+15** *Schlesisches Tor* **S** *Treptower Park.*

Voll im Trend

DNS
Alte Schönhauser Str. 39/40, Mitte; Mo–Fr 11–20, Sa 11–16 Uhr **U 8** *Weinmeisterstraße*
DJ-Plattenladen mit viel Techno und House, mit Drum'n'Bass, Ambient und Elektro. Fünf Plattenspieler zum Hören der Scheiben.

Groopie Deluxe
Goltzstr. 39, Schöneberg; Mo–Fr 11–20, Sa 11–16 Uhr **U 7** *Eisenacher Straße*
Schrille Szene-Klamotten von Berliner Modedesignern.

Juliettes Literatursalon
Gormannstr. 25, Mitte; Mo–Do 11–20, Fr/Sa 11–22 Uhr **U 8** *Weinmeisterstraße*
Bildbände und philosophische Literatur rund um zwei einladende Schmökersofas.

Trippen
Rosenthaler Str. 40/41 (Hackesche Höfe Nr. 4), Mitte; Mo–Fr 12–19, Sa 10–17 Uhr **S** *Hackescher Markt*
Factory Outlet: *Chausseestr. 35, Mitte; Mo, Mi, Fr 10–18 Uhr* **U 6** *Schwartzkopffstraße, Zinnowitzer Straße*
Trippen – das sind Skulpturen, die man über die Füße zieht, modelliert aus Holz und dicken Lederstreifen. Im Factory Outlet gibt es die Schuhe und Sandalen um einiges billiger. Ach ja: Bequem sind sie auch.

Kaufberatung

Claudia Barthel
Tel. 28 59 86 22 und 0172/391 07 76, Fax 28 59 86 21
Touristinnen und Geschäftsfrauen, die Extravagantes mögen, können sich professioneller Hilfe bedienen: Berlins erster „Personal Shopper", Claudia Barthel, kennt die Modeszene der Stadt seit Jahren; sie weiß, wo junge Designer arbeiten und führt Kundinnen

Lockt Betuchte ins Quartier 206: Donna Karan, New Yorker Designerin, vor elegant gewirktem Zwirn

HAUPTSTADT AUF PROBE?!

HINTZ WILD SCHENK

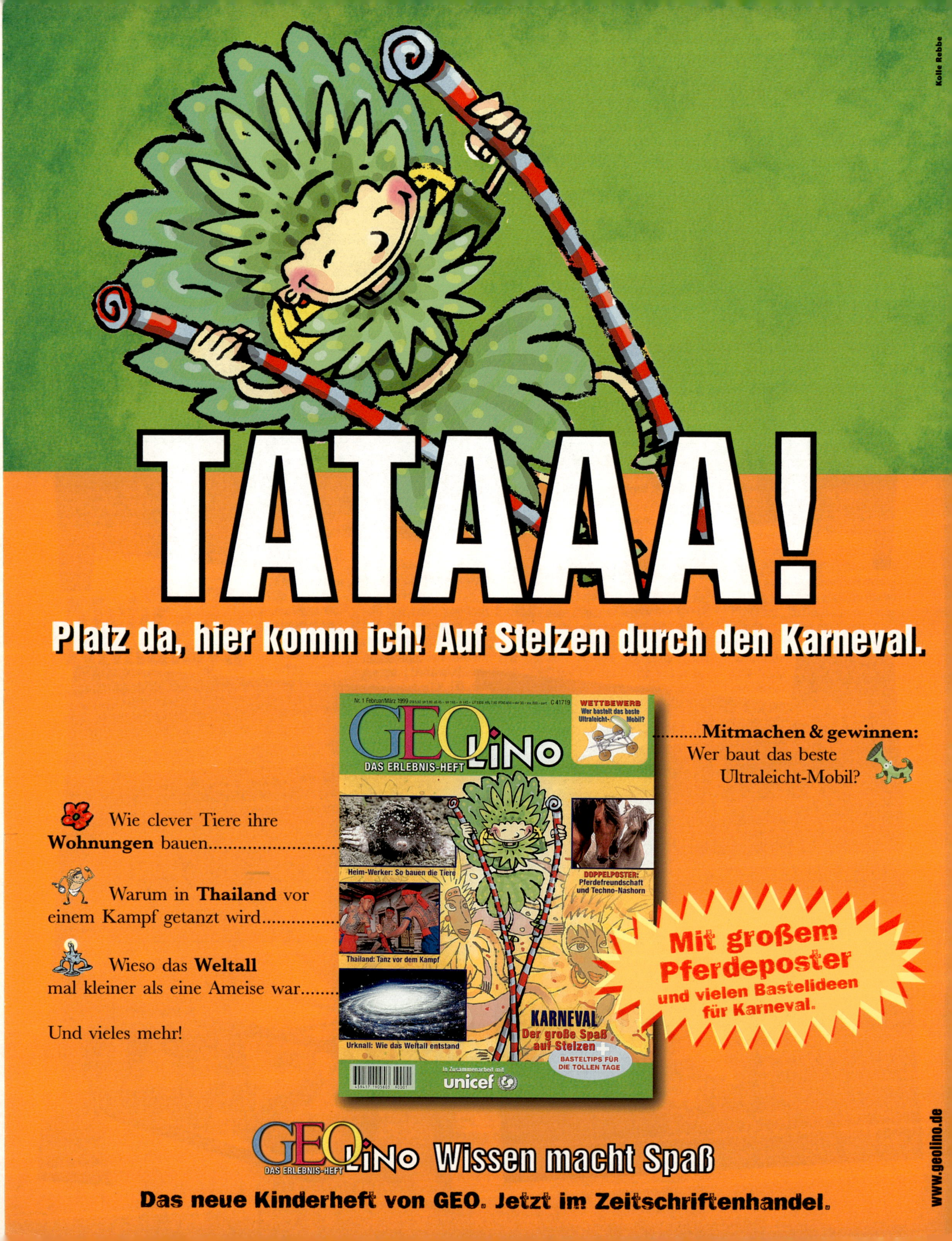
Kolle Rebbe
TATAAA!
Platz da, hier komm ich! Auf Stelzen durch den Karneval.
GEO LINO
DAS ERLEBNIS-HEFT
WETTBEWERB
Wer bastelt das beste Ultraleicht-Mobil?
Heim-Werker: So bauen die Tiere
DOPPELPOSTER:
Pferdefreundschaft und Techno-Nashorn
Thailand: Tanz vor dem Kampf
Urknall: Wie das Weltall entstand
KARNEVAL
Der große Spaß auf Stelzen
BASTELTIPS FÜR DIE TOLLEN TAGE
In Zusammenarbeit mit unicef
Mitmachen & gewinnen:
Wer baut das beste Ultraleicht-Mobil?
Wie clever Tiere ihre Wohnungen bauen
Warum in Thailand vor einem Kampf getanzt wird
Wieso das Weltall mal kleiner als eine Ameise war
Und vieles mehr!
Mit großem Pferdeposter und vielen Bastelideen für Karneval.
GEO LINO DAS ERLEBNIS-HEFT Wissen macht Spaß
Das neue Kinderheft von GEO. Jetzt im Zeitschriftenhandel.
www.geolino.de

Pack' die Badehose ein

Man könnte jetzt mit Zahlen locken, etwa so: 79 städtische Bäder gibt's in Berlin, ein Drittel der Stadt ist Grünfläche, auf 5000 Hektar gluckert das Wasser – wollen Sie das wirklich hören? Nee, Sie wollen einfach ausruhen, wandern, haben genug von Museen und Brandenburger Tor. Bitteschön

Strandbad Wannsee
Mitten im Grunewald ein Stück Ostsee? Mit seinem 1275 Meter langen, bis zu 80 Meter breiten und mit Strandkörben bestückten Lido ist es das größte Binnenseebad Europas – und das beliebteste der Stadt: An Sommerwochenenden drängen sich hier bis zu 40 000 Berliner.
Wannseebadweg 25, Zehlendorf S 1+7 Nikolassee

Baden gehen

Spreewaldbad
Wiener Str. 59 H, Kreuzberg, Tel. 612 70 57; Di–Sa 6–23, So 8–23, Mo 14–17 Uhr nur Frauen, danach bis 23 Uhr Normalbetrieb U **1+15** *Görlitzer Bahnhof*
Hinter buntgescheckten Fassaden viel Badespaß in einem modernen Wellenbad.

Thermen am Europa-Center
Nürnberger Str. 7, Charlottenburg, Tel. 261 60 31; Mo–Sa 10–24, So 10–21 Uhr; Tageskarte 35 DM, 3-Stunden-Karte 30 DM U **1+2+15** *Wittenbergplatz*
Von außen häßlich, innen eine Oase der Superlative: zwei Trockensaunen, zwei finnische Saunen, drei russisch-römische Dampfbäder, ein Bio-Saunarium, 320 Quadratmeter Thermalpool mit Außenbahn und Terrasse über den Dächern Berlins.

Teufelssee
Neuer Schildhornweg, Wilmersdorf S **7** *Grunewald*
Die hübsche Liegewiese zwischen Sandhügeln und Böschungen, dank ihrer tiefen Lage vom Lärm der nahen Autobahn verschont, ist die Badestelle der Szene. Am Fuß des 115 Meter hohen Teufelsbergs.

Sport

Alba Berlin
Cantianstr. 24, Prenzlauer Berg, Tel. 300 90 50, Ticket-Hotline Tel. 53 43 80 00; Max-Schmeling-Halle, Am Falkplatz, Prenzlauer Berg U **2** *Eberswalder Straße*
Zweimal in der Woche geht's bei den Albatrossen um Basketball. Karten für die Bundesligaspiele in der neuen Max-Schmeling-Halle kosten zwischen 11,25 und 41,25 DM, für die Europaliga 21,25 bis 101,25 DM.

Hertha BSC Berlin
Hanns-Braun-Straße, Friesenhaus 2, Charlottenburg, Tel. 300 92 80, Ticket-Hotline 53 33 33 S **5+75** U **2** *Olympiastadion*
Seitdem die Hertha wieder in der Bundesliga kickt, ist das Interesse an den Blau-weißen sprunghaft gestiegen. Karten im Olympiastadion kosten zwischen 14 DM für Kurvenplätze und 72,50 DM für die überdachte Haupttribühne. Bei „Top-Spielen" gibt es einen „Top-Zuschlag" von maximal 10 DM.

Der Berliner planscht gern an diesem Strand: der Wannsee

Eisbären Berlin im Sportforum
Weißenseer Weg 51–55, Hohenschönhausen, Ticket-Hotline 53 43 50 00 S *Landsberger Allee*

Berlin Capitals Eissporthalle
Jafféstraße, Charlottenburg, Ticket-Hotline 30 69 69 69 S **5+75** *Eichkamp*
Die Eisbären und die Capitals (von Fans liebevoll „Caps" genannt) schonen weder sich noch ihre Gegner, wenn es freitags und sonntags in der Deutschen Eishockey-Liga um den Puck geht. Karten: 30 bis 70 DM. Saison ist von September bis Anfang April.

Berlin Thunder
Kantstr. 115, Charlottenburg, Ticket-Hotline 31 10 22 22; Jahn-Stadion, Prenzlauer Berg U **2** *Eberswalder Straße*
Ab 1999 spielt das erste Profi-Football-Team der Stadt in der National Football League Europe. Das erste Heimspiel ist am 24. April, die Saison dauert bis Ende Juni. Karten: 25 bis 60 DM. Die Show beginnt schon drei Stunden vor dem Kick-off: mit Cheerleaders, Musik, American Food und, und, und.

Ausflüge

Großer Tiergarten
S *Zoologischer Garten, Tiergarten*
Im Krieg mitsamt des benachbarten Regierungsviertels zerstört, danach von frierenden Berlinern abgeholzt, wurde die größte Grünanlage der Stadt Ende der vierziger Jahre mit Pflanzen- und Baumspenden aus aller Welt nach den Original-Plänen Lennés rekonstruiert: dichte Haine, malerische Wasserläufe, große (Liege-)Wiesen und verschlungene Pfade.

Hier wird gekickt, gegrillt, gesonnt: der Tiergarten

Pfaueninsel
Zehlendorf S **1+7** *Wannsee* BUS **216+316**
Eine Fähre bringt Besucher zur 50 Meter vom Havelufer entfernten Insel, die seit 1924 unter Naturschutz steht. Friedrich Wilhelm II. ließ Ende des 18. Jahrhunderts auf dem Eiland das Schlößchen errichten, als „verfallenes römisches Landhaus"; außerdem eine Meierei als „eingefallenes gotisches Kloster". Ein Vierteljahrhundert später legte Peter Joseph Lenné das wildromantische Garten-Idyll an, samt einer Menagerie fremdländischer Tiere. De-

ren Überbleibsel sind etwa 100 frei lebende Pfauen.

Kleinglienecke
Zehlendorf S 1+7 *Wannsee* BUS 116
Eine der abwechslungsreichsten Parkanlagen von Berlin und Umgebung, 116 Hektar groß. Um einen italienischen Landsitz gestaltete Lenné englisch und alpin anmutende Landschaften. Nur wenige Besucher finden den Weg in den weitläufigen, buchenbestandenen Gutspark, in dem weitere Schinkel-Bauten stehen: die Kleine Neugierde, die Große Neugierde an der Glienecker Brücke, das Kasino am Havelufer.

Schloßpark Charlottenburg
Spandauer Damm/Luisenplatz, Charlottenburg S 4 *Westend* U 7 *Richard-Wagner-Platz*
Hinter dem Schloß erstreckt sich ein gepflegter französischer Barockgarten mit manikürten Rasenflächen, zu Skulpturen getrimmten Hecken, kleinen Kanälen und romantischen Brücken.

Botanischer Garten
Unter den Eichen, Steglitz, Tel. 83 00 60; 9 Uhr bis Einbruch der Dunkelheit, spätestens 21 Uhr BUS A143, A101, X83
Vegetationsformen aus aller Welt in einem grandiosen Park. Mehr als 20 000 Pflanzenarten aller Kontinente machen den Botanischen Garten zu einem der größten der Welt. Blickfang auf einer Anhöhe ist das Große Tropenhaus, ein um die Jahrhundertwende errichteter Glaspalast.

Einer der größten seiner Art weltweit: Botanischer Garten

Treptower Park
Treptow S *Treptower Park, Plänterwald*
Ein klassischer Volkspark am Ufer der Spree mit Gehölzen, Wiesen, einem weitverzweigten Wegenetz und dem Plänterwald mit Bäumen aller Altersklassen. Am Spree-Ufer legt die Weiße Flotte an; wer selbst rudern möchte, mietet ein Boot neben der Gaststätte „Zenner“ ➔ S. 200.

TAGES-TOUREN

Seenrundfahrt um die Müggelberge
Stern und Kreis Schiffahrt, Tel. 53 63 60-0, Fax 53 63 60-99; April–Okt.: fünfstündige Fahrt ab Hafen Treptow, 25 DM S *Treptower Park*
Füße auf die Reling, Berliner Weiße in die eine, Bockwurst in die andere Hand – und die Spree-Fahrt kann beginnen. Durch den Ort Köpenick geht es zum Großen Müggelsee, den die Müggelberge säumen. Bei Rahnsdorf ist das Idyll perfekt: üppige Vegetation mit Erlen, Weiden, Holunder, Birken; am Ufer kleine Paläste, Landsitze, Bootshäuser in gepflegten Gärten. Vorbei an „Neuvenedig“, einem Ortsteil mit dichtmaschigem Kanalnetz, weiter durch den schmalen Gosener Kanal in den Seddinsee, schließlich über die Regattastrecke bei Grünau im Langen See zurück nach Treptow.

Schloß Sanssouci
Auskunft: Stiftung Preußische Schlösser und Gärten Berlin-Brandenburg, Tel. 0331/96 94-200, Fax 96 94-107; fast alle Bauwerke im Schloßpark sind zu besichtigen, teils nur mit Führung, Zeiten telefonisch erfragen S 7 *Potsdam-Stadt, von dort* BUS 695
Das heitere Rokoko-Schlößchen „Ohne Sorge“ mit den großen Fenstern thront auf dem „Gipfel“ eines symmetrisch terrassierten Weinbergs – ein Ensemble, das sich Friedrich der Große 1745–47 anlegen ließ. Aus seiner Zeit stam-

Thront auf einer Anhöhe über riesigem Park: Schloß Sanssouci

Seitensprung ... in den Spreewald

Dieses herrliche Naherholungsgebiet vor den Toren Berlins ist den Sorben zu verdanken. Zwischen den vielen Nebenarmen, in die sich hier die Spree verästelt, legten sie in dem einstigen Sumpfland Hunderte von Kanälen und Gräben an – und schufen damit eine Flußlandschaft, die

1990 von der Unesco zum Biosphärenreservat erklärt wurde. Mischwälder, vor allem Erlen, säumen die fast 1000 Kilometer Wasserwege, die teils so schmal sind, daß nur die typischen flachen, von Hand gestakten Holzkähne hindurchpassen. Wer auf eigene Faust mit dem Kanu durch das Labyrinth paddeln möchte, begegnet mit etwas Glück vielleicht selten gewordenen Tieren wie dem Biber. Als Wegzehrung empfehlen sich die berühmten Spreewälder Gurken. Einsamkeit herrscht hier freilich selten; dem sommerlichen Hochbetrieb entgehen Sie am besten im nördlichen Unterspreewald.
Anfahrt: *Mit dem Auto gut eine Stunde auf der A13 Richtung Dresden bis Abfahrt Freiwalde (Richtung Lübben) oder Lübbenau. Mit der Bahn (Interregio und Regionalexpress) von Berlin im Stundentakt nach Lübben und Lübbenau, Fahrzeit rund eine Stunde.* **Infos:** *auch zum Kanuverleih, beim Tourismusverband Spreewald e.V., Lindenstr. 1, 03226 Raddusch, Tel. 035433/722 99, Fax 035433/722 28.*

men auch die Bildergalerie, das Teehaus und das Neue Große Palais. Friedrich Wilhelm IV. baute das Schloß Charlottenhof, die Neue Orangerie und die Friedenskirche.

FRIEDHÖFE

Die 190 Berliner Friedhöfe sind die letzte Ruhestätte zahlreicher berühmter Persönlichkeiten – und Oasen der Ruhe.

Dorotheenstädtischer Friedhof
Chausseestraße 126, Mitte; tgl. 8–20 Uhr **U6** *Zinnowitzer Straße.*
1762 angelegt. Hier finden Sie, neben vielen anderen, die Grabstätten der Dramatiker Bertolt Brecht und Heiner Müller, der Schriftsteller Heinrich Mann und Arnold Zweig, der Schauspieler Bernhard Minetti und Helene Weigel, der Komponisten Hanns Eisler und Paul Dessau, und des Baumeisters Karl Friedrich Schinkel.

Jüdischer Friedhof
Schönhauser Allee 23, Prenzlauer Berg; Mo–Do 8–16, Fr 8–13 Uhr **U2** *Senefelder Platz*
Grabstätten des Komponisten Giacomo Meyerbeer, des Malers Max Liebermann und des Verlegers Leopold Ullstein. Für den Besuch eines jüdischen Friedhofes ist eine Kopfbedeckung erforderlich. Will man einen Toten ehren, legt man ein Steinchen auf die Grabstelle.

St. Matthäus-Kirchhof
Großgörschenstr. 12, Schöneberg; tgl. 8–20 Uhr **S+U** *Yorckstraße*
Hier ruhen die Brüder Grimm, Begründer der Germanistik, Gelehrte wie der Mediziner Rudolf Virchow oder der Pädagoge Adolph Diesterweg. Ein Gedenkstein erinnert an die Widerstandskämpfer des 20. Juli 1944.

Französischer Friedhof
Liesenstr. 7, Mitte; tgl. 7–19 Uhr **U6** *Schwartzkopffstraße*
Grab des Dichters Theodor Fontane.

Kirchhöfe vor dem Halleschen Tor
Mehringdamm, Kreuzberg; tgl. 8–18 Uhr **U6+7** *Mehringdamm*
Gräber der Dichter E.T.A. Hoffmann und Adelbert v. Chamisso und des Komponisten Felix Mendelssohn Bartholdy.

Zentralfriedhof Friedrichsfelde
Gudrunstraße, Lichtenberg; tgl. 7.30 Uhr bis Einbruch der Dunkelheit **S** *Friedrichsfelde Ost*
Nachbildung der 1926 von Mies van der Rohe gestalteten, 1933 von den Nationalsozialisten gesprengten Gedenkstätte. Erinnerungstafel für die eingeebneten Gräber von Rosa Luxemburg und Karl Liebknecht.

Städtischer Friedhof: Marlene Dietrichs Grab

Städtischer Friedhof Heerstraße
Trakehner Allee 1, Charlottenburg; durchgehend geöffnet **U2** *Olympia-Stadion*
Parkfriedhof mit den Gräbern vieler Schauspieler, u. a. Tilla Durieux, Paul Wegener, Victor de Kowa, Grete Weiser; außerdem ruhen hier der Komponist Eduard Künneke, der Maler George Grosz, der Dichter Arno Holz, der Schriftsteller Joachim Ringelnatz, der Bildhauer Georg Kolbe.

Städtischer Friedhof
Stubenrauchstr. 43–45, Friedenau; Tag und Nacht geöffnet **S4** *Bundesplatz*
Waldfriedhof mit dem Grab Marlene Dietrichs.

Am Heft haben mitgearbeitet: **Bärbel Edse**, Bildredaktion; **Peter Dasse**, Layout; **Dr. Arno Nehlsen**, Dokumentation; **Rainer Droste**, **Günther Edelmann**, **Stefanie Peters**, Kartographie; **Hinnerk Seelhoff**, Schlußredaktion; **Susann Witt**, Redaktionsassistenz

Freie Mitarbeit: **Arno Luik**, Konzeption und Redaktion; **Martina Novak, Petra Schade**, Dokumentation; **Johannes Waechter**, redaktionelle Mitarbeit; **Stephan Hartwig**, Schlußredaktion

GEO SPECIAL

Gruner + Jahr AG & Co, Druck- und Verlagshaus, Am Baumwall 11, 20459 Hamburg. Postanschrift für Verlag und Redaktion: 20444 Hamburg, Telefon (040) 3703-0. Telefax (040) 3703-5648. CompuServe: 75410, 1601; Internet: 75410.1601@compuserve.com; GEO-Explorer: http://www.geo.de/

CHEFREDAKTEUR
Peter-Matthias Gaede

GESCHÄFTSFÜHRENDE REDAKTEURE
Erwin Ehret (Art Director), Ruth Eichhorn (Bild), Wolfgang Vollmert (Text)

TEXTREDAKTION
Ernst Artur Albaum, Rolf Bökemeier, Dr. Henning Engeln, Uwe George, Uta Henschel, Dr. Reiner Klingholz, Dr. Hania Luczak, Günther Mack, Martin Meister, Jens Rehländer, Johanna Romberg, Michael Schaper, Hanne Tügel, Johanna Wieland, Andreas Wolfers

SPECIAL GUIDE: Brigitte Strunck

BILDREDAKTION
Juliane Berensmann-Nagel, Elisabeth Degler, Bärbel Edse, Christian Gargerle, Venita Kaleps, Sabine Wuensch

LAYOUT
Franz Braun (Leitung), Peter Dasse, Johannes Dönges, Andreas Knoche, Andreas Krell, Monika Thomsen

KARTOGRAPHIE: Günther Edelmann (Leitung), Rainer Droste, Stefanie Peters

SCHLUSSREDAKTION
Hinnerk Seelhoff (Leitung), Dr. Friedel H. Bastein, Jürgen Brüggemann, Manfred Feldhoff, Hans-Werner Kühl. Assistenz: Hannelore Koehl

DOKUMENTATION
Dr. Arno Nehlsen (Leitung), Dr. Agnes Bretting, Peter Flak, Jörg Melander, Dr. Peter W. Reuter

GEO-BILDARCHIV
Gunda Lerche, Peter Müller

REDAKTIONSBÜRO NEW YORK
Wilma Simon, Brigitte Barkley, Barbara Bylek
375 Lexington Avenue, New York, NY 10017-5514, Tel. (212) 499-8100. Fax (212) 499-8105
e-mail: geomag@interport.net

Verantwortlich für den redaktionellen Inhalt: Wolfgang Vollmert

VERLAGSLEITER: Dr. Jürgen Althans, Dr. Gerd Brüne (Stellv.)
ANZEIGENLEITER: Dr. Gerd Brüne (verantwortlich für Anzeigen)
VERTRIEBSLEITER: Jan Schweke
MARKETINGLEITER: Axel Beisner
HERSTELLER: Rolf Peter Walter

GEO-Special-Abonnenten-Service
Deutschland: Gruner + Jahr AG & Co GEO-Special-Abonnenten-Service, 20080 Hamburg, Jahresabonnement Inland DM 76,80 frei Haus
Schweiz: GEO-Special-Abonnenten-Service, 6002 Luzern
Jahresabonnement Schweiz sfr 76,80 frei Haus
Österreich: GEO-Special-Abonnenten-Service, DPV Wien, Postfach 7, A-1140 Wien
Jahresabonnement Österreich öS 570,– frei Haus
Übriges Ausland:
GEO-Special-Abonnenten-Service, DPV, Postfach 101602, D-20010 Hamburg.
Jahresabonnement übriges Ausland auf Anfrage

GEO-SPECIAL-Service-Telefon
(Abonnement, Nachbestellung älterer Ausgaben, Bücher von GEO, GEO-Kalender, Register, Schuber etc.)
Deutschland: Tel: (040) 37 03 40 41; Fax: (040) 37 03 56 57; e-mail: abo-service@guj.de
Schweiz: Tel: (041) - 317 33 33; Fax: (041) - 317 33 89
Österreich: Tel: (0222) - 91 07 63 26; Fax: (0222) - 91 07 63 18
Übriges Ausland: Tel: ++4940-37 03 39 29; Fax: ++4940-37 03 56 25

Heft-Preis: DM 14,80 · ISBN-Nr. 3-570-19177-X

ISSN-Nr.: 0723-5194

Anzeigenabteilung: Tel: (040) 37 03 23 25; Fax: (040) 37 03 56 08
Anzeigenpreisliste Nr. 26 vom 1. 1. 1999

Bankverbindung: Deutsche Bank AG Hamburg, Konto 0322800, BLZ 200 700 00

Druck: Gruner+Jahr AG & Co Druck- und Verlagshaus, Itzehoe/Holstein

GEO ist auf Papier gedruckt, das aus einem Drittel – ausschließlich chlorfrei gebleichtem – Zellstoff, aus einem Drittel Durchforstungsholz und einem Drittel Altpapier hergestellt ist

Fotovermerke nach Seiten. Anordnung im Layout: l. = links, r. = rechts, o. = oben, m. = Mitte, u. = unten
Titel: Pierre Adenis/G.A.F.F., André Rival
Seite 3: Christian Popkes
Seite 4: Pierre Adenis/G.A.F.F.: o.; Maurice Weiss: l. m.; Stephan Erfurt: r. m.; Olaf Martens: u.
Seite 5: Gerhard Westrich/plus 49/Visum: o.; Ullstein Bilderdienst: m. o.; Christoph Bauer: m. u.; Stefan Lucks: u.
Seite 6: Heiner Müller-Elsner/Agentur Focus: l. o.; Boris Geilert/G.A.F.F.: l. u.; Ulrike Schamoni: r. m.
Seite 8: Gerhard Westrich/plus 49/Visum: l. o.; Matthias Koslik: l. m. u.; Peter Adamik: l. u.; Grit Lederer: r. o.; Dominik Obertreis: r. m.; Sibylle Bergemann/Ostkreuz: r. u.
SCHAUT AUF DIESE STADT
Pierre Adenis/G.A.F.F.: 10-25
DIE WELT IST EIN BIERGLAS
Jim Rakete/Photo Selection: 32; Maurice Weiss/Ostkreuz: 33-44
METROPOLIS 1
Wulf Olm/Bildarchiv Berliner Verlag: 46 o.; Ines Krüger: 46 l.; Cameron Davidson/Tony Stone Images: 47 o.; dpa: 47 m.
SYMBOL DER REPUBLIK
Stephan Erfurt: 48, 49; Christian von Steffelin: 50 l.; Richard Davies/British Embassy: 50 r.; United States Information Service: 51
VON MENSCHEN UND MAUERN
Ulrike Schamoni: 54; Inkognito Berlin: 55, 56, 58 r.; Helga Paris: 57; Frank Rothe: 58 l.
STADT, LAND, FLUSS
Stephan Erfurt: 60-63, 64/65, 66; Jochen Knobloch: 64/65 u., 67
METROPOLIS 2
Friedrichstadtpalast: 68; J. Henkelmann/Transglobe: 69
MIT GOTT UNTER DER DUSCHE
Gerhard Westrich/plus 49/ Visum: 70-84
HIER LIEGEN SIE RICHTIG
Scholz&Friends: 86-89
VERBORGENE RÄUME
Stefan Lucks: 94-99 außer Kempinski Hotels: 99 u.
BERLIN – MON AMOUR
Foto-Illustration: Peter Maltz: 104/105
Fotos: Archiv für Kunst und Geschichte: (1); Bildarchiv Preussischer Kulturbesitz: (3); Deutsches Institut für Filmkunde: (1); Ullstein Bilderdienst: (2); Wolfgang Volz/Bilderberg: (1); Andrej Reiser/Bilderberg: (1); Pierre Adenis/G.A.F.F.: (2); Martin Kirchner: (1); Paul Langrock/Zenit: (1)
DIE STÖRRISCHE QUADRIGA
Oliver Herrmann/Photo Selection: 111
Sibylle Bergemann/Ostkreuz: 112-116
FANTASIEN
Olaf Martens: 118-131
METROPOLIS 3
Pierre Adenis/G.A.F.F.: 132; J. Henkelmann/Transglobe: 133
DER SCHNEE DER ZWANZIGER
Bildarchiv Preussischer Kulturbesitz: 134, 136 o., 140 o. und u., 142 u.; Archiv für Kunst und Geschichte: 135, 136 m., 142 o.; Ullstein Bilderdienst: 136 u., 139 o., 140 m.; Archiv für Kunst und Geschichte/VG-Bildkunst: 137, 138, 141; Landesbildstelle Berlin: 139 u.;
ZWISCHEN NACHT UND TAG
André Rival: 144-156
INFO
André Rival: 159; Gerd Ludwig/Visum: 160 o.; Fausto Giaccone/Anzenberger: 160 m., 166 u., 204 r. o., 206, 212 o.; Martin Kirchner: 160 u., 166 o., 216 o., 218 u.; Jan-Peter Böning/Zenit: 164 r. o., 197 o., 224 o.; Paul Langrock/Zenit: 164 l. u., 214 r. u., 218 o.; Bildarchiv Berliner Verlag: 168, 204 l. u.; Gerhard Westrich/plus 49/Visum: 170; Idris Kolodziej: 172 l.; Hotel Palace: 172 r.; Harf Zimmermann/Ostkreuz: 174 o.; Stephan Erfurt: 174 u.; Dirk Eisermann/Das Fotoarchiv: 175; Maurice Weiss/Ostkreuz; 176 o., 180 o., 200; Joachim Richaus/Ostkreuz: 176 u.; © Paul: 177 o.; Boris Geilert/G.A.F.F.: 177 u.,179 u., 180 u.; Koemm/Tip Bildarchiv: 178 u.; Michael Hughes/Zenit: 179 o.; Dieter Leistner/Bilderberg: 180 m.; BERLIN POSTER (Rückseite): Deutsches Institut für Filmkunde: (1); Cinetext: (7); Deutsche Kinemathek: (2); Boje Buck Produktion (1); pwe Kinoarchiv Hamburg: (2); Archiv für Kunst und Geschichte: (3); Jim Rakete/Photo Selection: (1); Gabriella Meros/Agentur Focus: (1); Paul Schirnhofer/Agentur Focus: (1); Wolfgang Kunz/Bilderberg: 197 u.; Jordis Schlösser/Ostkreuz: 198; Michaelis/Pandis: 199; Stefan Maria Rother/Ostkreuz: 201 o., 203 u.; Peter Hollenbach/Das Fotoarchiv: 201 u.; R. Celentano/laif: 202 o.; Jürgen Rocholl/f.a.c.e.: 202 u.; Arwid Lagenpusch: 203 o.; Diagentur Visuals/H+Z Bildagentur: 204 l. o.; Deutsche Guggenheim: 204 r. u.; Siegfried Kuttig/H+Z Bildagentur: 208 o.; Thomas Sandberg/Ostkreuz: 208 u.; Wohnmaschine: 210 o.; Henryk Weiffenbach: 210 l. u.; Sammlung Volkmann, Berlin, courtesy Contemporary Fine Arts, Berlin. 210 r.u.; Pierre Adenis/G.A.F.F.: 212 u., 216 u.,222 l. o., und r. o.; Yorck Maecke/G.A.F.F.: 214 o., 224 u.; Die Hoffotografen: 214 l. u.; Marco Pesaresi/ Agentur Focus: 222 m. o.; H+Z Bildagentur: 222 u.; Rainer Drexel/Bilderberg: 226 o.; Walter Schmitz/Bilderberg: 226 m.; Timm Rautert/Visum: 226 u.; Jörn Vanhöfen/Ostkreuz: 227;
VORSCHAU
Regis Lefebure: 232 l. o.; Jim Richardson: 232 r.; Dan Lamont/Matrix: 232 l. u.
KARTEN/ILLUSTRATIONEN
Michael Sowa: 8, 29, 31, 162 l. o.- 224 (Bär); Next Edit: 26; Sony Center: 27; Gaelle Dutter: 68, 69, 133, 199; Peter Maltz: 104/105; Stefanie Peters: 161, 162 u.; © Archimation®: 162 r. o.; BERLIN POSTER (Vorderseite): Theres Weishappel/Ulrich Giersch/Rainer Droste, (Rückseite): Stefanie Peters; Günther Edelmann/Rainer Droste: 230/231;

erscheint am 14. April 1999

AMERIKAS NORDWESTEN

Seattle, sagen viele, ist die liebens- und lebenswürdigste Stadt der USA

Zu mieten: Zimmer mit Mega-Blick. Früher spähten in den Feuertürmen Wächter nach Waldbränden

British Columbia, Washington, Oregon – drei Pazifik-Anrainer, drei Traumziele für alle, die sich nicht entscheiden können: Abends sind Sie in Stimmung für Grunge? Am Morgen danach wollen Sie Wale beobachten? Oder der Sinn steht Ihnen nach Waldeinsamkeit? Sie wollen tauchen, Vulkane besteigen? Oder Gletscher? Sie möchten segeln, surfen, die Kulturen der indianischen First Nations kennenlernen, Museen besuchen, Ski laufen, durch Wüste trekken, in Chinatown bummeln, mit Fähren von Insel zu Insel hüpfen? Alles möglich in Amerikas Nordwesten.

An der Sonnenscheinküste bei Powell River findet jeder Outdoor-Liebhaber seinen »Busen der Natur«

Die sechs zuletzt erschienenen GEO Specials

1/98 LONDON

2/98 TÜRKEI

3/98 OSTSEE

4/98 VIETNAM LAOS KAMBODSCHA

5/98 KANARISCHE INSELN

6/98 USA CANYONLANDS